北京高校思想政治工作研究课题（BJSZ2024ZD04）资助
北京市社会科学基金项目（24GJA006）资助
2024 年北京高等教育本科教学改革创新项目资助

服务赋能 五育绘心

北京化工大学服务育人工作案例选编

《服务赋能　五育绘心》编委会◎编

中国石化出版社
·北京·

内 容 提 要

本书立足新时代高校“三全育人”综合改革背景，以构建“大思政”育人格局为统领，系统梳理北京化工大学高质量服务育人体系建设的创新成果。本书通过76篇极具代表性的服务育人工作案例，全方位、多维度地呈现了北京化工大学在后勤服务、图书馆服务、安保服务、信息化服务、课外服务五大服务场景中的创新实践，深入展示了多部门协同合作、构建育人共同体的特色思政工作模式。其中，课外服务是北京化工大学破解新校区发展难题创立的服务新模式，是本书又一大亮点。各案例紧扣服务育人工作中存在的突出问题，重点阐述主要做法、工作成效和经验启示，为高校各层级、不同类别管理服务人员优化服务育人工作提供了具体可行的实践策略与方法。

图书在版编目（CIP）数据

服务赋能　五育绘心：北京化工大学服务育人工作案例选编 /《服务赋能 五育绘心》编委会编 . -- 北京：中国石化出版社，2025. 6. -- ISBN 978-7-5114-8005-7

Ⅰ. G649.281

中国国家版本馆 CIP 数据核字第 2025VG4865 号

中国石化出版社出版发行

地址：北京市东城区安定门外大街 58 号

邮编：100011　电话：（010）57512500

发行部电话：（010）57512575

http：//www.sinopec-press.com

E-mail：press@sinopec.com

北京捷迅佳彩印刷有限公司印刷

全国各地新华书店经销

*

787 毫米 × 1092 毫米　16 开本　21 印张　450 千字

2025 年 6 月第 1 版　2025 年 6 月第 1 次印刷

定价：128.00 元

《服务赋能　五育绘心》

编委会

前言

PREFACE

建设教育强国，龙头是高等教育。党的十八大以来，以习近平同志为核心的党中央高度重视高等教育发展，明确提出要把立德树人作为教育的根本任务，培养德智体美劳全面发展的社会主义建设者和接班人；要健全全员育人、全过程育人、全方位育人的体制机制。这一系列论述为教育系统落实立德树人根本任务指明了前进方向、提供了根本遵循。

高校作为人才培养的主阵地，服务育人是其不可或缺的重要组成部分，是落实立德树人根本任务的关键环节之一。2017 年 12 月，教育部印发的《高校思想政治工作质量提升工程实施纲要》中提出了“十大育人”体系。服务育人是“十大育人”体系的重要组成部分，是贯通“三全育人”最后一公里的关键桥梁枢纽。高校后勤、安保等服务不仅是高校治理体系的保障系统，也是“大思政”工作体系中不可或缺的隐性教育载体。后勤、安保等服务场景与学生关系密切，天然为思想政治教育提供了“生活化”的丰富场域。做好后勤、安保等服务育人工作，不仅能够为学生提供良好的学习和生活环境，帮助他们解决实际问题，还能在服务过程中传递价值观、培养学生的综合素质和能力，促进学生的全面发展，进而提升高校人才培养的质量和水平。

北京化工大学拥有 60 余年的办学历史，是一所办学特色鲜明、国际影响力日益凸显的“双一流”建设高校。近年来，学校坚持以习近平新时代中国特色社会主义思想为指导，深入贯彻习近平总书记关于教育的重要论述和党中央决策部署，全面贯彻党的教育方针，坚持社会主义办学方向，扎实推进“三全育人”“五育并举”，聚焦“立德树人，服务何为”核心命题，将后勤服务、图书馆服务、安保服务、信息化服务和课外服务“五种服务场景”与德智体美劳“五育目标”深度融合，通过多元化主体、协同、载体、课程、评价，构建“一核多元 五横五纵”高质量服务育人体系，推动服务育人从“隐性支撑”向“价值彰显”跨越，为培养德智体美劳全面发展的社会主义建设者和接班人注入强劲“服务力量”，打造全员有责、全程贯通、全域协同的服务育人新生态，形成了服务育人的北化模式和经验。《服务赋能 五育绘心：北京化工大学服务育人工作案例选编》就是学校服务育人工作创新实践的阶段性成果。

本书立足新时代高校“三全育人”综合改革背景，以构建“大思政”育人格局为统领，系统梳理北京化工大学“一核多元 五横五纵”高质量服务育人体系的创新成果，通过76篇极具代表性的服务育人工作案例，全方位、多层次、广维度、具象化地呈现了北京化工大学在后勤服务、图书馆服务、安保服务、信息化服务、课外服务五大服务场景中的创新实践，深入展示了多部门协同合作、构建育人共同体的特色思政工作模式。其中，课外服务作为靶定学校新校区发展难题而开创的崭新服务模式，通过政策设计引导新校区教师公寓承租教职工用课外时间（专任教师为课外时间，其他教职工为8小时工作之外的时间）开展育人工作，增进新校区师生联系，是本书的一大亮点。

期望本书能为我国高等教育深化“三全育人”综合改革、落实立德树人根本任务提供实践参考，为兄弟高校推进高质量服务育人体系建设提供路径经验，为新时代高等教育高质量发展贡献北化智慧。

目录 CONTENTS

01 后勤服务：在生活场景中浸润育人

06 协同服务：打造育人共同体

01 后勤服务：在生活场景中浸润育人

基于育人导向的高校急救教育模式构建

张晓东　索　琳

一、案例概述

在新时代教育体系的构建中，高校急救教育占据着极为关键的位置。它是高校健康教育体系的重要组成部分，更是落实立德树人根本任务、培育德智体美劳全面发展的社会主义建设者和接班人的重要举措。随着社会的进步和人们对生命健康重视程度的不断提高，急救教育的重要性越发凸显。

北京化工大学深入贯彻落实《“健康中国 2030”规划纲要》和教育部等五部门《关于全面加强和改进新时代学校卫生与健康教育工作的意见》精神，积极探索急救教育融入人才培养体系的有效路径。经过不断地实践与探索，构建了以“普及急救知识、提升急救技能、培育急救精神”为核心的“三位一体”高校急救教育育人体系。

学校积极推动在校内配备急救设备设施，旨在为师生的生命安全提供坚实保障。心肺复苏术（Cardiopulmonary Resuscitation，CPR）及使用自动体外除颤仪（Automated External Defibrillator，AED）等急救知识的普及，不仅是技能的传授，更是为培养适应新时代需求、具有强烈社会责任感和深厚人文关怀精神的时代新人提供了有益探索。

二、主要做法和成效

（一）构建“三位一体”育人体系，打造急救教育新格局

1. 夯实基础，完善急救教育基础设施

科学规划校园 AED 布局，在教学楼、运动场所及图书馆等人流密集场所精准配备了 8 台 AED 设备。这些场所人员流动量大、突发事件发生概率相对较高，因此 AED 的

配备能够在关键时刻发挥重要作用。同时，学校制定了长远规划，计划逐步提升配置密度至国家推荐标准，不断完善校园急救设施网络，为校园安全构筑坚实屏障；将建设标准化急救教育培训基地，配备先进急救教学设备，为急救技能培训提供专业化平台支撑，通过模拟真实急救场景为学生提供沉浸式学习体验。

2. 创新模式，构建多元化急救教育模式

一是将急救知识纳入课程体系，开设《大学生健康教育》选修课，使学生在课堂上系统学习急救理论。学校将急救教育纳入新生军训必修课，采用“理论讲授+实操演练”模式。在理论讲授环节，教师详细讲解CPR、海姆立克急救法等急救技能，以及溺水、气道异物梗阻等紧急情况下的自救互救知识；在实操演练环节，学生亲自上手操作，在专业教师的指导下，熟练掌握急救技能。实现新生急救教育全覆盖，为大学生活筑牢安全防线。二是运用场景训练模式吸引师生参与，举办“北化疾控与健康大讲堂”和“后勤学校医疗侠客”系列活动，以及小规模急救演练，年均覆盖学生3000余人次，有效提高急救知识在学生中的普及程度。三是开展“救护技能证”培训，近三年，校红十字会与市、区两级红十字会建立深度合作关系，组建由3名持证救护师领导的校医院急救培训团队，积极开展校内普及培训工作，累计培训超百场，取证人数逾千人，考核通过率达95%。这种涵盖“课程融入、场景演练、专业培训”多元化的急救教育模式实现了对大学生从急救知识普及到急救技能精进的全周期教育覆盖。

3. 文化引领，培植校园急救教育新生态

通过丰富多彩的活动形式，如开展“救在身边”“急救知识竞赛”等主题活动，提升学生参与度和积极性。依托校红十字会学生分会，开展急救知识宣传和技能培训。学生分会的成员们积极发挥主观能动性，通过海报、讲座、科普小文、志愿服务等形式，利用课余时间向全校师生传播急救知识，进一步增强“人人学急救，急救为人人”的校园文化氛围，积极营造有利于急救教育发展的良好环境。

（二）取得显著成效，彰显急救教育育人价值

1. 学生急救素养显著提升

经过系统的急救教育，知识普及率提高——学生CPR和AED知识知晓率大幅提升，常见急症识别和急救流程掌握程度显著提高。技能操作熟练，95%以上参训学生能够熟练掌握CPR操作技巧，包括正确的按压位置、深度和频率，以及AED使用步骤，具备初步急救能力。急救意识增强，学生急救意识和责任感显著提升，在突发事件中能够迅速做出反应，如主动上前询问情况，判断是否需要急救，为专业救援争取宝贵时间。

2. 校园安全保障能力增强

学生急救技能的提升有效提高了校园应对突发事件的能力，为构建平安校园提供了有力保障。在校园内，一旦发生紧急情况，学生能够及时采取有效急救措施，降低事故危害程度。急救教育在校园内营造了一种关注生命、关爱健康的文化氛围，形成了“人人学急救、人人会急救”的良好风气，促进了学生安全意识和健康素养的整体提升，为构建平安校园奠定坚实基础。

3. 社会急救力量得到补充

毕业生将急救知识和技能带入社会，成为社会急救力量的重要补充。学生通过家庭、社交等渠道以点带面传播急救知识，推动社会整体急救知识普及，为构建全民急救体系贡献了力量。

三、经验启示

（一）架构高校急救教育体系，组织保障是基础

将急救教育纳入学校人才培养体系，从战略高度重视急救教育工作。通过成立由校领导牵头的急救教育工作领导小组，后勤、保卫、宣传、学生、教务、人事、资产、财务等有关职能部门组成成员单位，统筹推进各项工作，明确各部门职责，建立协同联动机制，形成齐抓共管的良好局面。校医院作为主要实施机构，须将急救教育培训工作纳入年度工作要点，制订详细的工作计划和目标，定期对工作进行总结和评估，向急救教育工作领导小组汇报，不断优化工作流程，确保急救教育培训工作的顺利开展。

（二）立足急救教育目标，课程建设是关键

将急救教育融入军训内容、思政课程和专业课程，实现急救教育的全方位覆盖。在新生军训中，实际操作和模拟演练更容易让学生亲身体验急救的重要性和紧迫性；在思政课程中，将急救精神与社会责任、人文关怀相结合，培养学生的道德情操；在健康教育课程中，融入专业的急救知识和技能，提高学生的综合素养，同时还可以开设线上安全课等急救课程。制定教学目标，规范教案、教具，确保教学内容的科学性和实用性，努力将急救教育课程建设为精品课。开展多种形式的急救知识普及和技能培训，如组织开展急救知识和急救技能展示活动，开展学生社会实践活动，组织学生进社区、学校、企业等传播急救知识，提高社会公众的急救意识。

（三）抓好急救教育，还需重视师资队伍建设

加强师资队伍建设，打造更专业的急救教育师资队伍。将校医院、保卫处、工会、学生工作办公室及团委等单位作为优先培训单位，初步建立医学急救培训基地，动员力量、协调资源积极参与基地建设，辐射带动学校急救教育培训工作。以校医院专业医护人员为核心，进一步吸纳学校辅导员、体育教师、校红十字会核心骨干、学生骨干等人员，组建一支稳定、专业的红十字急救培训师资队伍，以扩大课程覆盖能力，并通过定期培训和考核，不断提升师资队伍专业水平和教学能力。积极组织学校急救教育示范课与教研交流活动，逐步完成急救教育师资培训。鼓励教师开展教学研究，探索创新教学方法，采用案例教学、情景模拟等多样化教学方式，提高学生学习兴趣和参与度。利用新媒体平台开展线上线下一体化教学，制作生动有趣的教学视频，供学生自主学习，扩大急救教育覆盖面。

（四）加强资源整合，更有利于凝聚强大合力

加强与市、区红十字会，医疗机构等社会力量的合作，搭建资源共享平台，开展工作对接和培训，补充和提高校内工作力量水平。校内各部门充分发挥广播、报刊、网络、新媒体、橱窗等作用，广泛开展学校急救教育公益宣传，推广学校急救教育典型案例，普及急救教育知识，提高学生急救教育意识，营造良好的急救教育氛围。建立健全急救教育考核评价机制，探索开发校园急救技能证书认证，制定科学合理的考核标准，对学生的急救知识和技能进行全面评估，将学生急救技能掌握情况纳入综合素质评价体系，推进构建完善的急救育人体系。

以垃圾分类为载体，全面提升后勤育人水平的路径探索与实践

周 昕 魏 帼 李 熠

一、案例概述

自 2020 年 5 月 1 日北京市施行新版《北京市生活垃圾管理条例》以来，后勤保障部、后勤服务集团立足立德树人根本任务，以垃圾分类为切入点，充分发挥校园劳动教育、志愿服务与校地协同优势，构建“德育引领、多元协同”的育人新路径。通过将垃圾分类融入劳动实践、课程教学、志愿服务和校地共建，打造“党建引领 + 校地协同 + 志愿服务”品牌，形成了“后勤服务育人”与“绿色校园建设”双轮驱动的创新模式。2024 年，北京化工大学垃圾分类工作受到北京电视台《北京您早》和《特别关注》栏目的专题报道。

二、主要做法和成效

（一）德育引领：劳动实践厚植责任意识

1. 常态化劳动实践

后勤保障部与后勤服务集团围绕垃圾分类常态化管理需求，以劳动实践为载体，构建“区域化责任落实 + 岗位化技能培养 + 志愿化全员参与”的全链条育人体系。通过制订分区域值守方案、设立勤工助学岗位、联合校团委开展主题实践，将垃圾分类融入学生日常劳动教育，形成“积极参与、努力践行、不断规范”的校园环保生态。2024 年累计组织 3000 余名学生志愿者参与垃圾分类实践，不仅实现了校园环境治理提质增效，更让学生在劳动中感悟责任、在服务中锤炼品格。

除此之外，后勤保障部指导学雷锋青年实践团，持续开展旧衣回收活动，不仅减少了垃圾产生，还让资源循环再利用，帮助更多有需要的人。据统计，活动至今收到的衣帽鞋包共计 994.75 千克，书籍课本物品共计 1881.1 千克。

2. 关键节点特色活动

针对迎新、搬家、毕业季等垃圾量激增的关键节点，后勤保障部、后勤服务集团以“减量 + 育人”为目标，创新设计“文明搬家”“毕业季回收”等场景化活动，将垃圾分类与劳动教育、志愿服务深度融合。通过“节点式设计、趣味性引导、资源化循环”三线并进，破解集中时段环境治理难题，同时培养学生环保意识与社会责任感。

历届迎新工作期间，因新生携带及购置的生活用品数量庞大，床垫包装物及快递纸箱等可回收废弃物显著增加。大量包装材料滞留于公共区域，既加重了楼宇清运负荷，又造成严重安全隐患。为系统性解决该问题，后勤保障部于 2024 年 9 月迎新季创新性地策划并组织实施“纸箱兑换”专项活动。通过院系联动机制与环保志愿者协会协同招募志愿者队伍，在指定回收点位开展值守服务与分类整理工作。活动设置正向激励机制，学生持完整拆解的纸质包装至回收点，可兑换矿泉水、收纳衣架等日常必需品。该方案实施后取得显著成效：当日累计回收各类纸箱超过 1.2 吨，楼宇环境安全隐患得到根本性消除。同时构建起资源循环利用教育场景，通过劳动实践有效强化学生群体的劳动教育价值导向，为绿色校园建设提供了可复制的创新实践范式。

为解决昌平校区学生搬迁校区过程中产生垃圾多、宿舍清理难等问题，后勤保障部联合学校其他部门和社团，针对性地策划文明搬家系列活动，如与学生社团共同开展旧衣回收活动，与资助办共同开展绿色通道旧书捐赠活动，与团委共同开展文明宿舍、垃圾下楼等劳动实践活动（与文明宿舍评比、劳育时长认定相结合）。通过一系列活动，搬家期间产生的垃圾量逐年减少，2024 年较 2019 年共减少了 120 吨垃圾，搬家后相对整洁宿舍比例也在 55% 以上。

2024 年 6 月，后勤服务集团引入北京市海淀区物资回收公司“毕业季 · 零废弃 绿色校园齐发力”高校毕业季回收进校园活动，设置了宣传点位、回收点位，提供有偿兑换服务。对于部分学生的旧衣物、旧书籍堆积过多，回收公司人员上门帮忙整理、搬运。这在很大程度上减轻了清运压力，受到了同学们的一致好评。

“节点驱动”模式不仅破解了集中时段环境治理难题，更让学生在参与中完成从“环保认知”到“生态公民”的成长蜕变。

3. 课程化育人设计

后勤保障部与后勤服务集团以“后勤学校”为平台，聚焦垃圾分类与环保教育，打造“知识宣讲 + 动手实践”双线融合的育人课堂。通过联合南口镇垃圾分类专班开展专业化知识普及，并组织后勤员工与勤工助学学生组成“变废为宝”手工团队，将垃圾分类从理论认知转化为实践行动，构建“专业引领 + 劳动教育 + 资源循环”的特色育人体系，不仅提升了学生环保素养，更强化了后勤服务与育人功能的有机融合。2024 年后勤学校环保系列课堂共开展 12 次，共计约 830 人次参与。

（1）专业化知识赋能：校地协同打造精品课堂。

校地协同机制构建特色课堂，即由南口镇行政执法人员与环保专家构成的特聘讲师团，结合《北京市生活垃圾管理条例》解读与分析，分类误区案例开发趣味课堂。例如，通过“奶茶杯如何分拣”“快递盒回收价值”等生活化场景模拟，增强学生分类技能。

（2）劳动教育浸润：一线员工与勤工学生组成劳动指导团队带教“变废为宝”。

由宿管、保洁等后勤一线员工担任手工劳动指导教师，勤工俭学学生作为助教，带领学生利用废旧纸箱制作收纳盒、塑料瓶改造花盆等。

（二）多元协同：校地共建强化育人合力

2024 年，后勤保障部、化学工程学院以建设“垃圾分类科普实践基地”为核心，联合南口镇政府打造“校地党支部共建基地”“垃圾分类科普实践基地”“南口镇垃圾分类科普宣传合作单位”三位一体的协同平台。通过组建专业宣讲团开展“请进来”宣教与“走出去”实践，构建“双向互动、资源共享”的校地合作新范式。

由后勤保障部主管老师、外包物业校园主管、环协指导教师与南口镇垃圾分类专班组成导师团，通过“理论培训 + 跟岗实训”培养大学生宣讲员 130 人，其中党员占比为 50%，制作涵盖社区、企业、学校 3 类场景的 PPT，确保宣教内容精准适配。2024 年，深入南口社区、学校活动共 5 次。通过校地合作向周边社区输出经验，使南口学校参与北化环保实践活动，形成“学生带动家庭、学校辐射社会”的传播链。

北京化工大学后勤系统将垃圾分类科普实践从校园行动升维为区域协同治理工程，探索出高校智力资源与地方治理需求深度融合的新路径。这种模式既彰显了高校的社会责任担当，又为基层培养了一支“带不走的环保队伍”。

三、经验启示

北京化工大学后勤保障部、后勤服务集团以垃圾分类为切入点，将后勤服务与服务育人、劳动教育深度融合，探索出“党建引领为核心、多元协同为支撑、学生参与为动力、长效融合为保障”的育人新模式。

（一）党建引领：筑牢育人政治根基

学校以校地党支部共建为抓手，将垃圾分类转化为生动的“思政育人”场景。通过培养党员宣讲队伍、强化先锋示范，推动垃圾分类从“环境治理”向“价值引领”深化。党建引领不仅破解了校地资源壁垒，更让党旗在环保一线高高飘扬。

（二）多元协同：构建责任共同体

学校联合政府、企业、社区构建“责任共担、资源互通”的协同网络。将垃圾分类实践转化为全方位育人载体，为学生搭建“社会参与—能力提升—价值实现”的成长阶梯，让学生在政策落地、技术研发、社区服务的真实场景中，实现知识应用、人格锤炼与社会的深度融合，推动青年志愿者深度融入基层治理与社会服务。

（三）学生主体：激活内生动力

后勤保障部、后勤服务集团通过开学季启航、常态化实践、毕业季传承三大场景设计，将垃圾分类贯穿学生在校全过程，激励学生从“被动参与者”向“主动创变者”转变，形成“浸润—践行—引领”的育人闭环。

北京化工大学后勤保障部、后勤服务集团以垃圾分类为“小切口”，撬动后勤服务育人的“大文章”，通过德育引领、多元协同与创新实践，实现了环境治理与立德树人的双向赋能。

后勤服务应立足育人本位，将生活场景转化为教育阵地，以校地合作拓展资源边界，以学生参与激活内生动力，为新时代“三全育人”体系建设提供生动实践范例。

以“光盘”育新苗：节约意识培养中的育人实践探索

高丛茹　邢鹏举

一、案例概述

在当前国家大力倡导节约粮食、反对浪费的时代背景下，高校作为人才培养的重要阵地，肩负着塑造学生正确价值观和培养良好行为习惯的重任。2020年，教育部发布的《教育系统“制止餐饮浪费培养节约习惯”行动方案》明确指出，要切实培养青少年勤俭节约习惯，让勤俭节约在教育系统中蔚然成风。此外，2024年中央一号文件也强调要“持续深化食物节约各项行动”并“坚决制止餐饮浪费行为”。然而，高校食堂中的食物浪费现象依然普遍存在，学生节约意识较为淡薄，这不仅与国家政策导向相悖，也不利于学生的全面发展。为此，北京化工大学后勤保障部积极响应国家号召，以“光盘行动”为切入点，深入开展节约意识培养的育人实践，旨在通过创新举措，引导广大师生牢固树立勤俭节约意识，切实养成勤俭节约的良好习惯，从而促进学生德智体美劳全面发展。

二、主要做法和成效

（一）以政策为引领，强化顶层设计

1. 深入开展政策宣贯

在全校范围内组织深入学习相关政策文件，引导师生深刻领会文件精神实质，充分认识到节约意识培养在当下的重要性与紧迫性，为后续工作的开展奠定坚实基础。

2. 精心制定工作方案

后勤全员高度重视，召开党总支会议、党政联席会进行专题研讨，精心制定《北京化工大学开展“节约粮食、制止餐饮浪费”工作方案》和相关工作措施，明确各部门责任分工，加强综合协调调度，加大监督管理力度，确保制止餐饮浪费工作有序推进，并能取得实实在在的成效。

（二）以宣传为抓手，营造浓厚氛围

1. 用好食堂“零距离”宣传阵地

精心策划以“厉行节约、反对浪费”为主题的食堂宣传活动。在食堂入口处设置节约粮食相关展板共计22块，在售卖窗口张贴提示标识175个，在就餐位张贴提示标识5900个，在食堂立柱、墙壁等处张贴宣传海报140张，在食堂入口及就餐大厅悬挂条幅67条，全方位、多角度强化宣传效果，让节约教育随处可见，营造“反对浪费、从我做起”的浓厚氛围，使节约理念在潜移默化中影响师生。

2. 抓好多渠道广泛宣传

后勤保障部联合宣传部、学工办、研工办、后勤集团等部门，面向全校师生，突出宣传重点，明确宣传任务。同时，借助微信公众号、校园网、展板等多种宣传渠道，积极推送“厉行节约、反对浪费”的重要指示精神，增强师生节约意识；大力倡导光盘行动，引导师生做到“人走盘光”，坚决杜绝“舌尖上的浪费”。

（三）以管理促提升，推动“光盘行动”落实落细

1. 开展激励活动

在全校组织开展形式多样的光盘激励活动，如光盘积分奖励、反对浪费签名等。通过光盘换免费餐券、光盘换鸡蛋、光盘换饮料等方式，激发学生参与光盘行动的积极性；同时，由学工办、研工办和后勤办共同建立食堂育人实践基地，持续深入开展食堂“光盘行动”，推动其日常化、常态化，逐步培养学生的节约意识。

2. 优化供餐服务

（1）提供小份选择：每个售卖窗口根据饭菜种类，尽可能提供小份菜、小份面、半个馒头、一两米饭等。套餐窗口适当减少米饭分量，并设立醒目提示牌，告知师生可免费添加米饭，满足师生个性化需求。

（2）推行自选称重：各食堂均依据自身场地和饮食品种特点，提供了不同体量的自选称重售卖服务，方便师生根据自身食量和喜好取餐，在增加选择多样性的同时，有效减少浪费。

（3）加强员工参与：强化员工售卖实操培训，提升售卖人员的节约意识和服务意识，使其能够更好地满足师生提出的减少分量等个性化需求，从服务环节助力节约行动。

（4）完善运行管理：建立从食品原材料采购、库房储存、物流配送、生产加工到成品销售全链条的完善节约管理机制，实现食材配比的有效动态调整。特别是在原料利用上推行"一料多菜、一菜多味、一菜多用"措施，尽可能地充分利用原材料。例如，用鱼身炸酥鱼，将鱼头熬汤，实现"一鱼两吃"；把葱叶和葱须制作成葱油从而成为一种独特的调味料等。这样既能有效利用食材，又能增加菜品品种。

（5）提升菜品质量：加强厨师队伍建设，制订系统的厨师培训计划，不断提升菜品口味，定期更新菜谱，确保菜品丰富多样、营养均衡。提倡少炒、勤炒，从源头上减少餐饮浪费。通过师生座谈访谈、食堂微信群或平台、食堂开放日活动等多种途径，广泛收集师生需求，推出深受师生喜爱的菜品，减少因口味不合导致的浪费。

（6）强化现场监督：加强食堂日常监督检查，将"光盘行动"作为一项长期的日常工作持续推进。每个食堂配备专职监督员，监督员随时询问师生有剩余餐食的原因，及时将师生对菜品的意见反馈给食堂负责人，督促其进行整改，不断优化食堂服务。

（7）多部门联动协作：联合学校团委、学工部、研工部、学生会等部门，发动学生志愿者开展经常性的"光盘行动"监督劝导和节约粮食意义的宣传。通过参与志愿服务活动，使学生能够亲身体验食堂工作人员的辛勤劳动，增强对劳动的尊重和理解，提升自身的社会责任感和沟通能力。

（四）以科技手段赋能，打造节约型绿色食堂

1. 信息化供应链管理

建立采购和库存电子台账制度以及食材溯源的跟踪制度，实现食材采购的精准化和可视化。运用大数据手段，动态监测每日就餐人数，分析峰谷人数和用餐习惯，根据数据按需制定食材采买量，并依据师生口味灵活调整菜品供给，最大限度减少食材浪费和损耗。

2. 明厨亮灶工程建设

采用技防措施推进食堂明厨亮灶工程，通过视频监控方式对食堂全流程进行无死角监控，实时动态监测食堂泔水产生情况，及时发现并制止餐饮浪费行为。

3. 智慧自选食堂建设

2023 年 9 月，在昌平校区启用了玉兰餐厅智慧食堂，师生全程自助取餐，无感支

付，实现了一餐多选、自由搭配、丰俭由人、按需购买，极大地提升了师生就餐体验，同时有效减少了浪费。据统计，智慧自选餐厅的餐厨垃圾同比其他食堂能够降低60%以上。在2024年北京高校后勤展暨北京高校智慧后勤高质量发展与数字化转型论坛上，玉兰智慧自选食堂建设项目被评为“十佳优秀案例”。

通过以上做法，北京化工大学食堂餐厨垃圾量整体下降15%，取得良好效果。

三、经验启示

（一）坚持政策引领，确保行动方向正确

国家和教育部关于制止餐饮浪费的政策文件为高校开展节约意识培养提供了清晰的方向和有力的指导。在政策引领下，高校应深入学习贯彻相关政策文件，将其作为行动的根本遵循，确保节约意识培养工作始终与国家战略和教育方针保持高度一致。同时，紧密结合学校自身实际情况，制订切实可行的实施方案和行动计划，细化工作措施，明确责任分工，确保政策能够落地生根，取得实效。

（二）注重宣传教育，营造良好育人氛围

宣传教育是培养学生节约意识的重要手段。高校应充分整合各类宣传资源，利用企业微信、公众号、海报、标语、短视频、主题讲座等多种形式，广泛传播节约理念，弘扬节约文化。在宣传内容上，要紧密结合学生的认知特点和生活实际，增强针对性；在宣传形式上，要不断创新，采用学生喜闻乐见的方式，提高吸引力和感染力。

（三）创新供餐模式，满足学生实际需求

优化食堂服务、创新供餐模式是减少食物浪费的关键所在。高校应深入了解学生的需求和反馈，根据学生的饮食习惯和营养需求，推出小份菜、半份菜、套餐组合、自选称重等多样化的供餐选择，满足不同学生的个性化需求。同时，要持续加强食堂管理，从源头上减少食物浪费。

（四）开展实践活动，强化学生行为养成

实践活动是培养学生节约习惯的重要途径。高校应精心设计并组织开展“光盘打卡”“节约之星”评选、食堂志愿服务等丰富多彩的实践活动，鼓励学生积极参与其中。

在活动设计时要充分考虑趣味性和参与性，激发学生的兴趣和主动性；同时，建立科学合理的激励机制，对在活动中表现优秀的学生进行表彰和奖励，使其发挥榜样的示范引领作用，引导更多学生养成节约的良好习惯。

（五）加强协同育人，形成全方位育人格局

节约意识培养是一项系统工程，高校应加强学校内部各部门之间的沟通协作，形成工作合力；同时，积极拓展育人渠道，加强与家庭、社会的联动，建立“家校社”协同育人机制。通过全方位、多层次的育人体系，让学生在不同的环境中都能受到节约教育的熏陶，从而逐步形成良好的节约习惯和行为，为学生的终身发展奠定坚实基础。

十佳美味竞秀，校园食韵赓续：高校餐饮文化传承实践

高丛茹　邢鹏举

一、案例概述

在全面推进“三全育人”与“五育并举”的改革背景下，高校育人工作正经历着前所未有的内涵深化与场域拓展。中共中央、国务院印发的《关于加强和改进新形势下高校思想政治工作的意见》明确指出，要构建全员、全过程、全方位育人格局，将思想政治教育融入教育教学各环节，建立健全长效机制。与此同时，《关于深化教育体制机制改革的意见》进一步强调，要以社会主义核心价值观为引领，构建大中小幼一体化德育体系，着力促进学生的全面发展。在这一系列政策导向下，高校育人场域已突破传统课堂的边界，逐步向校园生活的多维空间延伸，其中，高校食堂作为学生日常高频聚集的重要场所，其潜在的育人功能与价值亟待深入挖掘与系统开发。

传统食堂服务长期局限于基础餐饮保障功能，在育人维度上存在明显不足。具体而言，其局限性主要体现在 3 个层面：其一，服务主体功能单一，食堂工作人员多局限于烹饪与售卖等基础性工作，缺乏与学生深度互动的意识与机制，错失了在服务过程中传递价值理念、引导行为规范的教育契机；其二，空间环境育人功能缺位，食堂整体布局往往偏重实用功能，在文化氛围营造、环境育人设计等方面投入不足，难以发挥环境对学生潜移默化的熏陶作用；其三，服务内涵育人元素匮乏，餐饮服务多停留在满足“吃饱吃好”的物质层面，未能充分挖掘饮食文化传承、营养健康教育、文明礼仪培养等深层次育人价值。面对新时代高校育人工作的新要求，如何系统构建食堂育人体系，创新服务育人模式，将食堂打造成为“三全育人”的重要实践阵地，已成为当前高校教育工作者亟待破解的重要课题。

本案例创新性地以“北化十佳美食”评选活动为抓手，构建了“美食文化浸润—综合素质提升—餐饮文化传承”三位一体的育人新模式。活动秉持“以学生发展为中心”的理念，通过“美食评选—文化展示—互动体验—价值引领”的立体化活动设计，推动了食堂餐饮品质与服务水平的全面提升，培养了学生的审美能力、文化素养和劳动意识，促进了校园饮食文化的创新发展与传承，有效实现了服务育人、文化育人与实践育人的有机统一，为高校食堂育人功能的创新性发展提供了有益借鉴。

二、主要做法和成效

（一）主要做法

1. 精心筹备，筑牢活动根基

（1）组建专业团队：由后勤保障部、后勤服务集团牵头，联合学生工作部门以及食堂餐饮服务团队，成立“十佳美食”评比活动专项工作小组。小组成员涵盖活动策划、组织协调、宣传推广、评委邀请、后勤保障等多个关键岗位，明确分工，责任到人，确保活动筹备工作有条不紊地推进。

（2）制订科学方案：明确活动主题为“品味校园美食，传承餐饮文化，共筑育人新篇”，活动目标是提升食堂服务质量、丰富校园美食文化、传承高校餐饮文化、促进学生全面发展。参与对象面向全校师生，活动流程分为菜品征集、专家评审、广泛试吃投票、总结表彰四个阶段。制定详细的评选标准，确保评选过程公平、公正、科学。

（3）全面宣传动员：利用学校官网、企业微信、微信公众号、宣传栏等多渠道发布活动通知和相关信息。制作精美的宣传海报，展示往届活动精彩瞬间、美食图片以及传统特色菜品，吸引师生关注，提高活动的知名度和参与热情。

2. 分步实施，打造品牌活动

（1）广泛征集菜品：面向学校 13 个食堂征集参赛菜品，鼓励食堂工作人员结合地域特色、季节特点、学生口味偏好等元素，以口味鲜美纯正、营养搭配合理、符合少油少盐健康导向为目标设计菜品，且必须适合在食堂制售，符合高校食堂饭菜价格定位。其间共收到参赛菜品 36 道，涵盖了各地特色风味与创新菜品，从鲜香浓郁的热菜到精致可口的点心，种类丰富多样。

（2）严格初赛筛选：学校特别邀请了校外餐饮专家、营养专家以及校内师生代表，组建了一支由 60 余人组成的强大评审团队。从味感、质感、观感、营养 4 个方面对参评美食进行打分。参赛选手对参评美食从食材选用、烹饪技巧、营养价值、文化内涵等维度进行简短介绍。过程中，后勤人员耐心解答师生疑问，引导大家积极参与，让学生感受到学校对他们饮食需求与文化分享的尊重。经过激烈角逐，22款美食凭借出色表现成功入围师生投票环节。

（3）广泛试吃投票：为了让师生深度参与评选，学校通过企业微信公众号、背喷宣传板等方式进行大力宣传并开通线上投票通道。入围美食在食堂进行为期一个月的挂牌售卖，在投票期间均打九折。让师生在品尝美味的同时，还能为心仪的美食投上宝贵一票，真正实现了“我的美食我做主”。投票期间，食堂内热闹非凡，师生们一边品尝美食，一边交流着自己的感受，分享对美食的见解。最终以票数高低产生“北化十佳美食”。

（4）总结表彰阶段：广泛试吃阶段后，对“十佳美食”进行总结宣传，并对制作十佳美食的厨师进行表彰。一方面，激励食堂员工不断提升厨艺，发扬工匠精神，为师生提供更优质的餐食；另一方面，丰富校园文化生活，增进师生对饮食文化的了解和热爱。

（二）育人成效与标志性成果

1. 为学生全方位成长助力

在日常生活层面，评比活动显著提升了食堂菜品的多样性与特色，有效满足了广大学生群体多样化的口味需求，进一步提升了他们的用餐体验和生活幸福感；在思想文化建设方面，厨师团队所展现出的创新精神，对学生突破传统思维模式、在专业学习中勇于创新具有积极的启发作用；在人际交往方面，通过学生参与投票、与厨师团队的交流互动，有效拉近了师生与食堂工作人员之间的距离，锻炼了学生的沟通表达能力，为构建和谐校园环境作出了积极贡献。

2. 为文化传承与自信培育助力

美食作为文化的重要组成部分，深度融合各地文化元素，不断拓宽学生的文化视野，增进对多元文化的理解与包容。活动中对中华优秀传统文化的弘扬，使学生深刻感受文化魅力，从而进一步增强文化自信。

3. 为强化校园共建意识助力

学生从单纯的“用餐者”变为校园餐饮服务的“评价者”甚至“改良建议者”，这种参与感能提升其对校园服务的认同感。例如，接下来食堂采纳学生建议推出新菜品时，学生会更愿意主动支持。活动中，学生了解了厨师从凌晨备菜到烹饪的流程，体会了后勤工作的辛苦，从而减少浪费粮食的行为，甚至自发倡导“光盘行动”。

4. 为品牌与文化建设助力

“十佳美食”评比活动已成为学校的一项特色活动，各食堂都形成了独特的招牌美食。每届活动都吸引了众多师生的关注和参与，成为校园文化的重要组成部分。通过活动的举办，不仅提升了学校食堂的知名度和美誉度，也为学校的文化建设增添了新的亮点。

5. 为食堂服务与团队发展助力

活动的成功举办为学校食堂服务改革提供了借鉴。后勤管理部门利用这次机会完善管理制度，加强与餐饮团队的合作，优化服务质量，推动服务向多元化、个性化、专业化发展。同时，激励食堂厨师团队提升厨艺，学习新技巧和食材搭配，丰富技能。在准备参赛菜品时，厨师们交流切磋，分享经验，形成积极的学习氛围，这种追求卓越的态度为学生树立了榜样，激励他们在学业上保持专注和进取。

三、经验启示

（一）树立服务育人理念是前提

高校食堂要充分认识到自身在育人工作中的重要作用，树立服务育人的理念，将育人工作融入食堂的各项服务中。通过创新服务形式，挖掘服务内涵，为学生提供更加优质的餐饮服务，实现服务与育人的有机统一。

（二）坚持学生主体地位是关键

在活动策划和实施过程中，要始终以学生为主体，充分考虑学生的需求和兴趣。通过引导学生积极参与，让学生在活动中发挥主观能动性，锻炼和提升自身的能力。同时，要注重倾听学生的意见和建议，不断改进活动内容和形式，提高学生的满意度和参与度。

（三）强化多元协同是重要保障

高校食堂服务育人工作涉及多个部门和方面，需要后勤管理部门、学校团委、学生会、餐饮服务团队等各方密切合作，形成育人合力。各部门要明确职责，分工协作，共同推进活动的开展。同时，要积极争取社会资源的支持，如邀请专业厨师、营养专家等参与活动，提高活动的专业性和影响力。

（四）融合“五育并举”是核心

将“五育并举”的理念贯穿于活动的全过程，通过设计丰富多样的活动内容，将劳动教育、美育教育、德育教育、智育教育和体育教育有机融合，促进学生的全面发展。在活动中，要注重挖掘各育之间的内在联系，实现相互渗透、相互促进，达到育人的最佳效果。

（五）持续改进提升是动力

高校食堂服务育人工作是一个不断探索和完善的过程。要建立健全活动评估机制，及时总结经验教训，发现问题并加以改进。同时，要关注学生的需求变化和社会发展趋势，不断创新活动形式和内容，保持活动的吸引力和生命力，为学生提供更加优质的服务和成长环境。

“寓建 +”：校企协同打造高校学生公寓育人模式路径探索与实践

魏　帼　周　昕

一、案例概述

北京化工大学昌平校区自启用以来，积极推进“全域化物业管理”，学生公寓楼物业逐步引入苏东吴物业、首华物业等专业企业，构建“高校主导监管 + 企业服务育人”双主体协同机制。历经 6 年实践探索，形成了以学生公寓“寓建 +”为核心的校企协同育人模式。该模式通过空间改造、品牌创建、“五育”融合等创新举措，将学生公寓从单一生活场域升级为集服务育人、劳动实践、文化浸润于一体的育人综合体。该模式覆盖 13 栋公寓楼 4600 间宿舍近 1.6 万名学生，年均开展育人活动、劳育课堂与实践 200 余场次，打造出“生活即教育”育人范式。

二、主要做法和成效

（一）建设育人团队，集智聚力促进共同发展

1. 创新构建校企双主体协同育人体系

建立三级协同机制，形成“后勤保障部主导—物业企业实施—学生参与监督”的立体化组织架构。后勤保障部设置学生公寓物业专职管理岗，制定公寓育人质量考核标准，主导整体规划和质量控制；物业企业组建“楼长—值班员—保洁维修”三级育人梯队；学生群体通过勤工助学监察岗参与质量监督，形成“规划—实施—反馈”闭环管理系统。

2. 优化运行机制，实现育人要素系统整合

建立“双周例会 + 专项研讨”工作机制，年均召开协同会议 20 余场次。联合制订人员培训计划，创新考核激励机制，将育人成效与物业服务考核挂钩，开展“最暖物业人”评选，首届活动吸引 3000 名学生参与投票，形成育人质量持续改进机制。

（二）创建育人品牌，融合创新健全长效机制

北京化工大学打造“寓建 +”校企协同育人品牌，从公寓安全、标准化管理、文明创建和文化培育四大维度出发，构建多方协同长效机制。创新“一月一主题、周周有活动”模式，系统开展学雷锋月、劳动月等主题教育活动，配套楼长茶话会、实践课堂等常态化活动。2023 年至今累计举办 47 场专题活动、410 次劳动实践及 134 课时劳育课堂，参与师生达万人次，有效拓宽了公寓育人路径，实现服务育人“最后一公里”的深度贯通。

（三）改造育人空间，用心用情提升育人效能

通过空间改造升级育人阵地，打造“服务大厅 + 实践基地 + 爱心驿站”三维体系。核心建设 120 平方米“寓建”生活工坊劳动实践基地，集课程教学、劳动实践与成果展示于一体；优化升级学生公寓服务大厅，2019 年至今持续拓展 18 项便民服务，涵盖缝补熨烫、医疗急救、物品借用（充电宝、小推车、雨伞）、快递搬运、电费代缴等生活场景；设立 3 处爱心驿站，其中樱花苑 5 号楼驿站配备应急文具药品、卫生巾及沙发休憩区，打造多功能服务空间。同步创新设立旧物传情捐赠角与漂流书架，促进闲置物品循环利用，年均流转物品超 500 件。各公寓值班台提供 24 小时“微服务”，包含缝补、加热餐食等 7 项便民服务，形成“空间 + 服务 + 文化”立体化育人网络，切实将生活空间转化为思政教育实践场域。

（四）丰富育人载体，创新育人活动

北京化工大学“寓建 +”校企协同育人团队深化公寓育人内涵，将校园文化、管理制度与传统文化融入特色活动。创新打造“守护公寓大作战”真人 NPC 游戏，以趣味形式普及消防安全、垃圾分类等知识，单次活动触达 5455 人次；结合传统节日开展打卡活动，让学生在沉浸式体验中感受文化魅力。聚焦学生需求关键节点，推出文明搬家、毕业季“花”式宠爱等系列活动：联合多部门开展旧衣回收、旧书捐赠等环保行动，发布搬家收纳技巧推文。2024 年搬迁垃圾量较 2019 年减少 120 吨，宿舍清洁达标

率超 55%；毕业季推出簪花课堂、云肩免费体验等活动，开学季设计公寓专属周边增强社区归属感。建立“楼长茶话会”常态化沟通机制，2023 年 9 月至今共举办 10 期，280 余名学生参与，收集建议 300 余条；推动增设暂存柜、吹风机插座、淋浴间防滑垫等 28 项便民设施，构建“共建共治共享”治理模式。实现环境育人、服务育人、文化育人三维融合，打造出有温度、有深度的公寓育人生态。

（五）打造立体宣传矩阵，让学生公寓育人工作迈上新台阶

为加强宿舍在学生良好生活习惯养成、优良学风建设和校园文化培育中的阵地作用，创造优质学生公寓生活环境，营造温馨和谐、积极向上的学生公寓文化，北京化工大学“寓建 +”校企育人团队多措并举打造“1（线下）+1（线上）+N（专栏设置、温馨提示粘贴、板报绘制、门厅装扮等）”学生公寓文化宣传矩阵，多维度完善学生公寓管理规定、绿色校园创建等。整合物业管理人员与勤工助学学生力量，形成专业化宣讲梯队，聚焦开学教育、安全巡查及校区搬迁等关键时段，针对性实施公寓管理制度宣传、文明礼仪教育等专题活动，实现教育引导的时序化覆盖。学生公寓项目主管时刻关注天气情况，通过公寓公告栏发布雨雪防滑、天冷添衣、大风天气注意事项等温馨提示并进行动态更新，构建全天候生活指导网络；创建“寓建 + 安全楼长碎碎念”专栏，分别在企业微信公众号、视频号、通知栏等多个平台推出相关安全宣传内容，自 2023 年 11 月创建至今共推出 4 期企业微信推送、4 期视频号推送，单期推送阅读量达 1300 人次，形成可视化安全知识传播矩阵；加强对各项学生公寓活动的报道，多角度展示活动亮点、活动反响，为活动的开展营造浓厚氛围，全方位、立体化展示学生公寓育人工作。

三、经验启示

（一）构建“双主体协同育人”机制，深化校企责任共担

北京化工大学通过后勤保障部与物业企业（如东吴服务、首华物业）的深度合作，形成“高校主导监管 + 企业协同育人”的双主体协同模式。校方不断强化育人目标导向，通过制定服务标准体系，建立覆盖卫生管理、设备设施维护、秩序维护、安全保障、文化营造、育人工作等维度的监督考核机制，确保企业服务与育人目标同频。

物业企业则将基础服务工作升级为育人实践载体，服务人员通过日常交流传递“家

文化”理念，在维修服务、环境维护等细微工作中渗透劳动教育和责任意识培养。双方通过制度化协作机制，包括月度育人讨论会、联合培训计划等，成功将传统后勤保障模式转化为管理与育人功能有机融合的创新体系。

（二）以“物理空间＋文化品牌”重构公寓育人场景

通过公寓空间改造（如“寓建”生活工坊、旧物传情捐赠角）、品牌活动创建（如守护公寓大作战、我们的节日、文明搬家）和宣传矩阵搭建（线上线下联动，如楼长茶话会、楼长碎碎念推文），将学生公寓从生活场域拓展为思政教育、劳动实践、美育浸润的多维育人空间。校企联合盘活公寓物理空间，打造特色育人品牌，以物业企业资源支持实践活动，增强学生参与感和认同感，满足学生成长需求。通过场景化育人，让学生在生活场景中实现“自我管理、自我服务、自我教育”，提升育人实效。

（三）推进“五育并举”融入日常服务，构建全链条育人生态

“寓建＋”模式以“文明、卫生、安全、发展”为核心，将德智体美劳教育嵌入公寓管理全流程。德育方面，通过物业人员的职业精神示范传递社会主义核心价值观；劳育方面，组织垃圾分类督导、寝室美化设计等实践活动；美育方面，联合设计文化墙绘、环境提升项目；智育与体育方面，开发将公寓管理规定和健身打卡融合的“守护公寓大作战”等活动。校企协同将“五育”目标转化为可操作的行动载体（如标准化服务流程、特色活动设计），形成“生活即教育”的浸润式育人生态。

北京化工大学“寓建＋”模式的核心在于通过校企协同，将后勤服务从“功能保障”升维至“育人赋能”，坚持传递“家文化”，以机制创新、场景重构和五育融合为抓手，打造“生活场域”与“教育阵地”合一的新型育人范式，打造学生公寓“三全育人”“五育并举”的新格局，构建北京化工大学学生公寓育人工作新体系。

中华优秀传统文化融入后勤“三全育人”的探索与实践

魏 帼 周 昕

一、案例概述

北京化工大学后勤保障部以“三全育人”理念为核心，聚焦传统节日文化传承与山西非遗技艺推广两大主线，将中华优秀传统文化深度融入后勤服务、环境营造与劳动教育中，构建了节日场景浸润、非遗技艺实践的育人模式。通过系统化设计全年传统节日活动，引入山西非遗资源，结合后勤服务场景创新，实现了文化传承与育人功能的有机统一。具体包括以下内容。

传统节日文化浸润，在清明、端午、中秋、元宵、春节等节点，开展挂艾叶、做五彩绳、包粽子、做玉兔灯、猜灯谜、写福字等活动，并通过食堂免费发放节日食品、宿舍及楼宇进行节日装扮（如立冬张贴《九九消寒图》）等增强文化氛围。

非遗技艺传承实践，联动山西非遗传承人开设山西非遗面食技艺、广灵剪纸、临汾面塑等技艺大讲堂，依托“后勤学校劳动教育大讲堂”平台，将非遗元素融入劳动实践与校园文化建设，形成非遗活化与劳动实践相融合的特色路径。

二、主要做法和成效

（一）传统节日文化育人实践

1. 全员参与的文化浸润

北京化工大学后勤保障部以传统节日为纽带，通过系统化设计文化活动与后勤服务的协同机制，构建“服务即教育、场景即课堂”的育人新模式。中秋节期间，后勤保障部举办“遇见中秋遇见你”的主题活动，学生公寓物业设置玉兔灯、莲花灯制作，诗词灯谜竞答，投壶射箭等传统游戏竞赛，写毛笔字祈福许愿等环节，还在大厅和楼宇外部布置“月圆北化”主题装饰和打卡点；公共楼宇物业设置玉兔布织布挂饰制作环节，在教学楼大厅设置拍照打卡点；校园绿化物业则在花海打卡点设置在花海拱门悬挂祈福牌的活动，通过丰富的活动，营造沉浸式文化氛围。在立冬节气时，学生公寓张贴《九九消寒图》，每日由学生填画一瓣梅花，记录节气变迁，实现文化传承与生活美学的融合。

2. 全过程渗透的育人链条

北京化工大学后勤保障部立足“三全育人”体系建设要求，创新构建“全年化、场景化、生活化”的传统文化育人路径。通过系统设计全年传统节日活动，将春节、端午、中秋等民俗文化深度融入后勤服务场景，形成节日习俗体验与非遗手工实践相融合的特色模式。

在春节文化育人实践中，后勤保障部突破传统节日装饰的单一功能，策划主题系列活动，即物业一线工作人员与学生共同开展春联书写、剪纸创作、非遗手作等沉浸式活动。在“寓建”生活工坊，由后勤职工中具有书法特长的维修工程人员担任指导，学生挥毫书写“福”字与春联；物业楼长团队引入剪纸技艺，指导学生创作“生肖剪纸”等特色作品；宿管带领学生用扭扭棒制作环保鞭炮挂饰。

这种创新模式通过两大维度实现文化育人目标，其一，在文化呈现上，将抽象符号转化为具象生活载体。例如，端午节开展的艾草锤制作活动，既保留“悬艾驱毒”的传统习俗，又可以缓解久坐产生的不舒服，使学生制作的艾草挂件兼具文化寓意与实用价值。其二，在参与机制上，后勤职工从服务提供者转变为文化传播者，学生从被动参与者升级为文化共创者，双方在协作中实现双向文化浸润。

3. 育人成效

2024 年后勤保障部开展的端午、中秋等传统节日主题活动参与学生累计约 5000 人次，形成稳定的文化参与长效机制。参与学生表示“通过亲身实践深化了对传统文化的理解”。

节日活动与后勤服务的结合，提升了学生对后勤工作的认可度，后勤服务已成为文化传播的重要载体。正如参与春节写福活动的同学所言：“过去总觉得后勤工作只是保障，现在才发现阿姨们不仅是服务，更是带着温度的文化传承。”

（二）非遗技艺融入育人体系

1. 非遗技艺与劳动教育深度结合

后勤保障部依托后勤学校开设“劳动教育大讲堂”，创新劳动教育形式，联合山西省非物质文化遗产保护促进会邀请山西非遗面食、山西广灵剪纸、临汾隰县面塑等非遗传承人讲授技艺历史与文化内涵，打造沉浸式文化体验课堂。例如，在“妙‘剪’生花——广灵染色剪纸”活动中，广灵剪纸第六代传承人高清红现场展示染色剪纸技艺，从历史渊源到刀法技巧进行系统讲解，并带领70余名师生共同创作，最终完成超200幅作品。临汾隰县面塑传承人苏栩则通过“吃出来的雕塑”主题课程，指导学生将面团塑造成蛇年挂饰，让传统面食技艺焕发艺术生命力。

这些活动以“文化传承—实践体验—成果展示”为主线，通过非遗大师亲授技艺、师生共创作品等形式，将劳动教育与传统文化深度融合。活动被《山西日报》《文旅中国》等媒体专题报道，有效提升了校园文化氛围。

2. 学生公寓物业工作人员主导的寓建课堂实践

学生公寓物业工作人员利用业余时间，通过网络学习非遗技艺，如古法造纸、缠花等。他们不仅自己掌握了这些技艺，还通过组织课堂传授给学生。这种模式不仅提高了学生公寓物业工作人员的技能水平，也增强了他们的育人能力。在课堂上，学生公寓物业工作人员会详细讲解非遗技艺的历史背景和文化内涵，让学生在动手制作的过程中，深刻感受到非遗文化的独特魅力。

例如，在古法造纸课堂上，学生公寓物业工作人员先通过视频和图片向学生展示古法造纸的流程和技巧，随后，指导学生亲自动手制作纸张。从原料的准备到纸张的成型，每一个步骤都让学生参与其中。这种亲身体验的方式，不仅让学生学到了技艺，还培养了他们的耐心和细心。

在缠花课堂上，学生公寓物业工作人员先展示各种精美的缠花作品，激发学生的兴趣。随后，他们手把手地教授学生缠花，从基本缠花技巧到复杂图案设计，让学生在实践中不断提高缠花水平。这种教学方式，不仅让学生掌握了技艺，还培养了他们的创造力和审美能力。

非遗手工课堂深受学生喜爱，参与度高。学生们纷纷表示，通过这些课堂，他们不仅学到了非遗技艺，还感受到了中华优秀传统文化的魅力。这种寓教于乐的方式，不仅丰富了学生的课余生活，也提升了他们的文化素养。

三、经验启示

（一）构建“文化树”育人体系，实现结构性创新

北京化工大学后勤保障部以系统论为指导，构建起根植于中华优秀传统文化的树状育人体系。该体系以“立德树人”为根本目标，将传统文化基因转化为三大生长支点。

在根系层着力文化根基建设，通过深入挖掘二十四节气文化、非遗技艺中的德育元素筑牢基础；主干层聚焦载体支撑，构建“生活化育人场景集群”，形成三大核心支撑体系，包括以传统节日节气食品制作为特色的饮食文化载体、通过节日装饰构建沉浸式育人场域的空间文化载体、依托传统手工艺工作坊实现审美教育与劳动教育融合的劳育美育文化载体；枝叶层注重实践延伸，开发出非遗劳动教育课程及山西非遗进校园劳动大讲堂讲座等特色项目。

（二）创新“服务教育化”模式，重构育人生态

通过服务场景的教育学重构，打造“节日活动＋非遗体验＋环境营造”三位一体载体矩阵。中秋节开展“三维联动”实践：食堂制作月饼，物业组织祈福活动，公寓举办猜灯谜、投壶、制作灯笼等活动，实现味觉、视觉、触觉多感官浸润。

（三）深化“文化浸润”机制，提升育人效能

通过具象化、场景化的文化表达，形成符号、行为、情感“三重浸润”效应。符号浸润即将文化元素转化为可感知的实体符号。如在公寓楼道张贴的《九九消寒图》成为记录节气变迁的活态教材，学生每日填画过程中自然习得物候知识；行为浸润即设计“做中学”的体验链。如中秋玉兔灯制作中包含“竹篾弯折—宣纸裱糊—诗词题写”等工序，学生在动手实践中体悟“致知力行”的传统文化精髓；情感浸润即打造有温度的文化记忆点。春节前夕物业阿姨与学生共同写福，传递“家文化”情感联结，此类场景不断增加学生校园归属感。

北京化工大学的创新实践，为传统文化融入“三全育人”提供了理论突破与实践样本：在价值维度上，通过“服务即教育”的理念重构，破解了后勤工作与育人目标“两张皮”的难题；在方法维度上，创建的“文化树”体系实现了传统文化教育的系统化转型；在效能维度上，形成的“浸润式育人”模式使文化传承成效可进行量化评估。

以物业监管信息化建设为牵引，打造特色服务育人交流平台

陈玉保

一、案例概述

在后勤社会化改革背景下，北京化工大学综合考虑后勤改革发展方向与管理模式，2017 年开始在昌平校区引入物业外包企业补充后勤服务，在甲乙方管理模式推动下，学校实现由“自办后勤”向“选后勤、管后勤”的转变。但随着后勤物业管理范围不断扩大，在物业监管方面出现了点多、面广、管理人员不足等现实问题。如果仅靠传统的“人盯人”，难以实施对物业的有效监管。因此，问题的出现倒逼监管方式进行转变。

面对监管力量严重不足的现状，由依靠监管人员人力监管转向运用以大数据、物联网技术等新技术为依托的智慧监管成为必然选择。运用新技术助力监管，弥补现有监管人员不足问题的同时，可让监管人员从繁杂的事务性和重复性工作中解脱出来，充分利用现代信息技术，综合分析监管重点领域、监管难题和高风险点，从优化手段、统筹力量、提升效能等方面进一步深化改革，有效提高监管的精准度和针对性。

2020 年 9 月，昌平校区开始筹划建设“校园物业服务质量监管平台”，2021 年 2 月，该平台投入运行。该平台使用以来，进一步加强了学校对物业外包企业的日常监管，提升了物业监管的信息化、规范化、智能化水平，促进了学校后勤服务保障能力的提升。

二、主要做法和成效

（一）实现线上日常维修响应

一方面，该平台通过扫码报修入口和智能分类处理机制，简化了报修流程，提高了维修效率。这种便捷的服务体验不仅解决了师生的实际问题，还传递了后勤高效、负责任的工作态度，无形中对学生进行了潜移默化的引导。

另一方面，该平台的透明化管理功能增强了师生及监管人员对维修过程的信任。通过可视化界面，师生可实时跟踪报修任务的进展，从创建到分配再到解决的每一步都可追踪。这种透明度不仅提升了维修服务的满意度，还帮助师生更好地了解后勤工作、参与后勤管理。学生在参与报修的过程中，能够加深对后勤运作机制的理解，让学生直观感受劳动不易，培养尊重劳动者的意识，提高对后勤工作的认同感和支持度。

（二）实现线上意见建议沟通反馈

一方面，平台建设为师生、后勤及物业之间提供了一个便捷、高效的沟通渠道。通过平台师生可以就学习、生活等方面的问题提出意见建议，后勤部门、物业外包企业能够迅速响应并处理这些问题。这种双向沟通机制有助于增进师生及后勤之间的了解和信任，为育人工作奠定坚实基础。

另一方面，平台上的交流互动有助于增强师生及后勤之间的理解和支持。平台为师生提供线上投诉建议入口，可以对不满意的服务项目、服务人员和环境等进行投诉；可以对提供优质服务的人员和服务项目进行点赞表扬；可以方便师生咨询各类物业问题，并为他们答疑解惑。平台将投诉建议流转至责任部门，提醒责任部门进行处理并反馈结果，师生可对处理结果进行评价。平台促使物业人员增强服务意识，树立良好形象，在解决问题过程中不断积累经验，提高专业技能，从而对学生会起到潜移默化的作用。

（三）实现线上异常问题反馈处理

一方面，构建了横向反馈处理机制。物业值班人员可通过平台实现对巡检发现的异常问题的反馈报告，平台将收到的异常问题发给责任部门进行整改，物业监管人员、巡查人员可追踪整改情况。这种处理机制扩大了物业内部横向沟通渠道，体现了物业团结协作精神，有助于提升物业服务水平，增强物业人员责任感和以校为家的意识。

另一方面，构建了纵向反馈处理机制。监管人员、师生代表、外包企业管理人员可通过平台实现对物业检查发现的异常问题的反馈，平台将收到的异常问题发给责任部门进行整改，监管人员、师生代表、外包企业管理人员可追踪整改情况，并对处理结果给予确认。这种处理机制扩大了后勤部门、师生代表、物业外包企业的纵向沟通渠道，有助于增强对物业的监管。学生在参与检查过程中不仅能提高发现问题的能力，积累工作经验，还能增强安全与环保意识，推动服务育人工作不断发展。

（四）实现楼宇来访人员和学生异常出入信息管理

一方面，加强校外来访人员信息管理可维护校园安全和楼内秩序。楼宇值班员通过让外来人员扫描二维码进行信息登记，能有效防止校外人员违规进入，可保障师生的人身和财产安全。这种安全环境是育人基础，能够让学生在一个安心、稳定的环境中学习和生活。另外，还可提升校园形象。外来人员来访管理制度的严谨与规范，能够展示学校的管理水平，增加他人对学校的信任和好评。良好的校园形象还有助于培养学生的自豪感和归属感，激发他们的学习热情和积极性。

另一方面，加强异常出入学生信息管理可规范学生行为。通过对异常出入楼宇学生的信息记录和管理，让学生直观感知“边界”与“秩序”，同时可及时发现并反馈给学生管理部门纠正其不良行为，培养纪律意识，为学生未来发展打下坚实基础。另外，还可保障学生安全。学生异常出入信息管理机制能及时发现学生的安全隐患，通过及时干预和处理，保障学生的身心健康和安全。

（五）实现线上物业服务质量考核与评价

一方面，实现了线上考核打分。参加考核的师生、后勤管理人员依据已制定的物业服务标准和考核内容，结合每月的服务运行数据、现场检查情况等对物业项目进行考核打分，发现问题及时反馈给物业外包企业并监督整改。这种线上考核高效便捷，可远程参与，突破了时空限制；量化的考核评分标准，减少了人为误差，增强了考核客观性；考核数据可长期存储并实时分析，便于追踪趋势。

另一方面，实现了线上满意度调查。平台具有线上问卷调查填写提交功能，能够对调查结果进行统计分析，并将结果反馈物业外包企业整改，促使物业通过不断完善来提高师生满意度。线上调查评价无须印刷和人工分发，节省时间和经济成本；能突破地域限制，提高参与度；数据实时回收，利用自动化统计工具减少了人为干扰，降低了主观偏差，提升了处理效率。

三、经验启示

（一）建设平台应树立正确核心理念

平台应聚焦“服务 + 育人”双轮驱动，建立“需求采集—服务响应—问题反馈”闭环机制；实施多方协同，搭建后勤部门、物业外包企业、广大师生三维联动架构。探索出一条符合本校特点的物业服务和育人新模式。平台的建设应讲求实效，着力提升师生与物业沟通效率，增强师生与物业的交流互动，激发学生的思考能力和创造力，推进校园文化建设，促进服务与育人的良性发展。

（二）建设平台应采用合理运行策略

应采用双线融合策略，实施全流程线上线下一体化。如横向反馈处理机制：①物业值班员巡检发现问题；②员工端 APP 拍照上传；③系统分类发送责任部门；④派发至工作人员处理；⑤完成后 APP 拍照上传；⑥确认，整个流程实行线上线下联动，确保了任务完成。应采用激励策略，对积极参与平台交流和互动的用户，可根据互动活跃度、意见建议贡献度、平台维护贡献度给予表彰及荣誉认证。根据监管业务模块的变化实施动态更新，把平台管好、用好，发挥平台服务和育人的双重功能。

（三）建设平台应建立综合保障体系

在组织保障方面，应积极吸纳信息化领域人才，组建由后勤管理人员、物业外包企业相关人员组成的平台专项管理小组，明确权责边界及流程，加强平台管理人员业务培训与考核，提升平台使用效能；在技术保障方面，应委托专业技术公司做好软件升级改造和日常维护，根据学校需要，构建平台动态更新机制，扩大用户参与度，提升系统可用性；在资金保障方面，设立专项预算资金，结合业务增长动态调整扩容资金，设立激励基金，提高平台使用效益。

物业监管信息化建设与育人服务相融合，不仅实现了降本增效的管理目标，更通过数据共享、实践参与和社会责任等核心价值观引领，将后勤管理服务转化为“三全育人”的重要载体，形成“管理即服务，服务即育人”的校园物业管理新模式。

充分发挥后勤基层一线人员服务育人作用：后勤基层保障服务标兵的评选与宣传

翟源伟

一、案例概述

为深入学习党的二十大和二十届二中、三中全会精神，坚持不懈地用习近平新时代中国特色社会主义思想铸魂育人，全面贯彻全国教育大会精神，以立德树人为根本，提升“三全育人”实效，丰富和完善“管理育人、服务育人、环境育人”机制，进一步提升学校基层保障服务能力和水平，进一步加强劳动教育的实效性和示范性，发挥基层保障服务工作在学生思想教育过程中的浸润式教育作用，激发广大师生的爱校荣校情感，北京化工大学每年组织后勤基层保障服务标兵评选工作，并对获奖员工进行表彰及宣传。

高校后勤是保障教育教学、科研工作和师生生活的重要支撑，基层一线人员是服务者，更是与学生朝夕相处的“隐性教育者”。作为校园中与学生接触最频繁的群体，食堂厨师、宿舍管理员、校医、维修工、保洁员等岗位人员，通过日常服务的点滴细节、敬业态度和职业精神，潜移默化地传递劳动价值、责任意识与奉献精神，成为“服务育人”的重要载体。北京化工大学通过后勤基层保障服务标兵的评选与宣传、后勤学校的开设等多种途径充分发挥后勤基层一线员工服务育人功能，营造“服务即教育、行动即示范”的文化氛围。

二、主要做法和成效

（一）创新评选机制，树立服务标杆

1. 制定科学化评选原则

（1）政治立场坚定：拥护党的路线、方针、政策。

（2）育人效果显著：能在工作中自觉践行“围绕学生、关照学生、服务学生”的要求。

（3）师生评价突出：能在本职岗位上尽心尽责，师生满意度高，有主动服务意识。

（4）工作业绩扎实：热爱本职工作，具有良好的职业道德、强烈的事业心和责任心，可以解决师生急难愁盼的问题。

同时设立一票否决项，凡有过服务投诉、安全责任事故、违反职业道德行为的员工，禁止参与评选。

2. 多元参与方式

标兵评选采取“组织推荐＋师生联名推荐”的方式，覆盖所有在基层服务保障一线岗位工作满 1 年及以上的全体后勤员工。

3. 动态化奖励机制

每年评选 15 名左右后勤基层保障服务标兵，召开服务标兵表彰会，颁发“年度服务标兵”证书及奖金，优先为其提供技能培训、岗位晋升机会。同时建立“传帮带”制度，鼓励标兵分享经验，带动后勤员工整体提升。

（二）立体化宣传，传递育人价值

1.“线上＋线下”融合传播

（1）线上宣传。

制作宣传视频《追光者》；在学校公众号及后勤公众号推送后勤基层保障服务标兵事迹内容。目前，后勤公众号共发布服务标兵相关推文 18 篇。

（2）线下宣传。

背喷：在学校食堂门口等人流量较大的场地布置背喷，展示获奖标兵风采。

海报：在获奖标兵工作地点张贴海报，设置服务标兵专用桌牌，重点宣传获奖标兵。

2. 沉浸式育人场景

加强学生实践参与，鼓励获奖标兵联系自身工作内容开设后勤劳育课堂，学生跟随

获奖标兵参与岗位实践，进一步深化劳动教育。

加强师生互动：定期组织后勤座谈会、后勤开放日等活动，使获奖标兵可以与学生面对面交流，对学生进行浸润式教育。

（三）深化后勤基层标兵服务育人效能

1. 劳动教育融入后勤服务

后勤学校是北京化工大学开展劳动教育的主要平台，逐步形成了厨艺课堂、“寓建”系列、走进物业系列、校园花匠系列、环保卫士系列、医疗侠客系列等劳动教育实践课程。后勤基层服务保障标兵是这些课程的主要授课教师。

例如，服务标兵获得者、餐饮中心厨师长，从厨房走上“讲台”，从厨师变成“老师”，耐心地教学生们制作菜品佳肴；服务标兵获得者、交通运输中心驾驶员教大家汽车安全驾驶知识与突发车况紧急救援基本操作，增加学生们汽车驾驶技能；物业获奖标兵集体开设的“寓建”系列实践课堂，使学生们掌握维修、缝纫缝补、形象管理、商务礼仪、宿舍整理收纳、绿植养护等基本生活技能。

服务标兵在授课时结合自身经历，向学生传递劳动精神、工匠精神和奉献精神。学生们也通过这些劳动课程的参与，亲身体验到了后勤工作的艰辛与价值，同时也掌握了各类生活基本技能。

2. 劳动价值观培养

（1）榜样示范：通过在评选标兵过程中引导学生参与投票，了解标兵候选人的典型事迹，并对获奖标兵事迹进行大力宣传，用优秀后勤文化品质感染学生，让学生感受到平凡岗位中的不平凡，树立“劳动最光荣”的价值观念。

（2）互动交流：利用后勤专有的真实劳动场景，以“体验官”的形式与学生互动，通过“做一天超市店长”“走进快递驿站”“做自己的托尼老师——学习日常理发技巧”“体育馆现代化器材维护”等劳动实践活动，让学生在参与学校保障服务中增强劳动创造价值和美好生活的认识，激励学生在成长成才的道路上用诚实劳动、努力奋斗来实现梦想。

（四）后勤一线员工激励

1. 物质与精神并重

（1）物质奖励：颁发“年度服务标兵”证书及奖金，优先为其提供技能培训、岗位晋升机会。

（2）精神激励：在全校范围内宣传标兵事迹，提升员工荣誉感与归属感。

2. 职业发展支持

（1）技能培训：鼓励标兵参加专业技能培训，并且培训费用由学校承担，帮助标兵实现职业成长。

（2）岗位晋升：将标兵评选结果作为岗位晋升及聘用编制变更的重要依据，激励广大后勤人员不断提升服务水平，爱校荣校、爱岗敬业，以更加饱满的热情和积极的状态投身学校建设和发展。

3. 传帮带制度

鼓励标兵分享经验，带动后勤员工整体提升，形成“比学赶超”的良好氛围。

（五）成效

（1）2020—2024 年后勤基层保障服务员工共有 66 人荣获校服务标兵称号，覆盖食堂、物业、修缮、医疗、动力、商贸、交通等多个岗位。

（2）师生对后勤服务的满意度大幅提升，显著改变了对学校后勤的观感和态度。

（3）形成了“比学赶超”的服务氛围，后勤员工工作积极性显著提高。

（4）服务标兵各类推文阅读量累计超 4 万人次，引发师生广泛关注。

（5）各类劳育活动、厨艺课堂、寓建系列等后勤学校选课名额供不应求，2021—2024 年共有 1.8 万余人次学生参与。

三、经验启示

（一）服务与育人融合是关键

后勤基层保障服务标兵的评选要坚持服务与育人并重，后勤人员不仅是服务提供者，更是劳动精神、奉献精神的传播者。后勤人员要将后勤工作从“保障型”升级为“育人型”，通过标兵言行示范，将服务场景转化为育人课堂。通过标兵示范传递劳动精神、奉献精神。

后勤基层保障服务标兵的评选与宣传，不仅是提升服务质量的抓手，更是落实立德树人根本任务的有效路径。通过选树“身边榜样”，让后勤人员成为校园文化的传播者、劳动教育的践行者，为构建“大思政”育人格局贡献后勤力量。

（二）师生共评共治是基础

后勤基层保障服务标兵评选过程中要注重师生参与，例如，服务标兵可由师生联名评价参选，最终标兵由师生投票产生，要打破后勤“隐形人”的刻板印象。

通过对后勤基层保障服务标兵的评选与宣传，树立了后勤服务标杆，提升基层服务质量；强化了后勤人员育人意识，推动服务与育人深度融合；增强了师生对后勤工作的认同感，构建和谐校园环境。

（三）创新传播形式是抓手

后勤基层保障服务标兵事迹要创新传播形式，善于用新媒体讲好“小而美”的后勤故事，用情感共鸣提升育人感染力。

（四）长效机制是保障

后勤基层保障服务标兵评选要形成长效机制，将评选宣传制度化、常态化，每年定期评选，持续放大标兵示范效应，并形成常态化激励机制。

后勤基层保障服务标兵评选与宣传是对后勤员工辛勤付出的肯定，更是对“服务育人”理念的生动实践。通过评选和宣传可以充分发挥“身边人引领身边人，身边事教育身边人”的作用，使后勤人员从幕后走向台前，成为校园文化的传播者、劳动教育的引领者。他们的平凡故事与不凡精神，深深感染着每一位师生，让“劳动最光荣、服务最崇高”的价值观念深入人心。

基于能力培养的“园林植物”劳育课程的构建

肖天昊

一、案例概述

（一）课程背景与发展

园林相关课程融合了自然科学与人文艺术，是一门具有实践性和跨学科特征的课程。通过对植物的认知、栽培技巧、园艺设计、景观规划等内容的学习，学生不仅能够掌握一定的植物学基础知识，还能在动手实践中体会到生态环保和美学设计的关联。

北京化工大学是以理工科为主的高等院校，没有与园林相关的学科，将“园林植物”作为一门素质拓展类选修课程开设，目的是通过课堂讲授和劳动两个环节，帮助学生掌握园艺的基础知识，并提升相关的劳动技能，培养他们对植物和自然的兴趣，提升他们的环境保护意识和生态责任感。这门课程不再局限于传统的园艺学知识传授，更注重实践能力的培养。基于这一目标，如何结合劳动教育理念，设计出既符合教育目标，又具备可操作性和趣味性的课程内容，使学生在“园林植物”课程中得到能力的全面提升，是当前教育实践亟待解决的问题。

（二）园林植物课程构建的目标与意义

“园林植物”选修课程的主要目标是利用校园内的园林植物等相关资源，将园林实践和理论学习相结合，帮助学生掌握一定的园艺技能，增强其对环境的感知和保护意识，提高其解决实际问题的能力。具体目标可以分为以下几个方面。

（1）激发学生的兴趣：通过生动有趣的教学内容，激发学生对园林和植物的兴趣，让学生在实践中享受劳动的乐趣。

（2）提高动手实践能力：通过实践环节，帮助学生掌握园艺技能，如植物栽种、修剪、施肥、病虫害防治等，提升其实际操作能力。

（3）提升创新能力：通过室内花卉养护和插花等课程，培养学生的创新思维和设计能力，使其能够在实际生活中运用所学知识。

（4）增强环保与生态责任感：通过了解城市生态系统的基本理念，培养学生的环保意识，让他们在日常生活中自觉践行生态友好型行为。

园林植物劳育课程的构建具有重要的教育意义。首先，它通过将园林植物的种植与养护工作融入课程中，不仅让学生学习到植物的基本知识和技能，还能通过实践活动培养学生的动手能力和解决实际问题的能力。通过参与园艺劳动，学生能够体验到劳动的乐趣和成就感，从而促进其身心健康发展。

其次，园林植物劳育课程有助于提升学生的环保意识。在种植和照料植物的过程中，学生将深入理解生态平衡、绿色环保等理念，培养其对自然环境的责任感和保护意识。此外，课程也能帮助学生更好地理解人与自然的关系，增强其可持续发展的理念，进而激发他们参与到环保行动中，成为积极的社会公民。

最重要的是，园林植物劳育课程可以促进学生情感的培养和个性的发展。植物的生长需要耐心和细心，通过长期的观察与照料，学生能够体会到生命的韧性与美好，从中获得情感上的滋养，提升对生命的尊重与关爱。这种情感上的收获对学生心理健康的成长以及人格的完善都具有积极的推动作用。

因此，园林植物劳育课程的构建不仅仅是知识技能的传授，更是培养学生综合素质、环保责任感以及情感教育的重要途径。

二、主要做法和成效

（一）课程设计内容

基于能力培养的园林植物课程，在课程的设置过程中考虑了培养学生知识理解、实践操作、问题解决、创新设计四种能力。

北京化工大学是以理工科为主的高等院校，园林植物课程应根据学生的专业特点和能力培养需求，科学设计课程内容。内容上应注重理论与实践的结合，既要让学生掌握植物学基础知识，又要通过具体的劳动实践帮助学生提升操作技能。课程内容可分为以下几个模块。

（1）基础知识模块：包括植物的生物学特征、栽培技术、植物分类等基本理论内容。

（2）实践操作模块：通过动手实践，如树木养护与修剪、地被植物栽植与养护、草坪养护等，帮助学生掌握实际操作技能。

（3）创新设计模块：组织学生进行桌面园艺作品（如小型苔藓缸等）设计或景观布置和鲜切花插花等环节，鼓励学生发挥创造力，进行植物搭配与布局设计。

（4）环境保护模块：通过介绍生态园艺、城市绿化等内容，提高学生的环保意识和生态理念。

课程中设置了园林景观打造、桌面插花和桌面植物微景观等制作环节，通过组内学生分工合作的方式，完成植物搭配设计、植物种植等任务，培养团队协作精神。

（二）实施策略与保障措施

1. 教学资源的支持

园林植物课程的实施需要一定的教学资源，包括教学用地、植物种苗、园艺工具、农药、化肥等。北京化工大学的园林植物课程是由后勤保障部主导，依托文法学院开设的课程。后勤保障部负责昌平校区 50 余万平方米的园林养护工作，可以提供相应的教学场地、园艺用具等资源，并且课程配套了专项的经费用于采购教学用种苗等耗材。同时，后勤保障部有着专业的园林养护团队，该团队园林养护经验丰富，在教学过程中，各个环节的实践教学都是由有着多年实践经验的绿化工人为学生演示。

2. 校园园林景观提升与课程相结合

园林植物课程的实践性强，北京化工大学以校园园林相关的改造区域，为学生提供真实的实践平台。结合课程内容引导学生参与到校园景观提升的工作中，通过课程为校园内主要出入口及图书馆南广场等区域打造了以郁金香、洋水仙和大花葱等鳞茎花卉为主的春季赏花带；利用课程实践环节助力学校 2 万余平方米的花海景观建设；协助完成校内草坪修剪和灌木修剪工作。通过课程的建设，让学生融入校园景观的打造过程，使其漫步在校园中就可以体验到课程的劳动成果，将理论知识与实践操作相结合，提升自身的综合能力。

将校园园林景观提升与园林植物劳育课程相结合，不仅能丰富校园的绿化环境，还能为学生提供一个生动的学习平台，促进理论与实践的深度融合。在这一结合过程中，学生不仅能参与到校园绿化与景观改造的实际工作中，还能在实践中直接应用所学的园林植物知识和技能。例如，学生可以参与校园内花坛的设计与规划、植物的选种与栽植、景观设施的布局等，从而深入了解植物的生态特性和美学价值，同时提升其园艺技能和创意思维。

通过实际参与校园园林景观的提升，学生能够在具体的环境改善过程中，体会到园林植物在美化环境、调节气候、净化空气等方面的重要作用。这不仅加强了他们对园林景观设计和植物配置的理解，还能激发他们的环保意识和责任感，培养他们对自然环境的尊重与热爱。此外，园林植物劳育课程中的劳动教育与团队合作，也能在这一实践活动中得到体现，学生们通过合作完成景观提升项目，增强了集体意识和沟通协调能力。

校园园林景观提升与园林植物劳育课程的结合，不仅能让学生在绿化实践中收获知识和技能，还能增强他们的创新思维、动手能力以及解决实际问题的能力。这种课程设计不仅提升了校园环境的美学和生态价值，还为学生提供了一个全面发展的机会，培养了他们的综合素质和社会责任感。

三、经验启示

作为传统的理工科院校，为非本专业学生构建素质提升类劳动育人课程，可以让学生通过知识的学习、技能的培养、创新的激发和团队的协作，全面提升学生的综合素质。通过合理的课程设计、教学方法和评价方式，能够帮助学生在实践中掌握园艺技术，树立生态环保理念，培养创新思维和解决问题的能力。该课程在北京化工大学的实践已经取得了良好的效果，随着劳育类课程的不断发展和完善，园林植物课程将发挥越来越重要的作用，成为学生综合素质提升的重要途径。

"寓教于景"：景观设计与服务育人的深度融合

谢志悦　肖天昊

一、案例概述

在全国教育大会上，习近平总书记指出："培养德智体美劳全面发展的社会主义建设者和接班人，加快推进教育现代化、建设教育强国、办好人民满意的教育。"因此"三全育人"的概念应运而生。"三全育人"即全员育人、全程育人、全方位育人，是中共中央、国务院《关于加强和改进新形势下高校思想政治工作的意见》提出的坚持全员全过程全方位育人的要求。新时代教育理念下，校园环境是"三全育人"理念中全方位育人的重要载体。

"人创造环境，环境也在创造人"。校园内的景观因其具备特殊的教育属性使其与其他城市景观区分开来。校园是育人的重要阵地，理应强调其环境育人的功能。如今北京化工大学校园内的绿化景观设计效果显著提升，也为环境育人提供了良好的先决条件。近几年，校园第一教学楼北侧空地的毕业季花境设计、文理楼北侧花海拱门的设计、花海两侧入口的小型花境设计以及开学季校门前的摆花等景观改造都在不断迭代更新，通过多处景观设计来实现环境育人的目的，促进校园景观的可持续发展。

二、主要做法和成效

（一）设计创新，满足学生对审美的需求

在整个育人过程中，美育也是其中一项非常重要的内容。通过美育，学生可以学会如何欣赏美，从而在生活中发现更多的美好之处，丰富个人精神世界，激发学生的创造

力和想象力。新时代高校美育担负着重要的历史使命，其对全民审美素养的提升具有引领作用。

在景观设计中，满足学生对审美的需求是至关重要的。随着时代的发展，学生的审美观念日益多元化和个性化，他们更倾向于那些能够触动心灵、引发共鸣的景观设计。

为了满足这一需求，需要在景观设计中融入更多的艺术元素。北京化工大学校园景观设计近几年不断地更新换代，通过使用更多的本土花卉，合适的色彩搭配和多样的种植方式，力争为师生创造更加舒适和美观的校园景观，从而满足师生的审美需求。其中着重对花海拱门区域和毕业季区域进行创新改造，包括采用置入景观小品、不规则式景观设计等做法为校园景观改造注入新的活力，让学生在欣赏美景的同时，也能感受到艺术的魅力。

景观设计创新应以满足学生审美需求为导向，通过融入艺术元素、注重色彩搭配与材质选择以及创新空间布局等手段，打造既美观又实用的校园环境。

（二）提高种植过程学生的参与度，落实实践育人

在景观设计中，提高种植过程中学生的参与度，是落实实践育人理念的有效途径。实践是人类认识世界、改造世界的方式，能让学生在这个过程中习得知识、积累技能、涵养价值，有利于学生真正学会生存、学会发展。在景观设计中为提高学生的参与度，仅观赏是远远不够的，更应该通过让学生参与前期设计方案的确定以及种植过程的亲身实践来落实实践育人的理念。在校园花海和东门校园摆花设计中都有学生参与方案确定，并完善方案设计，为校园的景观设计贡献自己的一份力量。在校园中贴近学生生活的景观改造中，如南门区域郁金香和洋水仙的花卉种植中也有学生忙碌的身影，同学们也在通过自己的努力在实践中不断发挥自己的才能，为成长为全面发展的人才而不懈奋斗。

设计方案时会规划出学生参与种植的区域，让学生亲自参与植物的种植、养护全过程。这不仅能增强学生对植物生长的了解，还能培养他们的责任感和团队协作能力。结合景观设计，设置植物标识牌，介绍植物的生长习性、生态价值等，让学生在种植的同时学习相关知识，在操作中体验景观设计的乐趣。

鼓励学生将种植过程中的所见所感记录下来，可以是文字、图片或视频等形式，作为实践育人的成果展示。这不仅能激发学生的创造力，还能让他们在实践中体会到成功的喜悦。

（三）成果展示，鼓励学生拍照打卡，亲近自然

景观落地后，在学校公众号上征集同学们拍摄的花海景观照片，既能提高学生的审美能力，又能激发学生对学校的自豪感。征集活动以比赛的形式进行，便于同学们产生竞争意识，也利于不同艺术风格的产生，达到对同学们进行美育的目的。参与其中的学生也可以欣赏自己付出努力的成果，获得成就感，从而使学生以更多的热情投入到校园景观设计当中，实现真正的劳动育人。

（四）建议收集，发挥学生的主人翁意识

景观落地后，收集师生对于景观设计的建议，包括优点和不足，在后续的设计中将优点不断扩大，对不足之处及时进行改善。改进措施的实现也会鼓励更多的同学们参与其中，通过自己的努力将想法变为现实，明确实践的重要性，提高自己的审美能力。通过这种方式，学生也可以培养自己的主人翁意识，为校园建设贡献自己的一份力量，也在一定程度上增加了学生对学校的认同感。

设立在线反馈平台，为学生提供便捷的反馈渠道。这样，学生可以随时随地提出自己的想法和建议，不受时间和空间的限制。同时，定期整理和分析这些反馈，将其作为设计调整的重要参考。

鼓励学生参与设计方案的评选和讨论。可以邀请学生代表参与设计方案的评审过程，让他们从自己的角度出发，对方案进行评估和选择。这不仅能增强学生的参与感，还能确保设计方案更加贴近学生的实际需求。将学生的优秀建议融入景观设计中，并在完成后进行成果展示，这不仅能激发学生的创造力和积极性，还能增强他们对校园环境的归属感和自豪感。

三、经验启示

（一）不断进行创新，探索景观设计与服务育人新模式

教育水平的高低关乎人才培养的数量和质量，并决定着一个国家和民族的兴衰成败。随着我国经济持续发展，人们对教育及自我提升的需求均有了新的要求。针对这些新的需求与挑战，高校校园景观设计需要实现转型与升级。

在景观设计与服务育人领域，持续创新是推动该领域发展的关键。为了探索新模

式，应从多个维度出发，融合教育与美学理念。首先，可以在景观设计中融入更多互动式元素，如设置户外学习空间，让学生在自然环境中学习，增强学习兴趣。其次，要注重景观的可持续性，通过绿色建材和节能设计，培养学生的环保意识。最后，要强化景观的文化内涵，将更多校园历史、地域特色等元素融入设计当中，营造具有教育意义的特色空间。通过这些创新举措，不仅能美化校园环境，还能在服务育人的道路上迈出坚实步伐。

（二）兴趣培养，掌握更多课外实践知识，促进学生多方面发展

景观设计兴趣的培养对于学生多方面发展具有重要意义。通过引导学生接触并深入了解景观设计，不仅可以激发他们的创造力和想象力，还能让他们在实践中掌握更多课外知识，促进综合素质的提升。

为了有效培养学生的景观设计兴趣，学校可以组织实地考察活动，如参观城市公园、花园景区等优秀景观设计作品，让学生直观地感受景观设计的魅力，并从中汲取灵感。通过与专业人员的交流，学生还能了解设计背后的故事和理念，进一步拓宽视野。

鼓励学生参与景观设计比赛和项目实践，也是促进其多方面发展的有效途径。在比赛中，学生需要综合运用所学知识进行创意构思和方案设计，这不仅能锻炼他们的设计能力，还能培养团队协作和解决问题的能力。通过多样化的培养方式，可以有效激发学生的景观设计兴趣，让他们在掌握更多课外实践知识的同时，实现自身的多方面发展。

（三）根据自身实践，将校园文化融入景观设计当中

深入了解校园文化是设计的基础。每个学校都有其独特的历史背景、办学理念和价值追求，这些元素构成了校园文化的核心。首先，在设计前要通过查阅相关资料、访谈师生等方式，全面了解校园文化，为后续设计积累丰富的素材和灵感。

其次，设计要注重实用与美观的结合。校园文化景观不仅要具有观赏价值，还要满足师生的实际需求。例如，设计花海拱门时，既要考虑景观的美观性，又要设置大小合适的步道砖，以方便师生能够更好地享受校园美景。

最后，设计要注重与环境的和谐共生。在景观设计中，要充分考虑自然环境和生态因素，力求使设计作品与周围环境相协调，共同构成和谐的校园环境。将校园文化融入景观设计中的实践方式表明，设计应以人为本，注重实用与美观的结合，同时不断创新，与环境和谐共生。这些经验和启示将对未来的校园景观设计改造工作产生深远影响。

“种树培根，育人养心”：绿化养护服务与实践相结合的育人新模式

肖天昊　张　帅

一、案例概述

随着社会的发展，对人才的综合素质要求日益提高。传统的教育模式侧重于理论知识的传授，在一定程度上忽视了学生实践能力和创新精神的培养。绿化养护作为一项兼具生态意义和实践价值的活动，与教育实践相结合，为育人提供了新的思路和途径。这种新模式将学生置于真实的绿化养护场景中，使其在学习专业知识的同时，锻炼实践技能，培养环保意识和社会责任感，实现知识、能力与品德的协同发展。

随着教育理念的不断更新，越来越多的学校开始重视学生的全面发展，注重将课堂教学与实践活动相结合。校园作为学生日常学习和生活的重要场所，其环境建设对学生的成长具有潜移默化的影响。近年来，许多学校尝试将园艺活动引入校园，通过组织学生参与花卉种植和养护，达到美化环境、教育学生的双重目的。

在新时代教育改革背景下，如何创新育人模式、培养德智体美劳全面发展的社会主义建设者和接班人，成为教育工作者面临的重要课题。案例中的“种树培根，育人养心”：绿化养护服务与实践相结合的育人新模式，旨在通过将绿化养护实践与育人工作有机结合，探索出一条具有创新性和实效性的育人新路径。该模式不仅能够培养学生的劳动技能和环保意识，还能在实践过程中潜移默化地塑造学生的品格，实现全方位育人目标。

“种树培根，育人养心”这一理念深刻揭示了绿化养护与育人工作的内在联系。种树需要从根基做起，育人同样要从心灵入手。绿化养护不仅是一项具体的劳动实践，更是一个潜移默化的教育过程。通过参与绿化养护，学生能够亲身体验劳动的艰辛与快

乐，培养责任感和团队协作精神。

绿化实践与育人目标具有高度契合性。在绿化养护过程中，学生需要运用多学科知识，如生物学、化学、环境科学等，这有助于知识的融会贯通和实践能力的提升。种植郁金香从埋下种球到开花，需漫长等待，学生在照料过程中学会耐心守候，明白成长需要时间沉淀。面对生长问题，如叶片发黄、花朵发育不良时，学生主动查阅资料、请教专家，分析解决问题，锻炼解决问题的能力，培养责任心，懂得对生命负责。

同时，绿化实践还能培养学生的审美情趣和生态意识，促进其全面发展。这种将劳动教育、环境教育和德育有机结合的模式，为新时代育人工作提供了新的思路和方法。

二、主要做法和成效

在活动筹备阶段，学校首先成立了由后勤保障部、苏东吴物业（校园绿化养护服务单位）和相关学生组织组成的筹备小组，负责制订详细的活动计划和安全保障方案。根据校园环境和气候条件，选择了郁金香、洋水仙、大花葱等适合本地生长的宿根花卉品种，同时，将校园主要出入口作为主要改造区域。经过几年的改造过程，借助校园的劳育活动，使用选取的早春鳞茎花卉，打造春季花卉景观带。

在种植实施过程中，后勤保障部组织专业人员对学生进行培训，讲解花卉种植的基本知识和技巧。在项目初期，学生们在专业老师和园林工作人员的指导下，学习郁金香的种植知识，包括种球选择、土壤要求、种植深度和间距等。随后，学生们对校园内选定区域的土地进行翻耕、施肥等准备工作，亲手种下了2000余颗郁金香种球。在后续的养护阶段，学生们定期为郁金香浇水、除草、防治病虫害，还根据天气变化采取了相应的保护措施，如在低温时覆盖防寒物。

在最新政策的引领下，劳动教育在育人实践中已取得初步成效，积累的经验也为其持续深入发展提供宝贵借鉴。从种下郁金香种球的那一刻起，学生们便肩负起了照顾它们成长的责任。定期浇水、施肥，时刻关注天气变化，预防病虫害，每一个环节都不容马虎。在漫长的等待与悉心照料中，他们学会了耐心与坚持，懂得了只有付出辛勤的汗水，才能收获美好的成果，这种责任感和耐心将对他们今后的学习和生活产生积极的影响。

种球的品质关乎后续植株的生长，要选表皮光滑、饱满且无损伤、无病虫害的种球，这就如同在学习中选择正确的方向和方法，只有基础扎实、方向无误，才能有良好的开端。在种植时，深度和间距的把握至关重要，种得太浅，种球易受冻害且扎根不稳；种得太深，会影响发芽。这正如在生活中，做任何事都要把握好“度”，过犹不及。学习新知识时，钻研太浅无法掌握精髓，钻研过度却可能钻牛角尖，偏离学习的初衷。

养护过程中，浇水和施肥是精细活儿。浇水要遵循“见干见湿”原则，不能积水，否则根部会腐烂；施肥也要适量，过多会“烧苗”，过少则营养不足。这正如学习和生活中的自我管理，休息和学习要合理安排，休息过度会变得慵懒，学习过度则身心疲惫，只有找到平衡，才能持续进步。同时，郁金香生长需要充足光照，就像成长需要积极向上的环境和榜样的引领，良好氛围能使学生们更健康地发展。

经过精心养护，郁金香在春季如期绽放，形成了一片美丽的花海，成为校园内一道亮丽的风景线，吸引了众多师生和访客驻足观赏。校园绿化养护活动不仅美化了校园环境，还为学校的文化活动和教学实践提供了良好的场所。同时，学生们通过参与项目，提高了自身的绿化养护技能，增强了团队协作能力和环保意识，在校园内营造了热爱自然、保护环境的良好氛围。在过去一段时间，北京化工大学部分学生积极参与校园绿化养护实践，亲身体验植物养护工作，取得了丰硕成果。

三、经验启示

劳动教育最新政策的实施，如同一股春风，吹遍校园、家庭和社会，让学生们在劳动中收获知识、提升技能、磨炼意志、激发创新，实现了全方位的成长与蜕变。随着劳动教育的持续深入推进，相信会有更多学生在劳动的滋养下，成长为担当民族复兴大任的时代新人，用勤劳的双手和智慧的头脑创造更加美好的明天。

构建绿化养护服务与实践相结合的育人新模式，需要搭建多元化的实践平台。可以在校园内建立绿化养护基地，划分责任区，让学生参与日常的植物养护、环境美化等工作。同时，可以与社区、公园等外部单位合作，拓展实践空间，让学生接触更广泛的绿化养护项目。此外，还可以组织绿化设计比赛、植物认养等活动，激发学生的创造力和参与热情。建立科学的评价机制至关重要。评价应注重过程性评价和结果性评价相结合，既要考察学生的技能掌握情况，也要关注其在实践过程中的态度、合作精神等软实力的发展。可以采用多元评价方式，如自我评价、同伴评价、教师评价等，全面客观地反映学生的成长和进步。

该育人模式在实施过程中取得了显著成效。首先，学生的综合素质得到了全面提升。通过参与绿化养护实践，学生不仅掌握了专业技能，还培养了吃苦耐劳的精神和团队协作能力。许多学生表示，这种实践经历让他们对环境保护有了更深的认识，增强了社会责任感。其次，该模式有力推动了校园文化建设和生态文明教育。校园环境的美化提升了师生的幸福感和归属感，营造了良好的育人氛围。同时，通过参与绿化养护，学生的生态意识显著增强，环保行为逐渐内化为日常习惯，形成了良好的校园生态文化。最后，该模式为新时代育人工作提供了有益借鉴，因为它突破了传统课堂教育的局限，将理论与实践有机结合，探索出一条具有创新性和实效性的育人路径。这种模式不仅适用于高校，也可以推广到中小学，为培养德智体美劳全面发展的新时代人才提供了新思路。

“种树培根，育人养心”：绿化养护服务与实践相结合的育人新模式，是新时代教育改革的一次有益探索。该模式通过将绿化养护实践与育人工作有机结合，有效培养了学生的综合素质，推动了校园文化建设和生态文明教育，为新时代育人工作提供了新思路。未来，需不断深化对劳动教育的认识，持续探索创新，让劳动教育在培养时代新人的征程中绽放更加绚烂的光彩，为学生的全面发展和社会的进步注入源源不断的动力。从种下种球到郁金香绽放，这个过程漫长又充满未知，需要耐心等待，正如成长和成功都不是一蹴而就的。在学习中遇到难题、成绩暂时不理想时，不能急于求成，要像呵护郁金香一样，持续付出努力，不断积累知识，终会迎来属于自己的“花期”。

绿色校园建设与劳动育人相结合：生态文明教育的校园实践

亢佳琦

一、案例概述

生态文明教育是传播环保知识、增强学生环保责任感的有效方式，更是实现立德树人目标、塑造正确社会价值观的重要途径。后勤系统积极响应并深入贯彻落实习近平总书记对于生态文明建设的重要论述，将校园生态环境管理与环境教育相结合，把学校建设成为生态文明理念深入人心、校园环境质量明显改善、资源循环利用良性运转、绿色校园文化全面形成的绿色学校，让绿色理念深度融入育人全过程，不断促进学生生态环保意识和素质的养成，使其成为国家和社会需要的绿色人才，全力打造优美宜居、具有育人功能的绿色生态校园。

二、主要做法和成效

（一）主要做法

1. 以节约与循环强管理，助力绿色发展理念培养

为优化校园保障管理，发挥直观性环境教育效果，后勤系统积极探索资源节约和能源合理利用的管理举措。在技术创新方面，后勤系统打造物联网能源管理平台。通过分析智能终端设备的运行态势，实时感知校园每栋建筑各楼层水电暖等的使用情况，及时监测其异常情况，实现问题快速响应与解决，让学生切身感受数字化技术的实际应用，提升学生运用创新技术解决问题的意识和能力。在水资源管理方面，中水系统广泛应用

于室内冲厕和绿化灌溉，污水处理站实现零污水排放，雨水收集系统收集的雨水也被充分利用于校园绿化灌溉、道路冲洗等场景，不仅使每一滴水都得到合理利用，还加强了校园供水管网维护，减少“跑冒滴漏”现象的产生。通过营造资源节约的良好氛围，潜移默化地培养学生节能环保的意识，积极引导学生参与到环境保护的行动中来，从而增强学生的社会责任感。

2. 以美景与文化润校园，赋能人文精神品格培育

后勤系统积极营造和谐宜人、清洁美丽的绿色校园，让师生直观感受绿色优美环境带来的益处。一方面，加强校园景观建设。结合“依山傍水”的自然地貌，规划玉屏山、泄洪渠两个景观园，打造校园两湖叠水绿化景观；在规划待建空地上，种植大量花卉，形成花海景观等，充分发挥固碳释氧功能，实现校园景观陶冶情操、浸润心灵的作用。另一方面，深入挖掘校园环境文化特色。精心打造“北化八景”“一院一品”等特色人文景观，建设南门银杏景观大道、法国梧桐景观大道，打造出的望山临溪、柳荫环湖、曲径通幽、季相分明的多层次校园景观，让师生在移步换景间感受自然与校园人文的和谐交融；同时，后勤职工还用心做好校园清洁、绿化维护，合理处置废物垃圾等日常工作，在日常管理中树立生态文明的示范引领，不断提升学生人文素养，充分发挥文化浸润作用。

3. 以教育与宣传促成长，引领能力素养提升

后勤学校开设《园林植物》《园艺概论与劳动实践》《现代化教学建筑物的能源运行与安全》等校级选修课，将环保教育纳入劳动育人课程体系。在“苗圃课堂”“绿化小讲堂”等系列课程中，指导学生进行苗圃种植和鉴赏培育，并建立校园花匠劳动实践基地、校园农场劳动实践基地，供学生进行绿化劳育课程实践，提升学生绿色素养与实践能力。在《现代化教学建筑物的能源运行与安全》授课时，采用“产学结合”的形式，围绕能源动力系统设置等内容进行教学，引导学生深入剖析以绿色节能为目标的建筑能源运行系统，带领学生走进北校区建筑物能源运行机房参观实践，并对学生日常生活中维修常见问题进行科普，让学生了解常见维修情况，直观感受绿色环保知识与技术应用，逐步增强学生主动处理问题的意识和能力。

同时，后勤系统还积极开展“节水宣传周”、垃圾分类、光盘行动等环保宣传活动，在迎新、搬家、毕业等节点组织“宿舍清理”“垃圾下楼”“旧物传情”“漂流书架”等劳动实践活动，广泛传播环保知识和理念，让更多的学生了解绿化知识，用实际行动践行绿色环保理念，培育学生环保素养和社会责任感。

（二）成效

1. 环境效益显著

校园生态环境极大优化。校园绿化覆盖率大幅提升，空气质量明显改善。目前，累计完成校园绿化改造 55.3 万平方米，种植乔灌木 120 余种、5.3 万株，绿化养护 53.53 万平方米，校园保洁 27.75 万平方米，校园绿化率达 48.5%，远超“绿色校园”建设标准。

绿色节能效果明显。能源消耗和废弃物排放显著降低，学校能耗支出每年节约 20% 以上，在北京高校节能运行中名列前茅。2024 年 3 月，学校获评“2024—2026 年北京市公共机构水效领跑者”荣誉称号。

绿色创新有显著突破。立足绿色发展创新理念，聚焦绿色低碳能源管理体系构建，规划建设了能源监管系统、楼宇自控系统、物联网通信技术等物联网能源监管平台，物联数据平均每 5 分钟采集 1 次，每日感知采集量超 12 亿笔，有效提升了后勤工作效率，创新了后勤管理方法，加速了现代信息技术在学校后勤管理方面的应用，不断促进绿色低碳校园建设。

2. 育人成果突出

在绿色劳育课程中，苗圃课堂先后举办 9 期，绿化小课堂开展 10 期，共有 410 余名学员参加。通过亲身体验播种、移栽幼苗的实操过程，学生不仅学到了种植培育专业知识，培养了种植劳动兴趣与实践动手能力，还增强了植物识别与花卉鉴赏能力，提升了审美素养。在能源理论学习、机房参观以及动手实操课程中，学生在劳动中深刻体会到水电安全的重要性，用水用电安全防范意识得以提升。学生课后反馈，在实践课堂上学习的知识与生活息息相关，实用性很强，增添了对学校的归属感和社会责任感。另外，学生志愿者通过参与回收、处理可再利用废弃物开展的垃圾分类志愿活动，不仅提升了资源节约的环保意识，而且劳动价值观念、自身劳动意识、劳动技能都有所提高。

3. 社会影响力扩大

北京化工大学绿色环保校园建设成果受到关注和报道，发挥着良好的示范引领作用，为推动区域绿色发展作出了积极贡献。例如，在学习强国平台报道了北京化工大学校园园林亮点景观；在北京卫视《北京您早》栏目专题报道北京化工大学昌平校区绿色开学季；在“和美南口”“管理理市”微信公众号平台宣传北京化工大学与南口镇联合开展“走出去、请进来”垃圾分类科普活动；在中青网新闻宣传北化知行园千人劳育课堂等，让校内外更深入了解北京化工大学后勤绿色环保工作，带动更多的师生和市民热爱环境、保护环境，为环境保护贡献一份力量。

三、经验启示

1. 科学布局校园空间，构筑和谐校园生态

充分挖掘节约资源潜力，科学制定绿色建造目标及实施路径，努力建设低碳节能可持续发展的绿色校园。合理规划教学区、生活区和绿化区，形成鲜明的功能分区，打造融洽的学术交流空间；规划建设污水处理、中水回用系统、雨水收集系统等，利用中水冲厕、绿化和湖区补水，尽可能实现污水零排放，提高水资源利用实效；结合地形地貌，考虑校园的整体性和美观性，科学规划建设校园的绿化景观；规划建设智慧技术平台，科学合理地改善公共区域环境，不断提高后勤工作效率和管理水平。

2. 重视教育与实践相结合，搭建绿色育人平台

依托后勤工作特点和独特优势，从日常工作中挖掘环境育人等相关劳育课程内容，丰富劳育课堂实践教学方式，与各部门、学院协同开展绿色劳动实践活动，加强多学科、多领域交叉融合，鼓励师生积极参与主题教育实践活动，让学生更多地了解绿化知识，在践行环保理念的实践中拓宽知识视野，提升综合运用知识解决实际问题的能力，将绿色环保教育融入人才培养全过程，让其真正成为绿色学校建设的参与者。

3. 激励全员参与，促进内涵式服务育人

绿色环保校园建设需要全体师生共同参与。通过加强宣传教育，拓宽宣传渠道，创新宣传方式，如利用校园宣传栏、微信公众号等平台，定期发布环保知识和校园环保动态，开展“环保行动”“知识竞赛”等实践活动，引导师生积极参与到环境保护行动中，不断提高师生的环保意识和参与积极性。同时，不断完善后勤队伍建设，建立健全激励机制，对优秀后勤职工和集体进行表彰和奖励，激励校园绿色建设中后勤技术骨干、服务标兵成为劳育的主要教辅人员，激发后勤职工参与环保的积极性和自觉性，以实际行动引领、指导学生，让学生有更多机会了解后勤，更好地发挥后勤服务的育人作用，共同营造环境优美和谐的绿色校园。

聚焦“三阵地”劳育品牌建设，赋能“三全育人”体系实践探究

亢佳琦

一、案例概述

为深入贯彻习近平总书记关于劳动教育的重要指示精神，后勤系统坚决落实立德树人根本任务，秉持“以生为本”工作理念，统筹校内外资源，在劳动教育领域积极探索研究与实践，全力打造“课程阵地、实践阵地、文化阵地”劳育品牌。依托“后勤学校”持续提升课程质量与劳动实践体验，全面增强后勤工作育人辐射功能，将劳动教育深度融入人才培养全过程，营造浓厚浸润式育人氛围，为“三全育人”体系实践赋能。

二、主要做法和成效

（一）主要做法

1. 筑牢课程阵地根基，全方位助力学生成长

依据劳动教育目标与学生实际需求，后勤系统深度挖掘自身资源优势，精心培育劳动教育新亮点，不断优化劳育课程内容，以“润物细无声”的方式引领规范学生品德与行为。当前，后勤学校已打造出《厨艺课堂》《园林植物》等5门金课，并推出“寓建”、走进物业、校园花匠、环保卫士、医疗侠客五大系列劳动课堂。此外，还贴心设置毕业礼课堂、口袋课堂等多元形式，从大师亲授的精湛匠心技艺，到日常生活必备实用技能；从传统礼仪文化的传承延续，到环保理念的亲身践行，全方位满足学生成长需求，助力广大学生在劳动实践中锻炼成长。例如，在《绿化小课堂》中，通过学习实

践，同学们不仅树立起绿色生态环保理念，还提升了花卉识别、鉴赏能力以及审美水平。

2. 夯实实践阵地平台，树立正确劳动观和价值观

后勤系统结合不同校区、不同年级特点，深入整合现有资源，自主建设了花房、“寓建”生活工坊等3个特色劳育基地，并协同支持天工润泽园、化育百草园等6个学校劳育基地建设，还开发出“洁”出青年实践项目、境善尽美实践项目、节约粮食光盘行动实践项目。分层分类、有序组织学生开展校园果树采摘、教具维修、垃圾分类等实践活动，让学生在多样化劳动场景中体验学习。例如，学生在天工润泽园亲手种植葡萄、柿子等植物，将荒地变为果园；在化育百草园进行土壤检测、中草药成分分析。在科学研究与实践探索中，学生动手能力与团队协作能力得到培养，逐渐养成良好劳动观念与劳动习惯，真切体会到劳动的乐趣与价值。

3. 厚植文化阵地内涵，全力培育劳动精神品质

后勤学校以“文化传承—实践体验—成果展示”为载体，充分利用“雷锋月”“植树节”等节点开展劳动教育；邀请全国劳模、北京市劳模举办劳动专题讲座；开展劳动模范“面对面”、大国工匠进校园等弘扬劳动精神主题宣传教育活动，营造热爱劳动、尊重劳动、崇尚劳动的校园文化氛围，增强学生文化自信与民族自豪感。同时，邀请非遗技艺讲师、劳动实践指导老师为学生讲述传统节日、非遗技艺历史，让学生在实践中感受传统文化魅力。此外，深度挖掘师生身边的典型人物与事迹，选树后勤劳育典型，开展“北化服务标兵”表彰，制作劳动节宣传视频《追光者》，并在北化官方视频号、抖音号以及企业微信公众号发布，多方式宣传后勤服务标兵优秀事迹，以优秀后勤文化品质感染学生，弘扬劳动精神与工匠精神，营造热爱劳动、敬畏劳动人民的文化氛围。

（二）成效

1. 劳育建设成果显著

自2019年后勤学校举办劳动教育活动以来，劳育金课累计开设1671课时，授教人数19483人次；劳育实践活动开设563课时，参与人数6278人次；整合校内16个部处和学院资源，开展劳动教育学习行动、校内绿化维护行动、“垃圾分类小能手”行动等8类59项活动；与学工办、校团委构建常态化劳动实践项目，设置12个岗位，共计5474人次参与；开展“微笑服务在后勤”行动，宣传后勤先进典型（全国最美后勤人、北京市服务育人先锋、北化服务标兵）6人次。2023年11月，学校被中国教育后勤协会授予“北京化工大学后勤服务育人劳动教育示范基地”荣誉称号。

2. 学生认可度极高

后勤学校精心打造的劳育系列课程与实践活动深受学生喜爱和认可，校选课总体满意度高达96.99%。在课堂上，学生收获丰富课堂感受和深刻启迪。例如，《厨艺课堂》在同学中口碑极佳，被誉为北化的“神仙课程”。同学们课后纷纷表示不仅学到烹饪技巧与营养搭配知识，还在烹饪实践中体会到团队协作的快乐；走进物业系列和寓建生活工坊课程预约系统上线一小时内便被学生抢报一空，很多同学反馈，参与生活工坊课后，不仅让他们领悟到文化传承的魅力，还丰富了他们的课外生活，缓解了学习上的压力。

3. 育人效能突出

通过课堂实践，同学们生活自理能力大幅提升，掌握了多项实用小技能，能够独立解决日常生活中的小问题，独立生活能力有了显著增强。在小组劳动实践活动中，学会了分工协作、互相帮助，共同解决实际问题。以校园农场种植活动为例，学生体验种植、养护、收获全过程，交流想法、分享经验，团队凝聚力有了极大提升。通过与各学院协同融合，学生跨学科学习能力也不断提高。在园林植物课堂学习中，学生不仅要了解植物生物学特性，还需运用数学知识计算种植间距，运用美术知识进行园林景观设计，实现不同学科知识的融会贯通，提高综合运用知识能力，激发创造力与创新能力。

三、经验启示

1. 全员参与，夯实劳育根基

明确各方职责，夯实育人保障。从全员育人高度出发，构建“以劳育人”长效机制。明确后勤部门在劳动教育中的关键职责，完善管理办法与工作标准，优化实施流程。积极推进校企合作、产教融合，打破学科与专业壁垒，形成学校各部门、企业、社会多方协同育人格局，切实提高劳动教育实效性。

打造多元师资，汇聚育人力量。选拔经验丰富、技能专业的后勤员工担任劳育教师，邀请校内外专家、劳模等担任兼职教师，让后勤职工与劳模工匠共同参与育人。同时，开展实践技能与教学方法等培训，提升教师劳动教育理念与教学能力，形成全员参与劳动教育的师资队伍，引导学生积极参与劳动实践，掌握劳动知识与技能。

2. 全过程融入，保障劳育实效

优化课程设置，贯穿学生成长全过程。依据学生成长发展规律，将劳动精神、工匠精神、劳模精神融入劳动教育课程，结合“课程思政”要求，精心设计授课内容。从学生入学到毕业，全过程设置劳动教育课程，让学生在不同学习阶段都能接受系统的劳动教育，培养劳动意识与实践能力。

健全评价机制，助力学生全程发展。建立多元化评价体系，通过学生课上课下反馈、教师评价、问卷调查等方式，对劳动教育效果进行全面评估，切实关注学生劳动实践过程，注重学生在劳动中的思想感悟与成长收获，为劳动教育持续改进提供依据，保障劳动教育在学生成长全过程的稳定性与有效性。

3. 全方位整合，营造劳育氛围

拓宽育人资源，凝聚发展合力。深度融合教学、科研与后勤工作，打造多方联动劳动教育平台。与教务处、学工处等部门密切配合，与学院、社团合作，不断完善劳育课程体系；持续推进“学院＋项目”劳育模式，将劳动教育与专业教育有机结合，实现知行合一。同时，加强对外包单位管理，开展师德师风、服务育人培训，拉近学生与后勤员工距离，全方位培养学生劳动意识与生活技能，为学生成长成才全面赋能。

深挖校园文化，厚植劳动情怀。借助校园文化资源，开展劳动周、劳动月、劳动技能竞赛等丰富多彩、寓教于乐的主题活动，弘扬劳动精神、工匠精神、劳模精神，营造“时时实践、人人劳动”的浓厚氛围。挖掘师生身边典型人物与事迹，发挥榜样引领示范作用。邀请非遗技艺讲师、劳动实践指导老师传承优秀传统技艺和文化，让学生在实践中感受传统文化魅力，增强文化自信，全方位提升学生劳动素养。

高校能源管理中的育人路径探索

杨玉华　张晓东

一、案例概述

高校不仅是师生学习、工作和生活的园地，更是响应国家节能降碳战略、培养学生节能意识和社会责任感的前沿阵地。高校能源管理是技术手段与育人理念的融合，通过“文化浸润—数据驱动—实践养成”三维路径，将节能服务升华为价值观教育。北京化工大学后勤保障部节能办公室作为学校能源管理的核心部门，一方面，严格执行上级节能政策，统筹全校能源使用；另一方面，通过水电气等日常服务，将节能理念融入育人实践。节能办始终秉持“绿色校园、服务育人”的理念，通过优化服务态度、提供贴心帮助、创新活动形式等方式，引导学生树立绿色发展观，培养良好的节能习惯，使节能环保从理念转化为自觉行动，润物细无声地将节能环保意识融入人才培养，切实发挥管理育人、服务育人的重要作用。

二、主要做法和成效

（一）主要做法

1. 语言优势助力文化育人：跨文化交流中的节能服务

随着高等教育国际化进程的深入推进，高校对留学生的后勤服务已从基础保障向品质化、智慧化、人文化方向转型升级。学校留学生公寓的用电充值系统采用了本地化的在线平台，系统故障成为留学生日常生活中的常见问题。节能办公室工作人员凭借语言优势，为留学生提供高效、贴心的服务。例如，在一次充值平台故障中，具有海外留学经历的办公室工作人员耐心指导留学生操作，解答充值、使用及系统恢复等问题。对于经济困难的学生，有的留学生仅充值 2 元、3 元，工作人员始终耐心解释最低充值金额，确保每位学生都能顺利解决问题。此外，工作人员还帮助留学生解决语言障碍，协助其与快递员沟通并取件，赢得了留学生的广泛赞誉。这种人性化的服务不仅解决了实际问题，更增强了留学生对学校的归属感和文化认同。

2. 能源管理系统赋能服务育人：智慧能源与科研实践的深度融合

学校昌平校区建设了全新的能源管理系统，通过数据清单化和可视化展示，实现了对能源使用情况的全面掌握和深度分析，2024 年昌平校区图书馆相较粗放式管理节电达 36.32%。该系统不仅提升了能源管理的智能化水平，还与校园一卡通联通，为学生提供便捷的充值服务。能源管理系统为信息、经管等专业的学生提供了宝贵的科研数据支持。在全国大学生节能减排社会实践与科技竞赛中，节能办公室为参赛学生提供专业指导和完整的建筑用能数据，指导学生完成作品《太阳能光伏发电停车棚》。该作品在理想状态下，25 年内的总发电量可达 1057.3 万千瓦时，相当于减少二氧化碳排放 7889 吨，成功入围市赛。在支撑师生科研活动的同时联动第二课堂《现代化教学建筑物的能源运行与安全》劳育选修课程，学生参与人数年均 200 人次。这些实践不仅促进了学生与节能办公室的密切联系，还推动了课程建设与教学创新，助力学生在科学探索中提升专业能力。

3. 节水宣传活动推动服务育人：复合式宣传模式的创新实践

节水管理与宣传教育不仅是保护自然资源的重要举措，更是将节水理念融入服务育人工作的关键实践。在“2024 节水宣传周”期间，北京化工大学通过多种形式开展节水宣传活动。节能办公室在东校区和昌平校区食堂等人流密集区域设置主题展位，设计沉浸式体验活动，开展节水誓言诵读仪式和碧水承诺签名活动，并结合节能主题海报和科普手册进行定点宣传。同时，依托数字化手段，通过微信公众号推送专题内容，实现全校师生的精准信息触达。此外，在售电服务过程中，同步开展“购电 + 节水”宣导，将节水意识融入日常服务场景。这种“定点传播 + 移动端覆盖 + 业务场景渗透”的复合式宣传模式，有效提升了师生对节水政策的认知度和参与度，使节水活动从简单的环保倡议升华为融合价值引领、能力培养和创新实践的综合育人工程。这些举措不仅体现了高校的社会责任，也为培养具有环保意识的高素质人才奠定了坚实基础。

（二）成效

1. 文化认可：留学生群体的归属感与认同感提升

节能办公室通过人性化的关怀和专业化的管理，切实解决了留学生在校园生活中的实际困难，赢得了留学生群体的广泛认可。这种以学生为中心的服务模式，不仅提升了留学生的生活质量，更在潜移默化中增强了他们对学校的归属感和文化认同。节能办公室的成功实践，体现了高校后勤服务从“保障型”向“育人型”的转变，以个性化人文关怀，帮助海外留学生快速适应中国文化，这种服务理念的升华，不仅让留学生感受到家的温暖，更让他们在跨文化体验中深化了对中国文化的理解与认同，为推动高等教育国际化高质量发展注入了新的活力。

2. 助力能力提升：科研成果与实践能力的双重突破

《太阳能光伏发电停车棚》作品成功入围市赛，不仅展示了学生的科研能力，还促进了学生与节能办公室之间的密切联系。能源管理系统的数据支持为学生的科研实践提供了坚实基础，推动了课程建设与教学创新，助力学生在科学探索中提升专业能力。同时，这一实践强化了节能理念与产学研协同育人机制，为培养高素质创新型人才提供了实践支撑。

3. 提升节水意识：复合式宣传模式的有效实践

通过“定点传播 + 移动端覆盖 + 业务场景渗透”的复合式宣传模式，节水书签、节水海报设计等活动，节能办公室有效提升了师生对节水政策的认知度和参与度。节水活动从简单的环保倡议演变为融合价值引领、能力培养和创新实践的综合育人工程，为培养具有环保意识的高素质人才奠定了坚实基础。

三、经验启示

高校能源管理中的育人实践，本质上是将资源节约和节能服务的行动升华为价值观塑造的教育过程。这一探索揭示了后勤服务育人的深刻逻辑：技术与管理不仅是工具，更是承载人文精神的载体。

1. 深度挖掘资源，创新跨文化节能服务

可依托多语种人才优势，组织“多语种节能沙龙”座谈活动，通过不同语言沟通传递绿色理念，消除文化差异，增强留学生的校园融入感。设计多语言版节能海报，运用简明图标与多语种解读，帮助国际学生直观理解节能政策。在宣传活动中增设多语种知识竞答环节，以文化共情促进责任认同。

2. 能源管理平台：从数据到育人场景的转化

通过能源管理平台，推动全面数字能源管理，将一组组无感情的数字转化为生动的服务育人场景，既推动节能环保事业发展，又将能源的管理与教育事业发展形成密不可分之势。智能平台数据的可视化让抽象理念变为可感知的行为引导，这种“管理即教育”“服务即育人”的模式，打破传统课堂边界，可形成固定模式，成为提升学生社会责任感和使命感的新型课堂。

3. 节水宣传：创新模式与意识内化

节水意识需要不断宣传，并不断创新宣传模式。例如，举办节水创意大赛，学生通过设计节水装置、制作宣传海报、设计节水主题文创用品等方式，深入思考节水的重要性。保卫学校蓝天绿水，以昌平校区无外排水的实际情况作为研究背景，开展用水节水实践活动，提升同学们用水节水意识，将节约用水精神融入校园文化之中。通过细小的切片映射出水资源的重要性，将节水的环保意识内化于青年一代的行动自觉。

能源管理服务的深层意义在于，通过能源管理的实践，不仅优化资源效率，更在润物无声中完成对“人”的塑造——培养出既有科学理性，又具人文关怀；既能立足本土，又具全球视野的可持续发展引领者。这是服务育人的努力方向，也是高校能源管理的终极目标。

携手公益，热血同行：高校“两献”活动育人路径探索与实践

索 琳

一、案例概述

在新时代高校人才培养体系中，培育具有强烈社会责任感和奉献精神的时代新人至关重要。无偿献血和造血干细胞捐献（以下简称“‘两献’活动”）作为社会文明进步的重要标志，不仅是保障医疗用血安全和救治生命的关键举措，更是高校开展思想政治教育、培育社会主义核心价值观的重要载体。

北京化工大学深入贯彻落实立德树人根本任务，将“两献”活动作为实践育人的重要抓手，与北京市红十字会、市红十字血液中心等机构深度合作，构建了“知识普及—实践参与—文化引领”的“两献”活动育人模式，让学生在实践中受教育、长才干、作贡献，有效提升了学生的社会责任感和奉献精神。

二、主要做法和成效

（一）主要做法

1. 夯实基础，完善组织保障体系

成立由校领导指导的“两献”活动工作小组，形成协同联动机制。校红十字会指导老师，校红十字会学生分会会长，常规项目部、宣传部及办公室负责人及部分同学分别负责整体策划与组织协调、思想动员与宣传工作、活动场地的布置、物资的采购以及现场保障等，通过制定详细的活动方案和应急预案，确保活动能够安全有序开展。

2. 创新形式，丰富活动内容载体

开展知识普及。2024年，邀请北京市红十字血液中心的专家及造血干细胞成功捐献者来校举办3次专题讲座，有1300余名师生参加，参与同学提交心得体会；利用校红会微信公众号、班级群、学生会群及社团群等平台，发布“两献”活动预告、科普文章、宣传视频等内容。通过开展线上知识竞赛、制作科普宣传资料、进行路宣、面对面为同学们普及“两献”知识等方式，消除学生疑虑。作为本科生健康教育课程的授课内容，在《大学生健康教育》课程中讲授无偿献血、造血干细胞捐献的相关知识。在各类“两献”活动现场宣传京津冀彩虹计划，为血液病患儿写祝福卡片。

注重实践参与。组织学生参与“两献”活动全过程，包括宣传动员、现场服务、后期回访等，增强学生的参与感和获得感。例如，在场地准备方面，选定合适的活动场地，对场地进行了全面清洁和消毒，合理划分功能区域，配备医疗设备、急救药品、休息椅以及红糖水、白开水等物资；在现场组织方面，学生志愿者按照分工有序开展工作，指导同学填写献血登记表，进行身体检查，提醒采血注意事项，为献血后的同学提供糖水、点心等，使其及时补充能量，安排专人陪伴和观察；在应急保障方面，现场配备专业医疗急救人员和急救设备，同时制定了详细的应急预案，明确了各类突发情况的处置流程和责任分工。

强化文化引领。将“两献”活动融入校园文化建设，开展捐献志愿者报告会、主题征文、摄影比赛、路宣展示等活动，营造浓厚的公益氛围。

3. 注重实效，建立长效激励机制

将“两献”活动纳入学生综合素质评价体系，给予第二课堂学分认定，颁发市红十字血液中心或市红会无偿献血、造血干细胞入库证书，赠送定制水杯、毛巾、帆布袋或按摩器等纪念品。对积极参与“两献”活动的学生进行集中宣传展示，树立先进典型。建立“两献”活动数据库，跟踪分析活动成效，不断优化活动方案。

（二）主要成效

1.“两献”活动成绩斐然

自2023年冬季学期以来，共举办4次大型“两献”活动，累计无偿献血487人次，献血量100380毫升，造血干细胞入库239人次。截至目前，北京化工大学通过该活动采集造血干细胞样本的人数已超过1800人，共有16名北化学子配型成功，成为光荣的造血干细胞捐献志愿者。

校红十字会荣获2023年度“十佳优秀红十字青少年活动奖”“首都成分献血最佳团队奖”，刘思瑞同学被评选为“优秀红十字青少年会员”，指导老师索琳获得“‘两献’

工作优秀组织者奖”。2024年，北京化工大学荣获“首届首都高校红十字会无偿献血和造血干细胞捐献宣传招募‘十佳’活动组织奖”。指导老师分别在市级、区级会议进行4次高校“两献”活动宣传招募工作经验分享。

2. 学生社会责任感和奉献精神显著提升

通过参与“两献”活动，同学们意识到自己不仅是社会的一员，更是社会进步的推动者。通过与医护人员、志愿者以及其他献血者的交流互动，深刻领会“奉献、友爱、互助、进步”的志愿精神，激发强烈的社会责任感和使命感。许多学生表示，“两献”活动让他们体会到奉献的快乐和人生的价值，坚定了他们服务社会、奉献社会的信念。

3. 科学引导健康观念的理念不断深入

通过“两献”活动和相关科普讲座，学生能够深入了解献血的科学知识，包括血液生理、献血流程、献血对身体的影响等，消除对献血的误解。同时为学生提供了一个关注自身健康的机会，有助于他们形成“每个人是自己健康的第一责任人”的意识。通过本科授课、科普讲座等形式，学校能够将健康教育融入校园生活，有助于营造积极向上的校园健康文化，引导学生关注自身健康，积极参与公益活动。

4. 有效带动校园文化建设

大学生参与“两献”活动，能够以实际行动向身边的同学和社会公众传递关爱他人、奉献社会的正能量，引导更多人关注公益事业，在校园内营造了浓厚的公益氛围，形成了“人人参与公益、人人奉献爱心”的良好风尚。学生志愿者在活动中锻炼了组织能力、沟通能力和团队协作能力，提升了综合素质。

三、经验启示

（一）强化价值引领

要将“两献”活动作为高校思想政治教育的重要载体，引导学生树立正确的世界观、人生观和价值观。深入挖掘“两献”活动中的思政元素，将其融入课程思政和日常思想政治教育中。此外，要增强宣传内容的针对性，对于部分学生关心的问题，如献血对身体的长期影响、献血后的营养补充等，深入答疑释惑，消除学生对献血的顾虑。不断创新宣传方式，更新宣传资料，提高吸引力，同时加大宣传覆盖面，加强与兄弟高校的合作，让更多的学生了解活动、参与活动。

（二）加强现场组织协调

针对活动现场的复杂性，要加强组织协调。例如，优化场地功能分区，采用“单向流动”布局设计，科学设置登记区、体检区、采样区、献血区等功能区域，并配备醒目的导视系统，有效分流人群，避免拥堵现象。建立志愿者分级管理体系，实行“岗位责任制”，通过岗前培训、模拟演练等方式，确保每位志愿者熟悉岗位职责和工作流程。同时，搭建实时信息沟通平台，利用移动终端设备实现信息即时共享，提升协同效率。此外，制定完善的应急预案，针对献血者晕针、低血糖等突发情况，配备专业医疗团队和急救设备，定期开展应急演练，确保突发事件能够得到及时有效的处置。

（三）强化协同联动

献血活动涉及多个部门，需要各部门之间密切配合、协同作战。但在活动过程中，学生组织者与部分部门之间的沟通协作还不够顺畅，存在信息不对称、工作衔接不紧密的问题。有的学院对活动的重视程度不够，组织学生参与的积极性不高。应建立健全活动协调机制，明确各部门在活动中的职责和任务，加强部门之间的沟通协调。定期召开活动协调会议，及时解决工作中出现的问题，确保活动各项工作顺利推进。加强与各学院的沟通联系，充分发挥学院在学生组织和动员方面的作用。提前向各学院传达活动信息和要求，鼓励学院积极组织学生参与献血活动，并对表现突出的学院进行表彰和奖励。

美食与真情的奇妙融合：餐饮服务育人的探索与实践

宋家博　代述霞

一、案例概述

高校餐饮服务不仅是后勤保障的重要基础，更是落实“三全育人”理念的关键载体。北京化工大学后勤服务集团餐饮服务中心紧紧围绕“立德树人”这一根本任务，充分发挥餐饮服务具有的高频次、长周期、强渗透的特点，成功将食堂从单纯的基础生活保障平台，转变为思政教育与劳动实践深度融合的育人阵地。通过“以食润德、以情化人”的实践路径，把餐饮服务育人全方位融入学生成长的整个过程，形成了“服务有温度、育人有深度”的特色模式。

目前，后勤餐饮服务中心自主经营着 4 个基本伙食食堂。这些自营食堂如同“子弟兵”队伍，通过不断进行菜品创新和服务升级，形成了“鲶鱼效应”，有力带动了全校整体餐饮服务质量的提升。近年来，餐饮服务中心以“真情服务”为核心，精心构建了“需求导向—精准服务—文化浸润—实践育人”的全链条育人体系，有效增强了学生的归属感和幸福感。

二、主要做法和成效

（一）强基固本：锻造服务团队核心竞争力

1.“名师带徒 + 行业练兵”提升硬实力

大力提升厨师技能，邀请社会名厨入校手把手教学，选派厨师参与行业技能培训，推动“大锅菜”向“小锅精作”转型。各食堂形成差异化特色：昌平校区推出“周末精品菜”，满足低年级学生周末慢享美食需求；东校区以“周一大师菜”开启活力一周，推出黄油烤土豆、东坡肉、臊子面、烤肉拌饭、丸子汤等20余款招牌菜，辅以每周新品更新，破解学生“一进食堂不知道吃什么”的难题。

2. 服务礼仪传递“情绪价值”

强化售卖人员培训，要求他们以“微笑问候、耐心解答、贴心建议”服务师生。例如，学生打菜时一句“同学，今天的丸子汤特别推荐”，瞬间拉近食堂与学生的距离。有学生留言：“我给东校区四食堂砂锅档口的两位大叔点赞，说话语气就像见了家人似的，还有主食档口的姐姐，服务态度超级好。”学生发朋友圈表示自己错过饭点去食堂，员工看到后主动回后厨打饭免费赠送，学生说服务人员“好温暖，真的会泪目”。通过用心的服务，学生对服务态度的投诉越来越少，表扬服务人员的信息越来越多。

（二）多维互动：构建“听得着、看得见、做得到”的服务生态

1. 线下渠道：直面需求，即时响应

定期举办“食堂开放日”，邀请学生走进后厨，直接感受食堂的卫生安全，开展试吃新品活动，面对面听取意见；在食堂显眼处张贴服务反馈二维码与负责人电话，学生可随时扫码或拨号反馈问题，承诺“5分钟内现场处理”。每学期开展全校范围食堂评价，收集师生意见并整改反馈。例如，有学生反映“菜品口味偏咸”，食堂立即调整调料比例并反馈改进结果。

2. 线上平台：数据驱动精准服务

依托企业微信开通“后勤餐饮”账号，年均发布菜品信息、活动预告等100余篇。例如，2024年一年发布111篇推文，阅读量超46万人次。针对学生留言“河南娃想吃牡丹燕菜、浆面条、胡辣汤、烫面角”，餐饮服务中心迅速去社会上聘请专业厨师入校2天为学生制作，推出后获学生点赞：“后勤餐饮，真的在听我们的声音！”最终形成了“学生提需求—食堂速响应—菜品成爆款”的良性循环。

3. 个性化服务“以点带面”

满足学生个性化需求，并推广至全校。例如，贵州的学生提出想吃家乡的糯米饭，学生提出需求后，食堂邀请其指导厨师并共同制作菜品，经贵州籍同学试吃认可后推广至全校，受到广泛好评，并以此模式先后推出了东北大饭包、老北京卤煮、水煎包等一系列美食；看到有学生留言想吃大闸蟹、小龙虾，经过多方沟通寻找到合适的货源，以

适合高校食堂的价格进行售卖。首次试水高端产品即受热捧，之后形成了夏季“小龙虾节”、秋季“大闸蟹周”固定服务。像这样，每隔一段时间就推出一个美食活动，让学生的三餐常变常新。

（三）文化浸润：打造“舌尖上的思政课”

1. 传统节日彰显“家的温度”

中秋节提前一月设计校园主题月饼礼盒，联系厂家定制网红馅料，提供“网上下单代寄”服务，累计寄出2000余盒；春节为留校学生布置“年味餐厅”，红灯笼、中国结装点餐厅，自助年夜饭包含南北特色年菜，显示屏循环播放新春祝福；端午节备齐甜粽和咸粽；元宵节准备汤圆和元宵，细致周到的服务兼顾了学生口味上的南北差异，真正体现出了“一餐一饭皆文化”的含义。

2. 节气美食融合文化传承

利用推送宣传平台在不同节气推文普及饮食文化，例如，清明推出青团DIY活动，学生边做边听“寒食节”典故，寓教于乐；另推出“春日养生汤”“冬至饺子宴”“腊八粥”等。

（四）实践育人：让劳动教育“烟火气十足”

1.“厨艺课堂”成爆款课程

经过3年的筹备，2022年餐饮服务中心开设的厨艺课堂正式纳入校级本科生劳动教育选修课，后来又扩展至研究生，从只有春季学期开课到春秋季都开课，满足更多同学的需求。课程中开设七大专题，以主题的形式教学，帮助学生举一反三。课程中还会穿插西餐、非遗烧麦、中式点心等专题，聘请职教名师、西餐大师侯德成，都一处烧麦非遗传承人吴华侠，北京大工匠、中式点心大师赵会连等校外导师授课。课程以“理论＋实操＋价值观传导”为特色，使学生不仅学做美食，更感悟“匠人精神”。课程名额“一票难求”，学生结课感言“厨艺课堂让我更懂得珍惜和感恩，劳动是幸福的源泉”“厨艺不仅是一项技能，更是一种创造力的表达方式”。

2. 节日专项实践

在节日举办专项厨艺活动，如端午组织“包粽子大赛”、中秋开展做月饼活动、冬至开展包饺子活动、山楂文化节教学生用自己采摘的山楂制作冰糖葫芦，让学生亲手制作美食并分享劳动成果。

三、经验启示

（一）以“服务团队”为根基，筑牢育人核心支撑

餐饮服务的核心竞争力在于团队的意识与能力。通过“名师带徒 + 行业练兵 + 日常培训”三级培养机制，不仅提升厨师技艺（如“大锅菜”转型为“精品小炒”），更强化服务人员的职业素养。例如，售卖人员需通过“微笑服务认证”等个性化推荐传递温度。这种“硬技能 + 软服务”的双重提升，使学生从“吃饱”转向“吃好”，更从服务细节中感受育人关怀。实践证明，只有将“服务意识”内化为团队文化，才能让育人理念渗透至每一份餐食、每一次互动。

（二）以“创新驱动”为引擎，破解传统服务瓶颈

面对学生需求多样化与餐饮服务标准化的矛盾，需主动拥抱技术变革与模式创新。例如，智慧化转型——试点“智慧自选模式”，实现一菜一价、智能称重，既减少浪费，又满足个性化选择。新媒体赋能——通过企业微信“后勤餐饮”账号精准推送菜品信息，形成“线上种草—线下打卡—反馈优化”的闭环。网红菜品引入，让学生“不出校门尝遍美食”。这些创新举措打破传统团餐的固化思维，证明“高校食堂也能引领潮流”，更让服务育人从“被动保障”升级为“主动引领”。

（三）以“双向互动”为纽带，构建育人共生生态

传统餐饮服务易陷入“供给方主导”的困境，而北京化工大学餐饮服务中心的实践表明：学生的深度参与是提升育人效能的关键。“需求—响应”即时化——通过“扫码反馈 + 电话直连”，实现“问题 5 分钟响应、24 小时解决”的服务效果。“共建—共享”常态化——邀请学生参与菜品研发、担任“食堂体验官”，甚至策划“小龙虾节”活动。“你提需求、我来实现”的互动模式，让学生从“服务对象”转变为“育人伙伴”，真正实现“服务”与“育人”的双向赋能。

（四）以“精益服务”为理念，推动育人动态升级

餐饮服务是持续优化的动态过程，须以“精益思维”贯穿始终。北京化工大学建立“试吃—反馈—迭代”机制。试吃环节：每道新菜品须经学生代表、厨师试吃评分，达

标后方可上线；动态迭代：一经推出，立即主动听取更多学生的意见反馈，快速调整升级菜品，不断提升菜品质量。这一机制不仅提升了服务满意度，更将食堂打造成“精益管理”的实践课堂。

（五）以“文化浸润”为路径，深化育人价值内涵

饮食文化是思政教育的天然载体。通过“节气美食＋非遗技艺＋节日仪式”三重抓手、节气与健康融合、非遗进食堂、节日温情服务等，将文化育人融入日常。实践表明，当食堂成为文化传播的窗口，服务育人便超越了“吃饱吃好”，升华为“以文化人、以情动人”的价值引领。

巧改花房育新苗，校园添彩绽芳华：校园育人新实践

陶贞旭　李思维　李亚南

一、案例概述

北京化工大学后勤服务集团始终以立德树人为目标，秉持“三服务、两育人”的服务宗旨，深入贯彻新时代劳动教育要求及《关于全面加强新时代大中小学劳动教育的意见》，以构建德智体美劳全面培养的教育体系为核心，创新劳动教育实践路径。在加强在校大学生劳动教育的创新实践中，集团充分发挥后勤服务岗位的资源优势，结合自身管理与技术人员的专业能力，以“后勤学校”为载体，为学生提供贴近生活的劳动实践平台。其中，利用物业服务中心的花房改造为大学生劳动教育（绿化）实践基地，是集团在劳动教育领域的一次成功探索。通过对原有花房的改造，将其升级为适合开展集体劳动授课的场所，并为同学们开设了苗圃课堂、绿化讲堂、插花园艺等劳动实践教育项目。该实践基地凭借创新性、实践性与育人成效，成为学校劳动教育的标杆项目，获得了广大师生的欢迎与认可，成为学校劳动教育工作的一张靓丽名片。

二、主要做法和成效

（一）基地建设与课程设计

1. 基地建设

以物业服务中心花房所在地为基础，通过一系列精心设计的改造工程，打造了一个占地约 1300 平方米的大学生劳动教育（绿化）实践基地。改造内容涵盖了场地整

理、花田整畦、花卉育植、花镜布置、花箱种植、绿植移栽、墙面刷白、宣传展板设计制作及安装，以及温室修缮等。基地内设立了室外花卉科普花镜、室外繁育地、室内绿植养护圃、实践操作区和温室花房等多个功能区域，能够满足30名以上大学生同时进行参观讲解、实操练习和实践活动，为学生提供了一个功能齐全、环境优美的劳动实践场所。

2. 课程设计

目前，基地围绕“劳动+绿化+美育”融合目标已开设了3个系列的实践项目，涵盖了从理论到实践的全方位劳动教育内容。

（1）苗圃课堂。

学校花房作为绿化苗圃基地，是花卉从种子到植物的全过程生长展示场所。通过制作讲解展板，向学生介绍植物繁殖的种类，引导学生参观苗圃植株在不同生长阶段的培育过程和生长情况。实践环节以种子繁殖为主，同时结合校园绿化需求，开展扦插繁殖和分蘖繁殖的劳动实践。学生在实践中亲身体验花卉培育的全过程，感受劳动的魅力。

（2）绿化讲堂。

以校园植物为教学素材，讲解植物的类别、性状、生长环境和养护要求等知识。课程中还安排了现场植物识别、果实采摘、刷白养护等实践活动，让学生在实践中加深对植物知识的理解，培养爱护校园绿化的意识。

（3）插花园艺。

以校园花卉为基材，采购时令花卉、插花器皿和装饰材料，讲解花卉搭配组合、捆扎包装等技术要点，并开展现场实践和成果分享。学生在插花过程中不仅提升了审美能力，还增强了动手能力和团队协作精神。

（二）教学模式创新

1. 苗圃课堂与插花园艺

这两门课程以实践实操为核心，通过制作固定展板作为“教案”展示操作流程与理论要点，由绿化技术人员及管理人员进行“示范+讲解”教学，使学生在实践中快速掌握技能，并在后续课堂中邀请上一期学生担任讲解助理和实操助理，进一步提高学生参与度和兴趣。这种模式不仅拓展了“师资”渠道，还丰富了课程内容，为学生提供了锻炼语言表达和实操传承的机会。

2. 绿化讲堂

以知识讲解为主，由绿化专业技术人员授课。课程注重拓展学生的绿化知识视野，结合校园绿化建设的历史过程、重点树木的人文故事，通过互动研讨激发学生对绿化知识的兴趣，增强学生爱护和保护校园绿化的意识。

（三）实践成效

在2022—2024学年，苗圃课堂系列劳动实践活动已成功举办29期，反响热烈。活动吸引了包括硕士、博士在内的614名学生报名参与，成为学生参与度较高的项目之一。通过学习鸡冠花、百日草等花卉植物的育种知识，学生掌握了苗圃移植、芍药分栽、月季扦插等园艺实践技能，所繁育的花卉均被用于校内环境美化以及开学季、毕业季等重大活动的绿化布展，为校园增添了多样的色彩。每次实践活动结束后，每位学生都能获得自己亲手培育的花卉绿植，带回宿舍或学习场所继续培育。同时，后勤学校为每位学员统一发放劳动教育实践证书，记录学生的劳动实践经历，为学生的成长增添了一份珍贵的纪念。

三、经验启示

（一）因地制宜、因势利导：劳动实践与校园绿化建设有机结合

北京化工大学后勤服务集团紧密围绕校园绿化管理的实际进程，灵活调整劳动实践内容，实现了学生劳动实践与校园绿化建设的有机结合。例如，在花卉育种、芽苗分栽、幼苗下地等关键阶段，实践内容会根据工作安排进行动态调整，同时在劳动实践展示的绿地设置标识，让学生直观感受到自己的劳动成果。此外，结合校园植物果实成熟、冬季保养等季节性特点，组织学生开展植物认知、果实采摘、冬季树干涂白等活动。通过这些举措，学生不仅在实践中提升了劳动技能，还能亲眼见证自己为校园增绿添彩的成果，从而增强责任感与成就感。

（二）润物无声、寓教于乐：培育劳动实践能力与生态文明理念

学校通过建设大学生劳动教育（绿化）基地，打造了独具后勤服务特色的劳动实践课程体系。课程设计注重让学生在实践中掌握植物种植与养护技能，同时在劳动中收获乐趣、增长知识。绿化讲堂不仅邀请校内专业技术人员授课，还外聘专家开展生态文明、低碳生活等专题讲座，将校园绿化与生态建设紧密结合，进一步增强学生的生态文明意识。实践基地不断探索“劳动＋绿化＋美化”的有机结合模式，从身体的劳作到心

灵的收获，从绿化校园到美化环境，全方位设计劳动课程，使实践基地成为大学生参与校园绿化建设的重要纽带和桥梁。

（三）以点带面、拓展延伸：推动劳动教育与校园文化建设深度融合

借助大学生劳动教育实践基地，学校将劳动教育科学地融入校园文化建设，注重知识与实践的结合，将对劳动教育的理解转化为具体行动。通过举办各类劳动教育实践活动，增强了大学生对校园建设和发展的价值认同感，培养他们对校园的热爱以及以校为荣的精神。在此基础上，物业中心设计并制作了各类植物科普牌，同时举行了为动物搭建鸟窝、松鼠窝、昆虫屋等学生广泛参与的生态共建活动，打造绿色和谐生态环境。这些科普牌和设施不仅美化了校园，还让师生在欣赏动植物之美的同时，深入了解它的历史背景和校园文化内涵。通过这种直观且富有教育意义的方式，让师生在潜移默化中接受生态文明理念的熏陶，形成“劳动美、生态美”的校园文化氛围。

（四）提高审美，纾解压力：美育教育与心理疏导的融合

在大学生劳动教育（绿化）基地的建设与实践中，美育教育和心理疏导得到了有机融合。通过苗圃课堂、绿化讲堂和插花园艺等课程，学生不仅在劳动实践中掌握了植物种植与养护技能，还在美化校园环境的同时，提升了审美能力，增强了对自然环境的认知与理解。这种集培育、养成、创作三位一体的体验能够有效缓解学生的学习压力，提升其心理健康水平。同时，通过邀请学生担任讲解助理和实操助理，以及组织互动研讨等活动，使学生在交流和分享中增强了自信心和成就感，有助于其缓解心理压力，增强心理韧性。此外，通过设计植物科普牌和举办生态共建活动，学校进一步拓展了劳动教育的外延，使其融入校园文化建设的每一处细节，进一步增强了校园文化的氛围，为学生的全面发展提供了有力支持。

"源"来如此，"运"育匠心：高校后勤能源动力运行视角下的育人实践与探索

张 璋 郑 迅 薛 倩

一、案例概述

在高等教育高质量发展的时代背景下，"三全育人"理念正从宏观框架向微观实践不断深化。作为校园"生命线"的能源动力运行系统，不仅是维持教学科研高效运转的坚实保障，也是浸润式育人的柔性载体——它蕴含着锅炉轰鸣中的工业美学、管网交织里的系统思维、配电监测时的精密匠心，以"隐性课堂"的形式悄然构建起劳动教育与职业精神的双向通道。

"'源'来如此，'运'育匠心"突破传统后勤叙事逻辑，以能源动力运维体系为切入点，打破"保障即服务"的固有思维模式，依托"后勤学校"平台，深入贯彻"劳动教育文化"，构建能源动力运维系统的育人课程体系，并开设《现代化教学建筑物的能源运行与安全》劳育选修课程，搭建"沉浸式"育人实践平台。该项目育人探索依托于北京化工大学能源动力设备运行展开，不仅帮助学生更好地了解学校基础能源动力运维情况，真正让学生走近后勤、了解后勤，更重要的是通过课程和实践活动培养学生的动手操作能力以及科技素养的认知、团队合作精神以及精益求精的工匠精神。积极落实"全员育人、全过程育人、全方位育人"的教育方针，努力培养德智体美劳全面发展的社会主义建设者和接班人。

二、主要做法和成效

（一）主要做法

1. 构建能源动力系统运维的育人课程体系

（1）劳育选修课程：技术型劳动的价值。

劳育选修课程让学生接触校园能源动力的实际运维工作，打破了传统劳动教育中对体力劳动的刻板印象。长久以来，劳动教育常被简单等同于体力劳作，而忽视了技术型劳动所蕴含的巨大价值。通过劳育选修课程，学生得以深入了解能源动力运维领域，认识到技术型劳动并非简单的体力付出，而是融合了专业知识、技能与创新思维的复杂活动。

在参与设备巡检、能耗数据分析等实践过程中，学生有了丰富且深刻的体会。他们切身体会到校园水、电、暖等能源保障工作的复杂性。看似平常的水电供应，背后是一系列复杂的系统运行和精细的管理维护。这使学生增强了对技术岗位的尊重，明白每一个技术岗位都承载着保障校园正常运转的重要使命。同时，学生也更加珍视劳动成果，因为他们深知每一份能源的稳定供应，都是众多技术人员辛勤付出的结果。

（2）修缮工程中心的专业团队。

修缮工程中心在后勤劳动育人中扮演了重要角色。其组建了一支拥有建筑结构、供暖、制冷、供电、智能控制等方面专业知识和技能的专业团队。团队成员不仅实践经验丰厚，而且理论基础扎实。他们在长期的工作中积累了大量的实际案例和操作技巧，这些宝贵的经验成为教学中的生动素材。在教学过程中，团队成员能够将实际工作中的经验和技能巧妙地融入课程教学之中。专业团队成员可结合实际维修中遇到的故障案例，深入浅出地分析问题产生的原因和解决方法，让学生不仅学到理论知识，更能了解实际工作中的应对策略，使教学更具针对性和实用性。

（3）《现代化教学建筑物的能源运行与安全》劳育选修课程。

修缮工程中心开设了《现代化教学建筑物的能源运行与安全》劳育选修课程，共计 32 学时。为学生提供了系统学习的机会。课程分为理论环节和实践环节，两个环节相辅相成，共同助力学生的成长。理论环节以北京化工大学校内建筑物与设备机房为原型，展开丰富且深入的知识讲解。在建筑结构方面，详细介绍建筑物的框架结构、墙体材料以及不同结构对能源消耗的影响。对于供暖知识，从供暖方式的分类到各种供暖系统的工作流程，进行全面解读，让学生了解热量如何从热源传递到室内各个角落。制冷部分则聚焦于制冷设备的原理、制冷剂的特性以及制冷系统的运行调节。供电知识讲解涵盖电力供应的来源、校内电网的布局以及安全用电的规范。智能控制方面，介绍自动化控制系统在建筑物中的应用，如如何通过传感器和控制器实现对设备的远程监控和智能调控。维修知识板块则传授常见设备的维护保养方法和故障诊断技巧。

（4）实践环节：传递工匠精神。

实践环节将理论知识与校园内建筑结构、供暖、制冷、供电、智能控制系统相结合，贯穿于课程和实际维修工作中，使学生在设备运行中体验并传承工匠精神。专业团队通过实际操作示范，向学生传授相关专业知识和维修技能，让学生了解建筑物运行的原理及其维护的重要性。同时，在实践环节中加强节水节电意识的培养，通过实际操作让学生掌握节能技巧，培养他们的节能意识和环保观念。

2. 打造“沉浸式”育人实践平台

为进一步拓展学生的实践参与度，修缮工程中心在开设劳育选修课程的基础上，充分发挥自身专业特长和技术优势，精心打造了“知行合一”的后勤育人平台。平台旨在为学生提供更多的亲身体验和实践操作机会，让他们在实际操作中深化理论知识，提升实践技能，培养解决实际问题的能力。除已开设的公共选修课外，修缮工程中心每年定期举办多种育人实践活动，如后勤“供暖课堂”“维修课堂”等特色项目，吸引了众多学生的积极参与。

（1）供暖课堂。

“供暖课堂”专注于教授学生与供暖系统相关的实用技能，使他们掌握北京化工大学昌平校区供暖系统的组成，包括锅炉、管道、散热器、阀门等部件的功能和作用。通过“供暖课堂”的学习，学生不仅能掌握供暖系统的理论知识，还能具备实际操作和故障排查的能力，为校园供暖系统的维护和管理提供有力支持。

（2）电气维修。

电气维修课程聚焦于各类电气系统的原理与故障排查方法，让学生掌握电路基本原理，熟悉常见电气设备的工作原理，学会使用专业电气检测工具进行故障检测与诊断。这有助于学生独立识别和解决常见电气故障，如电路短路、断路、漏电等问题，同时培养学生在电气维修工作中的安全意识与规范操作习惯。

（3）管道维修。

管道维修课程关注给水管道和排水管道系统的认知与维修技能，让学生掌握给排水管道系统的布局与工作原理，学会使用管道维修工具进行管道的安装与维护工作，确保管道系统的正常通水与排水功能。

（4）家具维修。

家具维修课程围绕各类家具的结构与修复技巧展开，学生需要了解家具的构造特点，掌握家具维修常用材料，并学会运用木工工具进行家具部件的拆卸、安装与修复，以应对常见的家具损坏问题，提升家具使用寿命与美观度，培养学生的审美能力和精细操作技能。

（5）劳艺相融，“管”见真知。

在掌握了基本维修操作的基础上，鼓励学生使用 PVC 排水管道制作形态各异的创意花架，在“动脑”与“动手”中激发同学们在劳动中的创意，在劳动中体现价值，在劳动中发现美好。通过亲自动手实践，学生们学会了使用常用工具，并利用常见材料创造美观实用的作品，展现了非凡的创造力与团队合作精神。

（二）成效

通过《现代化教学建筑物的能源运行与安全》劳育选修课程和“沉浸式”育人实践平台的学习，学生不仅掌握了能源动力运行的基本理论和实践技能，还培养了工匠精神、责任担当和创新意识。具体表现为以下几点。

1. 工匠精神的培养

学生通过参与设备巡检、能耗数据分析等实践过程，深刻体会到了工匠精神的内涵，增强了对技术岗位的尊重和对劳动成果的珍视。

2. 责任担当的锤炼

在实际操作中，学生需要承担一定的责任，如设备的维护和故障排除。通过这些实践，学生的责任担当意识得到了显著提升。

3. 创新意识的培养

在智能运维系统的开发和应用中，学生接触到了前沿的物联网技术，培养了创新意识和科技素养。

三、经验启示

在开展能源动力系统运维劳动课程的过程中，通过构建“技术 + 实践”的育人体系，形成了具有示范意义的劳动教育模式，为现代劳动教育体系构建提供了有益经验。

（一）重构劳动教育内涵

通过技术型劳动课程设计，打破了传统劳动教育中“体力劳动 = 低端劳动”的认知偏差。课程设置将专业技术与劳动实践深度融合，让学生在设备巡检、能耗分析等工作中，深刻理解现代劳动的知识密度与技术含量。这种教育实践有效扭转了学生对技术岗位的认知，培养了新型劳动价值观。

（二）搭建产教融合平台

修缮工程中心组建跨学科专业团队，将实际维修案例转化为教学资源，形成“问题导向”的教学模式。这种将企业级技术团队转化为教育主体的创新，实现了教育链与产业链的深度对接。专业技术人员通过真实故障案例解析，使理论教学具有实战性，培养了学生解决复杂工程问题的能力。

（三）构建多维育人体系

课程采取“理论—实践—创新”三阶递进架构，32 学时的系统化设计覆盖建筑能源全链条知识。特别是实践环节中贯穿的工匠精神培养，通过设备维护、节能操作等真实场景，使学生在工具使用、流程规范中形成职业素养。创意花架制作等特色项目，更实现了劳动教育与美育的有机融合。

（四）劳动教育蕴含价值观塑造

课程实施中显现的“隐性课程”价值值得关注。学生在参与校园运维中建立的能源安全意识、在团队协作中培养的责任意识、在创意实践中激发的工匠精神，构成了完整的劳动价值观体系，这种教育效果远超技能传授本身。

通过构建能源动力系统运维的育人课程体系和打造“沉浸式”育人实践平台，从高校后勤能源动力运行视角进行了育人实践与探索。这些实践不仅提升了学生的动手操作能力、科技素养认知、团队合作精神和工匠精神，还为高校后勤育人工作提供了新的思路和方法。

未来修缮工程中心将持续实践探索，认真聆听学生的需求反馈，结合学校的实际情况，不断优化课程内容，拓展更多的育人实践平台，丰富实践环节和创新项目。通过持续的努力和实践，高校后勤育人工作必将取得更大的成效，为培养德智体美劳全面发展的社会主义建设者和接班人作出更大贡献。

统筹合作商户资源，促建协同育人机制

张 弛 杨 雯

一、案例概述

“五育并举”是新时代党的教育方针的重要内容，也是培养担当民族复兴大任时代新人的内在要求。后勤保障是学校工作的重要组成部分，在为学校教学、科研工作做好服务保障的基础上，后勤特有的服务环境和实践场景是隐性教育资源，为全面贯彻落实立德树人根本任务，促进“三全育人”工作发挥重要的作用。随着高校后勤社会化改革的推进，校园商贸业态的服务更多地由“办”转为“管”，越来越多的校内商贸服务点位通过招租引入了社会企业。

北京化工大学后勤服务集团商贸中心（以下简称“后勤商贸”）所管辖商贸服务点位29个，合作企业（含个体商户）18个，涵盖超市、快递、理发店、水果店、眼镜店等10个行业。为了帮助、指导、协同合作商户准确地了解校园后勤服务保障工作的特点和要求，系统认识后勤部门作为实践阵地参与育人工作的先天优势，后勤商贸主动发挥管理育人、服务育人、劳动育人的作用，聚焦师生需求，结合行业特点，细化监管细则，提升服务品质，积极挖掘和统筹合作商户的实践资源和育人力量，积极探索“党建引领、理论概述、实践参与、角色体验、互动反馈、收益共享”的后勤商贸系统协同育人机制。

二、主要做法和成效

（一）主要做法

1. 以队伍建设为抓手，强化育人意识，提升育人能力

后勤商贸坚持党建引领，以后勤保障高质量发展为工作目标，加强合作商户队伍建

设，将“三全育人”工作新格局的要求有组织地传达给合作商户员工。

后勤商贸将合作商户和本单位教职工同等管理、指导和关心，让合作商户能够理解和认识到，入驻高校提供“后勤服务”不是简单的商品，大家日常的言行举止、交流反馈、意见处理的方式方法都在潜移默化地影响着学生，大家都是“没上讲台的老师”。希望、鼓励和需要合作商户队伍践行“三全育人”的工作要求，将育人理念融入日常岗位职责和服务中。

后勤商贸通过定期开展日常消防安全培训，师德师风培训、警示教育、问卷答题、签订工作要求责任书等，指导和协同合作商户处理师生意见和建议，教育和引导合作商户将育人理念和要求内化为行动自觉。

2. 结合商贸行业特点，挖掘师生需求开展劳育、美育实践活动

“以劳育美，以美润心”，劳育和美育是相互促进的。后勤商贸挖掘合作商户理发与美妆的技能优势，与理发技师协作调研学生需求、设计课程细节、确定实践流程，组织开展理发小课堂和美妆造型小课堂。通过日常头发的护理、修剪知识介绍和动手实操，使学生们通过外化的劳动技能提升内隐的审美能力，继而促进学生劳动素养和审美素养的双项提升；通过日常美妆美发造型的设计和示范，使同学们在提升创造力的过程中融入自己的审美观点和情感，感知美与愉悦；同时希望通过此类劳育与美育相融合的综合作用，帮助同学们在就业阶段提升自信，在未来的职场中提升审美能力和职业素养。

3. 以“角色体验”的方式开展实践体验活动，增强劳动实践代入感

后勤商贸与合作商户统筹开展“超市店长日”“快递站长日”“后勤体验官”劳动实践活动。通过角色设定、情境创设、实践指导、团队协作、营销策划、交流分享等环节，帮助学生更深刻地理解和认识“劳动创造价值”以及发现美好、创造美好的实践动力，激励学生在成长成才和未来的职业发展中用诚实劳动、努力奋斗实现梦想。

（二）成效

1. 学生参与情况

后勤商贸自 2021 年开始协同合作商户共开展各类劳动实践课程 29 次，其中开展理发小课堂 8 次，美妆美发小课堂 4 次，排版打印小课堂 8 次，咖啡课堂 2 次，体验日活动 7 次，累计参与学生 530 人次。

2. 协同合作商户建设“育人共同体”

近几年，随着后勤商贸劳育课堂和各类实践活动的开展和持续优化，商贸服务点

位为学生的劳动实践活动提供真实的劳动场景。同时在与学生的互动和交流中，后勤商贸和合作商户也进一步了解了学生的需求和建议。这种协同模式是互利共赢的。合作商户也表示愿意与学校和学生更紧密地互动和互助，紧扣劳动育人内涵，主动配合学校“五育并举”教育方针的相关要求，愿意提供更多的劳动实践时长和场地；愿意对后勤劳动实践时长赋予相应的积分反馈机制，待学生在合作商户消费时给予相应优惠，从而正向地鼓励学生主动参与劳动实践活动，让劳动精神、创新精神、绿色校园建设、生态文明理念转化为学生自觉的行为习惯，实现“育人共同体”建设的良好效果。

三、经验启示

（一）提高认识，提升能力，建设高素质的师资队伍

劳育课程及实践活动的组织开展，流程设计以及取得良好效果的实施，需要专业师资队伍支撑，要求教师既掌握专业理论知识，又具备实践指导能力。

在协同合作商户开展劳动实践活动的过程中，后勤商贸挖掘合作商户的技术能手，结合服务行业特点分析学生的心理和需求，探讨课程组织和实践活动的内容和流程，商讨与学生互动和交流的方式，不断探索和优化课程及实践活动开展的内容和形式，鼓励、培养、指导合作商户员工成长为“能站上讲台”的劳育实践老师，同时增强合作商户员工参与学校后勤高质量发展的责任感、获得感和使命感。

（二）聚焦需求，强化实践，提升劳动实践活动效果

在课程及实践活动实施效果的调查中发现，学生们对于劳动实践活动的课堂组织，实践体验、分工协作，劳动实践成果是比较关注的。所以后勤商贸在实践活动的实施中增加更多亲自动手和团队协作的内容，如美妆美发小课堂，学生们在网络上能非常便利地搜索到各种妆发技巧视频，但是在和同学们的实际交流中，同学们还是非常需要授课老师能够结合每个人的个性化需求逐步指导。在课程流程的优化中，授课老师以分组的形式，从组内选出学生代表，从自己动手实施的角度给予指导，并就学生自己完成的情况给予点评和更正。同学们反馈，老师结合每个人的妆发条件和气质，量身设计适合面试和职场的自然、简洁的妆容，极大地提升了自信心，并表示自己创造美、感受美的过程很美好。

（三）加强交流，注重反馈，有效评估劳育实践活动效果

加强劳动教育课程及实践活动实施的重要环节是了解学生参与课程和活动的收获和感受，以此完善课程及活动实施方案，重视劳动教育对学生发展的作用，促进劳育目标的实现。

后勤商贸的课程实践活动均在实际后勤保障服务场景中开展，也具有一定的专业性。为了提升学生劳动实践的参与感和获得感，在实践环节上采用“一主讲 + 多助教”的模式。“多助教”就是在分组实践的环节，每一组都有一名助教给予学生指导和帮助。这种形式可以和学生有更多互动，更直接地了解学生们在活动中的感受和体会，从而设计多样化的实践主题。

（四）营造氛围，增强后勤商贸劳育实践活动的吸引力

2023 年至今，后勤商贸策划协同多校区部分商贸合作点位开展“体验官”系列活动，活动共开展了四期。通过精心设计活动方案，从学生们的关注点出发，邀请“体验官”走进后勤商贸服务点位，了解商贸服务业态，体验商品验收和收银，开展团队劳动速度比拼，以及团队讨论为商户制订商品营销方案等。在体验后勤服务岗位日常工作的基础上，感受劳动的艰辛与快乐。丰富的体验形式也激发了学生参与劳动实践活动的热情。同时，深刻的参与感受也加深了学生对于后勤保障服务的了解，对于后勤一线工作员工的艰辛与付出有更多的感恩。这种共情氛围的营造，能够让学生对劳动创造价值、劳动创造幸福生活有更深的感悟，体会到劳动带来的获得感和幸福感。

从劳育小课堂到动手实践：场馆中的劳动教育创新

高敏杰　韩艳梅　高　震

一、案例概述

为响应后勤学校建设的号召，贯彻落实学校“五育并举”的教育理念，推动劳动教育在校园的深入开展，后勤场馆以“劳育小课堂”为切入点，结合场馆的实际功能和服务特点，创新性地开展了一系列劳动教育实践活动。通过室内外场地维护保养、商务会务礼仪培训羽毛球挂件制作课程、运动与健康小课堂等活动，将劳动教育与场馆服务深度融合，提升学生的劳动技能和实践能力，培养学生的责任感、团队协作精神以及创新意识。系列活动的开展，不仅能丰富校园文化生活，营造浓厚的劳动教育氛围，也为学校劳动教育的创新提供新的思路和实践经验，为培养德智体美劳全面发展的新时代人才奠定坚实基础。

二、主要做法和成效

（一）主要做法

1. 室内外场地维护保养：从理论到实践的劳动教育

后勤场馆中心充分利用场馆的室内外场地资源，开设“劳育小课堂”，将劳动教育与场地维护保养相结合。通过理论讲解和实践操作相结合的方式，学生们不仅学习了场地维护的基本知识，还亲身参与了场地的清洁、保养和维护工作。

（1）理论讲解。

在“劳育小课堂”中，后勤场馆的专业人员为学生讲解场地维护的基本知识，包括不同材质场地的保养方法、清洁工具的使用技巧以及常见问题的处理方法。通过理论讲解，学生们对场地维护以及相应器械有了初步的认识。

（2）实践操作。

在理论讲解的基础上，学生们分组参与场地的实际维护工作。例如，学生们学习如何正确使用清洁工具和器械进行场地的清洁，如何对木地板进行保养，如何对看台座椅进行维护等。通过实践操作，学生们不仅可以掌握场地维护的基本技能，还能培养他们的动手能力和责任感。

2. 商务会务礼仪培训：劳动教育与职业素养的结合

后勤场馆结合场馆的商务会务功能，开展商务会务礼仪培训课程。通过这一课程，学生们不仅学习商务会务的基本礼仪，还参与到实际的会务服务工作，提升他们的职业素养和劳动技能，也为今后他们走上工作岗位培养实践应用能力。

（1）礼仪培训。

在商务会务礼仪培训课程中，后勤场馆专业礼仪讲师为学生们讲解商务会务中的基本礼仪规范，包括会议场所布置、接待礼仪、会议服务礼仪、餐桌礼仪等。通过理论讲解和模拟演练，旨在让学生们掌握商务会务礼仪的基本要点。

（2）实践服务。

在礼仪培训的基础上，学生们参与实际的会务服务工作。例如，在学校举办的各类会议和活动中，学生们担任接待员、会议服务员等角色，亲身体验会务服务的全过程。通过实践服务，提升学生们的礼仪素养，同时培养他们的服务意识和团队协作能力。

3. 羽毛球挂件制作课程：劳动教育与创意设计的融合

为进一步丰富劳动教育的形式，后勤场馆创新性地提出利用废弃的羽毛球打造装饰品，变废为宝。通过这一课程，学生们不仅学习到羽毛球挂件的制作技巧，还通过动手实践，制作出独具创意的羽毛球挂件作品，培养学生践行低碳绿色环保的生活理念。

（1）制作教学。

在羽毛球挂件制作课程中，专业手工老师为学生们讲解羽毛球挂件的制作方法，包括材料的选择、工具的使用以及制作步骤等。通过老师的示范和指导，学生们掌握羽毛球挂件的基本制作技巧。

（2）创意设计。

在掌握基本制作技巧后，学生们充分发挥自己的创意，设计并制作独具特色的羽毛球挂件作品。例如，有的学生将羽毛球挂件设计成可爱的动物造型，有的学生则在挂件上加入学校的标志性元素。通过创意设计，提升学生们的动手能力，同时培养他们的绿色环保意识、创新思维和艺术素养。

4. 运动与健康小课堂：安全运动与应急处理的教育

为增强学生的运动安全意识，后勤场馆特别联合校医院开设“运动与健康小课堂”，旨在让学生掌握运动损伤时的简易处理方法和紧急情况下的应对措施，确保学生在进行体育运动时的安全。

（1）运动损伤处理。

在“运动与健康小课堂”中，校医院医护人员为学生讲解常见的运动损伤类型及其处理方法，如扭伤、拉伤、擦伤等。通过理论讲解和实际操作演示，学生们学会如何正确使用冰敷、绷带包扎等简易处理方法，以应对运动中的突发损伤。

（2）安全运动指导。

课程还为学生提供科学运动和安全锻炼的指导，包括运动前的热身、运动中的注意事项以及运动后的放松方法。通过这些内容的学习，学生们能够更加安全、科学地进行体育运动，减少运动损伤的发生。

（二）成效

1. 学生参与情况

自后勤场馆“劳育小课堂”开展以来，累计吸引超过 500 人次的学生参与。其中，240 人次参加室内外场地维护保养活动，70 人次参加商务会务礼仪培训，170 人次参加羽毛球挂件制作课程，30 人次参加运动与健康小课堂。参与学生涵盖学校多个院系、多个年级。通过系列劳动教育实践活动，学生们不仅掌握基本的劳动技能，同时也创造出丰富的劳动成果。

2. 活动成果情况

通过场馆中心的劳育课堂，第一，学生们从思想层面发生了转变，劳动观念得到重塑。从“被动完成任务”到“主动理解劳动的意义”，意识到劳动是创造价值、服务社会的实践。通过亲身体验基层劳动，感受到平凡岗位的不易，学会感恩他人的劳动成果；第二，掌握了劳动的技能和解决问题的能力。学习具体劳动技能，如清洁工具的使用、保洁的过程等，从生疏到熟练。劳动中遇到工具不足、团队协作产生分歧，学会了沟通和创新解决；第三，合作意识和公共事务参与感增强。体会到个人行动对整个校园小而实的影响；第四，对劳动价值有了更深层次的理解。发现劳动中的智慧，打破“脑力劳动和体力劳动对立”的偏见。通过劳动，对个人成长也有长远意义，劳动中的耐心、细致和坚持迁移到学习和生活中。劳育课堂不仅让学生们收获了劳动技能，更让他们理解了劳动的深刻含义，用双手践行责任，用汗水书写成长，让劳动精神成为人生的底色。

三、经验启示

（一）劳动教育与场馆服务深度融合，激发学生实践潜能

通过将劳动教育与场馆服务相结合，后勤场馆成功地将理论知识与实践操作融为一体。学生们不仅学习劳动技能，还通过参与场馆的维护、服务和管理工作，提升他们的实践能力和责任感。这种“学以致用”的教育模式，不仅增强学生的劳动意识，还为他们未来的职业发展奠定坚实的基础。劳动教育不再是简单的体力劳动，而是通过实际场景的融入，帮助学生将知识转化为能力，培养他们的综合素质。

（二）以学生需求为导向，激发参与热情与创造力

在劳动教育活动的设计中，后勤场馆始终以学生的兴趣和需求为导向，充分激发学生的参与热情和创造力。例如，羽毛球挂件制作课程结合学生的创意设计需求，商务会务礼仪培训则结合学生的职业发展需求，运动与健康小课堂则满足学生对健康和安全的需求。通过贴近学生兴趣的活动设计，学生们在实践中不断提升他们的创新思维、动手能力和团队协作能力，实现从知识到能力的有效转化。这种以学生为中心的教育模式，不仅提高活动的参与度，还增强学生的成就感和自信心。

（三）注重实践与反馈，持续优化劳动教育模式

在劳动教育活动的实施过程中，后勤场馆注重学生的实践体验和反馈，不断优化活动内容和形式。例如，在活动结束后通过收集学生的意见和建议，及时调整课程设置和活动安排，确保活动内容更加贴近学生的实际需求。同时，积极倡导学生分享自己的劳动体验，展示自己的劳动成果，增强他们的成就感和参与感。这种注重实践与反馈的模式，不仅提高劳动教育的实效性，还为活动的持续改进提供有力支持。

（四）建立长效机制，推动劳动教育常态化发展

为确保劳动教育的持续开展，后勤场馆建立长效机制，推动劳动教育常态化发展。

例如，通过制订年度劳动教育计划，明确活动目标、内容和时间安排，确保劳动教育活动有序开展。此外，后勤部门还积极争取学校政策支持，为劳动教育提供必要的资源和保障，将参与劳动实践活动纳入劳育时长认证体系。通过建立长效机制，劳动教育不再是临时性活动，而是学校育人工作的重要组成部分，为学生的全面发展提供持续支持。

通过“劳育小课堂”到动手实践的创新模式，后勤场馆成功地将劳动教育与场馆服务相结合，不仅提升学生的劳动技能和实践能力，还培养他们的责任感和团队协作精神。系列活动的开展，不仅丰富校园文化生活，也为学校劳动教育的创新提供新的思路和实践经验。未来，后勤将继续探索劳动教育的新形式，为培养全面发展、具有创新精神的新时代人才贡献力量。

02 知识服务：图书馆的育人维度拓展

“智”汇 1 小时，“育”见新世界：信息素养系列讲座的育人实践与探索

张元晶　王永生

一、案例概述

在数字化浪潮席卷全球的背景下，信息素养已成为当代大学生的核心竞争力。然而，高校学生在信息检索、数据分析、学术规范等方面普遍存在短板。为回应这一教育痛点，北京化工大学图书馆联合教务处、学生工作处，从 2018 年 10 月开启“智汇 1 小时”信息素养系列讲座活动，通过需求导向的系统化、场景化、互动化的讲座设计，“五育”融合的内容体系及第二课堂的实践载体，实现从“知识传递”到“素养内化”的跨越，探索信息素养服务育人的新路径，成为图书馆服务育人、落实“五育并举”的重要抓手。讲座重点解决三大核心问题：①信息能力断层：学生信息工具应用水平与学术研究需求不匹配；②学术规范盲区：论文抄袭、引用不当等学术伦理问题频发；③育人载体单一：传统课堂难以满足碎片化、个性化学习需求。借助“智汇 1 小时”讲座，使图书馆从“资源仓库”转型为“育人平台”。

二、主要做法和成效

（一）主要做法

1. 构建跨部门协同育人机制

先由图书馆组建信息素养教育团队，成员主要是图书馆资深馆员。随后开展学生信息素养需求调研，通过问卷调查、座谈会等形式，了解学生在信息检索、甄别和利用等

方面的现状和需求。根据调研结果，制订详细的讲座计划，确定讲座主题、内容和时间安排，做好需求感知。

在前期准备充分的基础上进行校内资源整合，打通图书馆数据库、教务处学分系统和学工处第二课堂平台，将信息素养讲座和相关竞赛纳入创新创业学分认定体系，嵌入萌芽杯竞赛和大学生创新创业项目，形成可持续发展的协同育人生态机制，提高学生的参与度和积极性。

2. 实施讲座

根据前期的需求调研设计讲座内容，实现讲座内容的精准供给。按照计划，每周举办 1 次线下讲座，每次讲座时长约 1 小时。讲座内容从基础到高级，逐步深入。例如，首场讲座“信息检索入门”，介绍常用的学术数据库和检索技巧；后续讲座如“掌握 NoteFirst 文献管理软件应用”“学术论文写作与发表”等。讲座内容根据学生的反馈及时调整，如根据学生问卷中提到的“外文文献获取难度大”的情况，通过分析图书馆数据库登录频次，及时增设“外文文献获取和速读技巧”专题。讲座采用案例教学、互动式教学等方法，增加学生的参与度。在讲解过程中，结合实际案例，引导学生思考和讨论，鼓励学生提出问题和分享经验。每次讲座结束后，设置答疑环节，解答学生的疑问，并通过问卷形式收集学生的反馈意见，形成痛点扫描机制：根据问卷中学生反馈的情况建立“需求—供给”动态匹配模型，不断调整讲座内容和形式。

3. 推广线上资源的建设

讲座采用线上线下融合的传播形式，打破了时空界限，使知识共享覆盖更广泛的群体。通过智慧教学平台直播的同时录制讲座视频，下载后上传至图书馆的在线学习平台，供学生随时观看学习。同时，建立企业微信学习群，鼓励学生在群内交流学习心得、分享学习资源，教师定期在群内进行答疑和指导。利用社交媒体平台进行宣传推广，扩大讲座的影响力，吸引更多学生参与。

4. 开展实践活动

举办信息检索大赛，设置不同难度级别的检索任务，让学生在实践中运用所学的信息检索知识和技巧，提高学生的实际操作能力。从 2021 年起连续 4 年举办信息素养大赛，2023 年起连续 2 年举办知识产权大赛。

建立信息素养培训工作坊，针对有特定需求的学生群体，如科研团队、毕业生、萌芽杯竞赛、大学生创新创业竞赛等，提供有针对性的定制培训和指导。

（二）育人成效

1. 提升信息素养

在有限的 1 小时内，讲座聚焦于实用信息技能的传授，如文献检索、信息筛选与评价等。学生能够快速掌握这些技能，更高效地获取和处理所需信息，解决学习和研究中的实际问题，为学术探索奠定坚实基础，使参与讲座的学生在信息检索能力和信息甄别能力等方面都有明显提高。

2018 年至今累计开展专题讲座 86 场，覆盖学生 1.8 万余人次。孵化出 2 项省部级信息素养类竞赛，即“北京高校学生信息素养大赛”和“在京高校知识产权信息检索大赛”，两项竞赛累计参与人数 3500 余人，荣获北京市级竞赛奖励的学生一等奖 2 名，二等奖 3 名，三等奖 6 名，优秀奖 49 名。通过“以赛育人”“以赛促教”，培养学生的信息意识，以及获取、分析、运用信息的能力，提升学生的信息素养，进而促进学生实践能力、创新能力和综合素质的全面提高。

2. 促进知识创新

具备良好信息素养的学生能够更广泛地接触和整合不同领域的知识，为创新思维的培养提供丰富的素材。讲座激发学生的创新意识，鼓励他们在学习和研究中勇于尝试新的方法和思路，推动知识的创新和发展。信息素养讲座活动从 2021 年起嵌入“萌芽杯”竞赛和大学生创新创业大赛 2 个校级竞赛项目，累计受益学生 5000 余人。

3. 提高学术素养

讲座会涉及学术规范、文献引用等内容，帮助学生树立正确的学术道德观念，避免学术不端行为。同时，学生学会如何在学术研究中运用合适的信息资源，提升研究的质量和水平，为未来的学术发展打下良好的基础。2021 年起受研究生院、材料学院委托为研究生开展科研诚信讲座，2022 年受邀做客党委研工部主办、校研究生会承办的研究生“诚信讲坛”，引导新生树立正确学术观念，在科研道路上坚守诚信底线，培育科学精神。

4. 适应数字化时代需求

图书馆举办的关于数字化工具和资源方面的讲座适应了数字化发展的时代要求。讲座中，老师通过生动的案例与现场演示，详细介绍了多种实用的数字化工具，从文献管理软件到高效的笔记软件，从便捷的在线协作平台到强大的可视化数据分析工具等。学生们在讲座中积极互动，不仅熟悉了这些数字化工具和资源的使用方法，还深入了解了如何精准筛选、高效管理和整合利用信息。这极大地提升了他们在数字化环境中的信息处理和应用能力，从而为未来的职业发展和社会生活筑牢坚实基础，以从容之姿迎接未来挑战。

5. 丰富校园文化内涵

信息素养讲座作为高校图书馆的重要服务活动，丰富了校园文化的内涵。它营造了浓厚的学术氛围，促进了知识的传播和交流，提升了学生的文化素养和综合素质。这些培训不仅帮助学生构建系统的信息获取能力，更通过“以用促学”模式培养了数字化时代必备的学术素养，使信息素养教育成为连接知识获取与学术人格养成的桥梁，为校园文化注入求真务实的学术品格。

三、经验启示

“智汇1小时”讲座的核心价值，在于揭示了服务育人从“资源供给”到“能力孵化”的范式转变。通过构建“需求感知—精准供给—生态培育”的模型，不仅提升了学生的显性信息能力，更培养了批判性思维、学术诚信意识等深层素养。这种以“小切口”撬动“大育人”的实践智慧，为新时代高校服务育人提供了可复制、可迭代的解决方案。总结起来有以下几个方面的经验。

（一）以学生需求为导向是关键

在整个活动过程中，始终坚持以学生需求为出发点和落脚点，建立“需求—供给”动态匹配模型。通过前期调研和每次讲座问卷的学生反馈，不断调整和优化讲座内容和形式，确保讲座能够真正满足学生的实际需求，提高学生的参与度和学习效果。

（二）协同育人的生态机制是保障

信息素养教育是一个系统工程，需要图书馆、教务处、学生工作处等多方共同参与。通过挖掘和组建跨部门、跨领域的教育团队，打通部门数据孤岛，整合各方资源，实现优势互补，形成一个协同育人的生态机制，为讲座的顺利开展提供了有力保障。

（三）能力孵化是动力

借助教务处智慧教学平台，可以实现线上线下相结合的混合式讲座模式，打破了时间和空间的限制，为学生提供了更加便捷、灵活的学习方式。同时，创建“讲座—学分—实践机会”的学习奖励兑换体系，形成可持续发展生态，提高学生的学习积极性和主动性。多年的讲座实践孵化出2项省部级信息素养类竞赛。

（四）持续改进是核心

建立完善的学生反馈机制，及时收集学生的意见和建议，对讲座内容、教学方法和服务质量进行持续改进，使讲座能够不断适应学生的需求和时代的发展，保持长久的生命力。

通过“智汇 1 小时”信息素养系列讲座的育人实践，深刻认识到在服务育人工作中，只要勇于创新、敢于实践，不断探索适合学生需求的服务方式和内容，就能够为学生的成长成才提供有力支持，实现服务育人的目标。未来，图书馆将持续深化“素养链”与“育人链”的耦合效应，让每个“1 小时”都成为通向数字文明的思维驿站。

“悦”经典浸素养，“读”人生助成长：“柳湖书苑”阅读推广品牌建设案例

冯太琴　李　莎

一、案例概述

书籍是人类知识的载体，是人类智慧的结晶，是人类进步的阶梯。习近平总书记多次强调读书的重要性，倡导全社会都参与到阅读中来，形成爱读书、读好书、善读书的浓厚氛围。2022 年 4 月 23 日，习近平为首届全民阅读大会在致贺信时指出“阅读是人类获取知识、启智增慧、培养道德的重要途径，可以让人得到思想启发，树立崇高理想，涵养浩然之气。中华民族自古提倡阅读，讲究格物致知、诚意正心，传承中华民族生生不息的精神，塑造中国人民自信自强的品格”。

高校图书馆作为校园文化建设的重要场所，拥有丰富的文化资源和独特的育人环境，是校园文化育人的重要阵地。为适应新时代服务育人的需求，高校图书馆应科学规划、创新服务方式、强化服务保障，加强品牌建设，充分发挥图书馆在文献数据资源和场馆设施方面的优势，不断提升大学生的文化素养，培育其文化自信。

二、主要做法和成效

北京化工大学图书馆在服务学生过程中充分发挥资源优势、人才优势、空间优势和场馆优势，利用新媒体不断创新服务方式和服务内容，创建了“柳湖书苑”阅读推广育人品牌，并依托品牌开展系列活动、开展育人实践，使学生“悦”经典浸素养，“读”人生助成长，助力大学生提升文化素养、树立文化自信。

（一）主要做法

1. 建立目标规划

为强化校园文化“以文化人、以文育人”的目标引领，图书馆从品牌建设、文化育人空间建设、系统化阅读推广活动，以大学生关注为导向着力打造服务育人名片，整合跨部门资源构建专业育人团队，强化合作机制构建育人共同体，建立育人案例库等方面开拓新时代文化育人新路径，实现协同育人。

2. 育人载体拓展

（1）加强品牌建设，打造育人精品项目。

在“柳湖书苑”系列活动基础上，扩大品牌内涵，将 1 月（读书月）2 季（毕业季、开学季）活动纳入“柳湖书苑”品牌活动范畴，打造育人品牌精品项目。

（2）优化文化育人空间建设。

图书馆通过改造原有空间、建设新空间，形成专题文献阅览区、新书推荐区、教师著作典藏区、共享文献区等功能空间，满足学生多样化的阅读需求；通过在不同阅览空间、阅览区布置绿植，为学生打造温馨阅览环境，让学生在阅读中体验美，愉悦身心。

（3）以学生关注为导向。

图书馆以文化人、以文育人工作不断创新服务方式方法，始终以学生关注为导向，进一步提升育人实效。通过组建学生志愿服务团队，调研学生需求策划开展符合大学生自身需求的活动，搭建师生互动交流的桥梁。与匡衡读书会、知周国学社、青年哲学社等学生社团合作精心策划推出富有创意、内涵丰富、迎合青年学生的阅读推广活动。形式多样的活动拓宽了大学生视野、潜移默化中提升了其文化素养，从而强化思想引领，增强文化自信，真正做到“悦”经典浸素养，“读”人生助成长。

3. 整合跨部门资源，构建专业育人团队

馆员是决定图书馆服务品质和育人成效的关键因素。具备强烈的服务育人意识的馆员，在为学生提供高质量服务的同时，以其良好的精神风貌、强烈的事业心和责任感对学生起到熏陶、引领作用，潜移默化地影响学生的行为准则，实现图书馆服务育人显性教育和隐性教育的协同统一。图书馆充分整合跨部门资源，建立包含多部门工作人员的育人团队，整合资源实现服务、资源、课堂育人活动的联动确保育人活动的有效开展。

4. 依托“柳湖书苑”举办系列活动

图书馆依托“柳湖书苑”开展“品读经典”名家讲座、“共享书韵”读书分享会、“观澜艺海”艺享会、“耕读讲堂”分享会、“悦纳自己”品书会系列活动，让大学生浸润在文化活动中，既读有字之书也读无字之书，在阅读中不断得到思想启发，继而树立崇高理想，涵养浩然之气。

（1）挖掘红色馆藏资源，赓续红色血脉。

构建了红色文献专题阅览区，设立“马克思主义经典文献及党的创新理论”等专题阅览区；挖掘馆藏资源组织“习近平新时代中国特色社会主义思想”等专题书展。通过设置专题阅览区和开展专题书展弘扬红色文化赓续红色血脉。

（2）弘扬传统文化，树立文化自信。

基于“柳湖书苑”举办系列文化类活动传承传统文化，提升文化自信。“书本中的中轴线”“年华易老技．忆永存”展览和展映活动让学生了解中轴线的历史和中国非物质文化遗产；组织“典耀中华”朗诵大赛，贯彻党的二十大精神传承经典文化，让大学生体会中华民族的伟大复兴之路；举办“中国式现代化的文化力量”等名家讲座让学生品读经典，体会经典文化的内涵；组织“花草灯手作体验”等传统手工艺品制作活动，让同学们亲身体验感受传统手工艺之美。

（3）发挥校友作用加强校史校训、教师著作宣传，突出特色育人功能。

举办“校史概览”讲座，让学生了解学校创建、发展、壮大的历史及大学的特色和精神；邀请知名校友到校举办“校友——认知成长分享会”分享成长经验，引导学生爱国爱校助力认知成长；设立教师著作典藏区，充分彰显北京化工大学多年来在教学、科研及管理等领域取得的成果，突出北京化工大学教师专著特色文献的育人、文化传承等方面的独特功能。

（4）宣传新时代伟大成就，弘扬爱国主义精神。

通过举办“为国之崛起 献青春之力”朗诵大赛、组织“冰与雪之歌——走进南极”讲座等活动弘扬爱国主义精神，宣传新时代伟大成就。

（二）成效

图书馆开展系列活动以来，共举办活动 40 余场，受益学生 7000 余人次，活动受到了广大学生的一致好评。

1. 部分参与活动学生的评价

参与校史讲座学生的评价：这些历史片段，不仅展示了学校的坚韧与拼搏，也让我更加珍惜现在的学习机会，更加明确了自己努力的方向。

参与“北京：从边城到都城”讲座学生的评价：感谢这场讲座带给我的启迪和感悟，让我对北京有了更加深刻的认识和热爱。

参与系列活动的学生从活动中受到了启迪和教育，提升了文化自信，增强了爱国、荣校信念与意识。

2. 建立育人案例库

育人活动受场地、无法获取名额等因素影响，只能满足部分学生参与活动。为了能使更多的学生受益，图书馆利用试用平台“读者之星”初步建立了育人活动及成果案例库，展示图书馆开展的育人活动及成果。以往育人活动案例正在回溯加入，部分育人案例加入育人案例库后引起了很多同学的关注，其中“冰与雪之歌——走进南极”讲座和“北京：从边城到都城”讲座自 2024 年 11 月加入案例库后分别吸引了 2400 余人和 2000 余人的关注；“智慧成长：北化校友——阅读引领未来认知成长”主题分享吸引了 1700 余位同学的关注。随着平台的逐步推广，育人案例库的关注度还将不断提升，实现持续育人效果。

三、经验启示

（一）强化合作机制，构建育人共同体

坚持校内校外一体、线上线下融合，推进多元育人主体共同参与、多方育人资源系统集成、多维育人载体有机融合，创新打造深度贯通的育人共同体。

图书馆与校团委、“北京阅读季”等校内外多部门建立了合作机制，构建了一定程度上的育人共同体，但合作机制还不是十分密切。应尽可能地扩大合作机制，建立常态化协同机制，优化原有育人载体、渠道和项目，深化校内外各环节资源的开发利用，搭建协同育人平台。

（二）系统开展系列阅读推广活动，构建评价机制

继续开展“柳湖书苑”系列读书活动，将主题活动系统化，形成活动体系，并构建活动评价机制。对活动开展情况进行有效性评价，建立评价指标，对报名人数、实际参加人数、活动效果、互动情况等进行评价，根据评价结果，对优秀阅读推广活动可以列为常规活动，进一步优化活动内容，使活动进入精品活动系列。

（三）完善育人案例库，扩大育人活动受众

完善案例库的内容规划及案例展示。通过企业微信链接、公众号推送、馆内设备设

施加强宣传案例库，把育人融入业务全流程，扩大育人活动的实效，推动品牌及案例库成为春风化雨、润物无声的沉浸式育人平台。

（四）积极争取各级部门支持

图书馆“柳湖书苑”系列活动开展以来受到了学校团委、校友会等各级部门的支持与帮助，有的部门给予政策支持，有的部门给予经费支持。

在与校内部门密切合作基础上也应积极拓展校外资源，“柳湖书苑”品牌已与“北京阅读季”等校外机构建立合作机制，部分活动获得了经费支持或活动赞助。

“柳湖书苑”系列活动的顺利开展及“北京化工大学阅读推广平台”育人活动案例库的建设得益于校内外和馆内领导的支持，在学校形成了一定的品牌效应，育人活动案例库已具雏形，未来应继续深入扩大品牌影响力，系统化案例库建设，形成有特色的育人案例库，开拓新时代文化育人新路径实现协同育人。

静谧书香，花语相伴：小瓶插花阅览空间营造与学生美育实践

桑海风　李　莎　谢智敏

一、案例概述

美育是提升社会文明程度的重要力量，有助于激发社会创造活力，提升国家文化软实力。随着《关于全面加强和改进新时代学校美育工作的意见》《关于全面实施学校美育浸润行动的通知》等一系列文件的出台，美育的育人价值日益得到重视。美育具有浸润育人、厚植家国情怀、提升生活美感的作用。

在新时代的美育工作中，图书馆有其独特的优势，其丰富的馆藏美育资源，优雅且富于审美的空间环境，举办的书画展、艺术讲座、手工活动等，使其成为校园美育浸润的重要场所。为更好地拓展与挖掘图书馆的美育功能，营造温馨舒适的读书氛围，2024年图书馆尝试开展了“阅览桌小瓶插花”服务活动，这是一次积极的探索与创新。

中国是东方插花艺术的起源国之一，中国插花艺术发展至今已有近三千年的历史。其中包含了丰富的文化内蕴、系统的插花理论、精湛的插花技艺与独特的赏花方式。直立式造型的端庄挺拔、倾斜式造型的柔和优雅、水平式造型的宁静开阔、下垂式造型的洒脱豁达，是对人的品性、生活态度的直接描述，其本质是“和”，亦是中华哲学思想的映射。它融汇了园林、盆景、雕塑、书法、绘画等艺术精华，并超越了对自然花草的单纯模仿，以花言志、领悟人生、展现气节，是中国人的一种雅致生活方式，是对品性与美德的滋养。2008 年 6 月 7 日，传统插花被列入国家非物质文化遗产。中国传统插花被赋予的文化使命，对促进美育浸润校园有着积极的意义。当插花作品摆放在阅览桌上，植物的自然气息被带入，花香与书香相伴，校园之美、自然之美、人文之美、艺术之美呈现给学生，而参与创作的志愿学生们则在感知美、表现美、创造

美的过程中既了解了插花知识，又获得了体验，精神得以愉悦，情感借以抒发，对身心健康积极有益。

二、主要做法和成效

（一）主要做法

1. 利用校园植物的丰富与多样性为插花活动提供花材

插花工作的开展离不开花材。在考虑阅览环境提升的过程中，昌平校园优美的园林式绿化景观，植物的丰富多样性给了馆领导灵感，借此开始以鲜花为素材进行小瓶插花创新实践，这在国内高校中鲜有。昌平校园内，人工培育的花草从春季的迎春、连翘、玉兰、桃花、海棠、鸢尾、蔷薇、牡丹、芍药、丁香、紫藤、珍珠梅、金鸡菊、黑心菊、玉簪、婆婆纳、荷花、鼠尾草、百日草等到秋季的雏菊、田七、波斯菊等，植物种类繁多，另外还有麦冬、狼尾草、松树、柏树等草本与常青植物。此外，还可找寻到野生的二月兰、紫花地丁、白屈菜、蒲公英、蛇莓、黄金菊、苦荬菜、泥胡菜、点地梅、附地菜、蒺藜、糙叶黄芪、米口袋、泽漆、斑地锦、广布野豌豆、紫云英、草木樨、野菊花、一年蓬、黄鹌菜、羊蹄、乌蔹莓等野生植物。这些丰富的植物为小瓶插花提供了三季花材。

尽管花材很多，但采摘是在后勤部门划定的区域范围内微量采摘，以免影响校园环境的整体性。花材的选择本着“弃、野、次”的主旨，如利用园林绿化工人修剪掉的桃花、海棠、玉兰、蜡梅枝等，杂以野生的植物，随季节的变化，由花、枝再到叶、果，充分利用大自然的馈赠，东校区花材由馆员在昌平校园每周固定时间跟随班车带回。

2. 充分调动馆员的积极性从无到有创造条件

小瓶插花活动的开展除花材外，还需要花器与插花师。花器由馆长带头，图书馆内职工自愿捐赠。插花师则由自主学习习得的馆员担任，馆藏有插花类图书、期刊与视频等文献资源，利用这些资源自我成长，不断地在实践中摸索与学习。如今已经总结出一套简单易操作的方法可以传授给志愿学生，并在实践中得到了同学们的肯定。同时，还提高了馆藏相关文献的利用率。

3. 设置志愿岗在服务中提升审美

经过前半年的探索与实践，后半年开始设置志愿岗，除传授简易插花技法、推荐相关文献资源补充学习外，学生的工作内容还包括清洗花瓶、选材、插花、布置阅览桌等。

（二）成效

1. 营造静谧、优雅的阅览环境

通过在阅览空间中布置精美的小瓶插花作品，图书馆为读者营造了一个静谧、优雅且充满艺术氛围的阅读环境。插花作品以其独特的色彩、形态和意境，与图书馆的书籍文化相得益彰，使读者在阅读的过程中能够享受到美的熏陶和心灵的宁静。这种环境不仅提升了读者的阅读体验，还有助于培养他们的审美情趣和阅读习惯。小瓶插花阅览空间营造活动得到了学生的普遍好评，常有人在朋友圈欣喜地晒插花作品。两校区图书馆受益学生不低于 3000 人次。

2. 提升审美意识滋养优良品德

阅览室小瓶插花体量虽小，但插花的元素与原理一样没少，都需要考虑色彩的搭配、花材的分类、瓶器的选择与主旨的表达等。在小花瓶购置中就考虑到花器的选择，有造型各异古典风格的陶瓷器皿，有现代简约风格的玻璃器皿，不同的器皿配置不同的插花风格，从花器到一枝一叶皆可观赏。参与插花志愿服务的学生由认识植物，选择花器、花材到配色、造型，创造出一个和谐共生的作品，是其对植物、花艺与精神的高度凝练。在历史传承中，不同的植物被赋予了不同的品格。择一草一木，借物喻志、以花传情，自古以来是君子养德的一种生活方式。这种优雅的生活方式对学生道德品质的形成具有潜移默化的积极影响。梅以傲雪之姿不畏严寒，兰于幽谷亦不自弃，竹以直喻正，菊置霜雪亦不凋。中国传统文化独特的审美方式通过小花瓶亦在悄悄提醒着学生们不忘精神内守。

3. 促进图书馆服务育人功能的发挥

推出的志愿服务申请常常“秒没”，学生们在插花活动中得到体验，到馆服务的志愿学生共计 100 余人次，志愿服务时长共计 200 余小时。每日到馆人数两校区相加在 3000 人次以上，对发挥图书馆的服务育人功能起到积极的促进作用。

4. 增强校园文化氛围

据志愿学生们的反馈，志愿活动促进了他们对植物、插花的兴趣，原本感觉很难的事情变得轻松、愉悦。植物的丰富性决定了插花内容的丰富性，志愿者的个性发挥使得插花作品的表现多样性，避免了植物的单调重复所带来的视觉审美疲劳。作品或恬淡，或热烈奔放，或古曲，或抽象现代，小小花材启发了学生们无限的创造力与想象力，自活动开展之日起至今，受到学生们的一致喜爱。在学期末志愿学生们还推出了校园识花的推文，为传播校园花草知识与展示小瓶插花作品作出了诠释。这种双向输出，双向受益的活动顺应了时代的发展，顺应了人们对更高生活层次的追求，同时展现了校园文化的多元性，体现出校园的绿色文化与人文关怀。

三、经验启示

（一）多部门协同推进花艺育人的工作

育人是一个全过程、全方位的工作，专人专才，才能发挥各自优势，取长补短。图书馆馆员在美育文献的发掘与推广方面更有优势，作为插花教师，专业尚有欠缺，而校内后勤部门有专业的园艺师，若能合作，聘请专业的园艺师传授植物花卉知识、插花知识则更佳。例如，在“柳湖书苑”美育课堂开设插花讲座，在特殊日子，如开学、迎新、毕业、端午等，于图书馆大厅插置大型中国传统插花作品以供全校师生赏析等。

校园花材虽丰富多样，但不能随意采摘，花材的不固定性仍是一个问题。野生的植物变化性太大，收集费时费力，也常被园艺工作者除掉，鉴于此，利用劳动实践的机会，与学院开展合作，共同种植一些常用花卉，可以解决季节性花材短缺的问题。

（二）系统规划逐步完善

这项活动可以概括为“种好花、插好花、拍好花、赏好花”。种好花，需要规划好一年四季适合在北方种植的花草，需要购买的品种、数量及费用。与学院规划好一起劳作的时间、人数、工具及一些附加成本。花种好后，需安排志愿服务学生的数量、工作时间、插花培训等工作。插好的花拍照留念，可以为后来者作参考，也可以作为宣传校园文化的素材，好的摄影作品可在网络展示。赏花活动仍有提升空间，如对插花作品的介绍，后期可以在花瓶前手工书写小卡片，介绍植物常识，传统插花小知识，相关诗词，插花者的感悟、祝福等。由外在的美延伸到内在的美，以自然之美涵育品德之美，从而在全过程中发挥美育的浸润作用。

三尺讲台育桃李，四季耕耘留余香：信息素养课程育人实践

高彦静　刘新庄

一、案例概述

信息素养能力是当代大学生必需的技能之一，因此通过教育来提升大学生信息素养能力，是高校图书馆发挥教育职能的最有效手段之一。信息素养教育包括：信息知识、信息技能、信息意识、信息道德。高校图书馆信息素养教育通常利用三种方式来实现：信息素养课程、信息素养培训讲座、日常服务中渗透。信息素养教育的学习活动主要发生在课堂教学活动中，课堂教学是提升学生创新能力，为创新型人才培养和学术研究提供信息保障的主场。图书馆已经成为信息素养课堂教学的主力军。尽管信息素养课程是学术研究的基础技能，对论文写作和科研工作至关重要，但是大部分学生认为课程内容单一，对理论讲解感到乏味，缺乏主动学习的热情，尤其是低年级学生不了解课程的实际应用。这就要求授课教师通过优化课程设计和教学方法，提升学生的兴趣和参与度。

北京化工大学图书馆从2005年起面向本科生开设了《电子资源的检索与利用》，面向研究生开设《计算机文献检索》，目前已扩展至9门课程。课程体系涵盖信息素养能力的四个内涵，相互贯通，旨在提高大学生信息素养的综合能力。

二、主要做法和成效

信息素养教育是一门实践性较强的课程，为了确保教学质量，授课教师不断提升自身业务能力，在教学方法、教学内容、授课方式和上机实习环节精心设计，培养同学们

获取、理解、处理、表达和创新信息的能力，发挥图书馆育人的功能。图书馆信息素养教育中心团队经过十几年的努力，得到学生的认可。

（一）主要做法

1. 遵循教学内容为王

课堂内容是学生最关注，也是最能吸引学生的关键之处，将信息素养课程的要点与专业课知识点相结合，便于学生理解检索案例，易于举一反三。2023 年，图书馆承接宏德书院的《文献信息检索与应用》课程，将 3 个专业的学生分成 5 个教学班，授课教师集体备课，统一课件。但为了便于案例更贴近法律专业知识，授课教师与文法学院的法律专业教师交流，洞悉法律专业的研究热点，查阅学位论文，设计具有普适性的课堂案例，保证了法实教学班教学的顺利完成。在课程内容上，团队紧随时代的发展，增加数字素养与技能、AI 大数据模型等热门内容，确保信息素养教育内容与信息时代相匹配，也能让学生感受到教师的与时俱进。例如，结合当时被拐儿童孙卓回家的热点，设计了“拐卖妇女儿童罪”的检索项目，以检索表达式:（拐卖 or 拐骗）and（妇女罪 or 儿童罪）and（量刑 or 定刑）讲授布尔逻辑算符的使用规则。案例的设计也助力学生理解专业知识。同时，北化图书馆作为教育部科技查新工作站和高校国家知识产权信息服务中心，每年都接受百余件项目的委托，团队成员在完成客户委托任务的同时，积累了丰富的检索和撰写报告的经验，将这些信息服务内容作为教学案例，极大丰富了教学内容，增加了授课案例的真实性。

2. 借助翻转课堂模式，增加互动环节

当前学生课堂低头看手机的问题比较突出。信息素养课程的特征是利用电子设备获取信息，解决问题。授课教师抓住这一特点，在课堂上，随时设计检索小关卡，鼓励学生利用手机现场回答授课教师的问题，大多数的学生愿意接受新知识的挑战，利用不定时更换的教学情境，将学生的注意力吸引到课堂中。以提问式的教学手段引导学生，增加师生的互动性，确保学生充分融入课堂，提高学生上课的“抬头率”。

3. 以需求为导向，解决学生实际问题

了解学生的需求才能保证课堂教学有的放矢，增加课程的实用性。因此每门课的第一节课，都进行问卷调查，摸清学生的基本情况，及时调整教学内容。明确告知学生课程知识点对应的应用阶段，如萌芽杯大赛、其他专业课程的小论文、毕业设计 / 论文的撰写、日常生活的信息检索，甚至终身学习。某次课间交流时，授课教师了解到严同学有 2 篇国外博士论文一直得不到全文，在讲授 PQDT 硕博士数据库时，通过作者检索字段，让学生见证奇迹般地获取2篇论文。这样既带入了知识点的讲解，也解决了学生的需求，坚定了学生对这门课的认知。在讲授特种文献专利的知识时，不仅重视专利文献的基本知识、检索技巧，还添加了专利代理资格考试的相关内容，引导学生了解如何成为合格的专利代理人，让学生认识了专利代理行业，为学生提供了未来职业发展的新途径。

4. 鼓励参加信息素养检索大赛，检验课堂教学质量

依托数据库资源开展信息素养检索大赛，增加教学的趣味性，也对信息检索的重要性起到了很好的宣传和推广作用。通过检索技能大赛，以赛促学、以赛促教，提升和检验课堂教学的质量和效果。在2024年首届在京高校知识产权信息检索大赛中，北京化工大学近1000名来自不同年级和专业的同学积极参与，经管学院的周同学获得二等奖（省级），文科类的同学参加专利检索能获得二等奖是难能可贵的。

5. 融入思政元素，同向协同育人

在“三全育人”的大背景下，图书馆融入学校思想政治工作体系，服务思政课教学，将图书馆服务嵌入思政课教学，打造图书馆思政课隐性课堂，对思政课教学形成“直接支撑”，与思政课紧密对接，同向同行，协同创新。以2022年春节晚会的“只此青绿”舞蹈和北京冬奥会吉祥物为例，通过观看视频的方式，引出商标和专利的概念，融入了“只此青绿”所表现出来的中国传统文化岁月沉淀之美和大气磅礴之势，以及北京冬奥会的成功举办，都是中华民族文化自信的体现。

（二）成效

1. 获得了学生的好评

图书馆信息素养课程开课后，收到了学生的反馈。获得知识产权信息检索大赛的周同学说：“能取得这样的成绩主要是因为暑假上课的时候积累了一些检索的知识，这次比赛专利检索触类旁通。”自控A1904的综同学说：“本学期我们学习了一门很特别且很有用的学科，这门课程给我带来了很多收获，文献检索课程是高校教学中不可缺少的课程。”严同学在学习后说道：“没想到有两本国外毕业论文找了一年没有找到，这门课帮我解决了。”学生对教学质量的评价较高，认同授课教师的教学内容。

2. 教学内容和课程设计得到学生的认可

经济管理学院财管2101的谢同学在参加萌芽杯竞赛时，邀请授课教师为其“分析加计划——职业生涯规划”项目做指导教师。2021年为宏德书院开设了《文献信息检索与应用》，文法学院在与宏德书院文法专业学生座谈时，该课程受到了高度好评，为此，

文法学院邀请授课教师针对法律专业普通班新开设《法律文献检索与应用》，这门课在2025年春季已开课。

3. 团队多次获奖，得到不同级别的资助

项目团队在课程建设过程中发表教改5篇，并受到北京化工大学德智体美劳教学改革研究专项、北京高校图书馆研究基金项目、北京市高等教育学会和教育部产学研项目4个项目的资助。所撰写的《文献信息检索与案例分析》一书在2019年全国高校信息文化与素养教育研讨会教材评选中，荣获优秀教材一等奖；《基于创新能力培养的研究生科技论文写作教学探讨与实践》获得论文一等奖；团队成员在信息资源管理课程思政联盟举办的第三届全国高校信息资源管理课程思政案例设计大赛中获得一等奖。

三、经验启示

（一）热爱和坚持是做好事业的根基

教师是学生人生的引路人，亲其师才能信其道，只有授课教师全身心投入，才能不断更新育人观念，教学改革成功的因素在于教师团队。图书馆信息素养教研组团队扎根在图书馆的基础业务中，不断加强自身的修养和能力，建构渊博的知识体系，拓展时政阅读，积累了丰富的课程素材，充分保证课堂教学言之有物。

（二）课堂教学与思政教育协同育人

在思政建设过程中，确保课程思政不着痕迹、不生硬，精准放盐。所采用的思政案例应接地气、随大势，与时代主旋律相结合，将传统文化、家国情怀、职业素养教育思政内容与课程内容相结合。在二十年四季交替中，团队授课教师将满满的爱洒在三尺讲台上，金针度人育英才，为完成中国高校立德树人的教育根本任务奉献图书馆的力量。

邮票教育资源引入课堂：助力构建特色“五育并举”人才培养体系

安贺意

一、案例概述

在新时代背景下，培养全面发展的高素质人才成为教育的重要目标。为实现这一目标，构建特色“五育并举”的人才培养体系至关重要。因为邮票是一种独特且富含历史底蕴优质的教育资源，同时又具有直观性、形象性以及生动性载体的特点，引入课堂后，发挥着不可替代的作用。邮票作为一种微型艺术品，为学生建构历史知识、历史观点，提供了丰富的想象依据和判断根据，为学生打开了一扇通往历史与文化的窗户，不仅能够让学生近距离感受历史的厚重与文化的魅力，还能增强学生的学习兴趣与思政教育的时效性，不仅有助于提升学生的综合素质和创新能力，还能培养学生的历史思维与文化素养，成为助力构建特色“五育并举”人才培养体系的有效载体。

二、主要做法和成效

（一）主要做法

1. 邮票教育资源的开发与整合

邮票这一独特的教育资源，与“五育并举”的教育理念完美融合，在“五育并举”的教育体系中发挥着重要作用。引入课堂后，通过多样化的融合路径，丰富教育内容，主要选取以“航空航天发展史”“党史”“科学家”“改革开放”“世界文化遗产”等为主题的邮票，为提高学生的综合素质全面发展贡献力量。

在德育方面，邮票上的历史和英雄人物的事迹，激发学生的爱国情怀，培养他们的道德观念和价值导向，讲述着国家的辉煌与苦难，引导学生铭记历史，珍惜当下，勇担未来。在智育方面，邮票上的知识信息丰富多样，从地理风貌到科学发现，从历史变迁到文化瑰宝，提高学生的逻辑思维和探究能力，培养科学精神和创新意识。在体育方面，体育邮票以生动的体育赛事场景与运动员风采，鼓励学生积极参与体育活动，培养坚韧不拔的意志品质和团队合作精神，激发了学生们对体育的兴趣和热情。在美育方面，邮票的艺术设计和色彩搭配展现了其独特的审美价值，提高了学生们审美情趣和艺术鉴赏能力，激发创造力和想象力。在劳育方面，学生们通过亲手制作集邮展品、细心观察分类整理和研究过程，锻炼学生们的动手能力和耐心，使他们在实践中成长，在劳动中收获。

2. 积极探索多形式融合的课堂教育模式

为了取得良好的教学效果，激发学生对邮票知识的渴望与兴趣，增加课程的吸引力，积极探索多形式融合的课堂教育模式，为学生搭建了探索邮票文化的桥梁，更以其独特的魅力，点燃学生们对集邮的浓厚兴趣与无限热情，特别邀请了朝阳区集邮协会及校内集邮协会的专家走进课堂。这些专家们不仅带来了深厚的集邮知识与丰富的实践经验，更通过生动有趣的讲解，将邮票背后的历史故事和艺术价值一一呈现给学生，让原本静态的邮票在学生们的心中鲜活起来。通过这一系列多形式融合的教育活动，学生们对邮票的兴趣被极大地激发出来，开始主动探索邮票世界，交流分享自己的发现与感悟。邮票，这一传统而又充满魅力的文化载体，正以它独有的方式，点燃着学生们对知识的无限热情与探索欲望。

3. 多维度开展实践活动展现优质资源

在探索和实践活动中，多维度、全方位的活动设计是展现邮票优质资源，激发学生学习兴趣的关键。采用课内课外、线上线下相结合的多维度形式，结合学生的兴趣和学校的办学特色，设计丰富多样的教学活动和实践项目，既满足学生对知识的渴求，又彰显学校的独特魅力，还极大地丰富了教学资源，更在潜移默化中提升了教学效果，为学校的特色教育和素质教育注入了新的活力。

一方面，充分利用朝阳区集邮协会与校教工集邮协会的丰富资源，积极搭建平台，促进课内与课外、线上与线下的有机融合。课内，结合历史和艺术等课程，引入邮票鉴赏与设计的教学内容，让学生在了解邮票历史背景和艺术价值的同时，培养审美能力和创新思维；课外，组织一系列丰富多彩的集邮活动，如校领导利用邮票资源，给学生讲思政课，或者邀请集邮专家为学生们举办知识讲座，同时还组织学生参观集邮展览，让他们近距离欣赏到珍贵的邮票藏品，感受邮票的独特魅力。此外，还利用线上平台，开展多主题的集邮知识竞赛，让学生在轻松愉快的氛围中学习和巩固集邮知识。

另一方面，注重育人为本，通过强化学生的实践能力来提升教学效果。组织开展集邮展片设计比赛，邀请朝阳区集邮协会与校教工集邮协会的专家进行现场指导。学生们不仅学习到了集邮的基本知识与技巧，更亲自动手参与到了实体展品的制作过程中，这不仅培养了学生的创新思维，还锻炼了学生的实践动手能力以及创造力，深刻体验到邮票的独特魅力，并逐渐培养了耐心、细心和责任感。

通过这一系列多维度、全方位的活动设计，不仅满足了学生对知识的追求，还极大地丰富了教学资源，更重要的是，这些活动在潜移默化中提升了教学效果，为学生的全面发展提供了坚实有力的支持。同时，这些特色鲜明的集邮活动也成为了学校文化建设的一大亮点，为学校的特色教育和素质教育注入了新的活力。

（二）成效

1. 学生参与情况

在课程整合的广阔舞台上，邮票教育资源展现出无尽的潜力与价值。“集邮”课程的成功开设，受到了学生们的热烈欢迎。共有 381 名学生选修了此课程，这一数字不仅彰显了邮票教育的吸引力，也反映了学生们对于新颖、有趣学习方式的渴望，特别是某一学期选修该课程的学生人数高达 180 名，更是成为课程开设以来的一个高峰。学生们的积极参与，不仅为课程注入了活力，也为进一步探索邮票教育资源的开发与应用提供了坚实的基础。

2. 活动成果情况

为深入了解邮票教育资源在课堂中的实践效果，工作人员进行了一次问卷调查，共收集了 151 名学生的反馈意见。调研结果显示，其中有 149 名学生对教学内容和形式给予了高度评价，认为邮票作为一种独特的教育资源，极大地丰富了课堂内容，提高了他们的学习兴趣和参与度。这一结果充分证明了邮票教育资源在课堂应用中的有效性和受欢迎程度，同时，学生们也积极提出改进建议，希望能在课程中看到更多不同主题、不同历史时期的邮票案例，以便更全面地了解邮票的历史背景、文化内涵和艺术价值。

3. 媒体报道情况

把邮票教育资源引入课堂，在高校中属于先例。“集邮博览”课程的成功开设，不仅在校内引起了广泛关注，还吸引了外界的目光，此案例同时也受到了朝阳区集邮协会的高度重视，并在其编印的 2024 年 12 月第 4 期《朝阳集邮》报刊上进行宣传报道。这一举措不仅提升了邮票教育资源的社会影响力，也为进一步推广和深化邮票教育提供了有力的支持。

三、经验启示

邮票教育资源引入课堂，无疑是教育领域的一次创新尝试，它为“五育并举”人才培养体系的构建注入了新的活力。

（一）协同多方力量，搭建平台和组织活动，传承集邮文化

对于集邮教育资源的挖掘，采取协同多方力量，课内课外、校内校外相结合的策略，丰富邮票教育资源，搭建集邮文化传承平台，以丰富多彩的形式吸引更多学生关注和参与，展示邮票的魅力，促进学生在实践中学习和成长。此外，还将成立集邮协会或相关社团组织，为学生搭建交流学习的桥梁，通过优化教学内容、创新授课方式、完善教学资源库以及搭建平台和组织活动等措施，全面提升邮票资源的教学效果和社会影响力。

（二）创新授课方式，提升课堂的互动性

增加互动环节，以获得更加有趣的课堂体验。计划创新授课方式，借鉴翻转课堂、项目式学习等现代教学方法，使授课方式更加灵活多样，增强学生的参与度，打造一个充满趣味与挑战的学习环境，让学生在互动交流中深化理解，促进知识与技能的全面发展。

（三）关注学生需求，创新教学方法与手段

学生的积极参与、热烈反响以及媒体的广泛关注，都充分证明了邮票教育资源在教育领域的独特价值和广阔前景。面对学生多元化、个性化的学习需求，需要不断创新教学方法与手段，例如，当学时安排难以满足学生对邮票知识的渴求时，可借助现代科技，开展线上电子邮展，打破时空限制，让学生随时随地都能领略邮票的魅力。通过不断探索和实践，邮票教育资源将在培养新时代人才方面发挥更加积极的作用，为教育事业的发展贡献新的力量。

多校区办学模式下图书馆通过馆际互借与文献传递开展服务育人工作的探索与实践

伊　雷

一、案例概述

图书馆是高校“三全育人”的重要一环，是“以文化人、以文育人”的重要载体，是“服务育人”的重要阵地。文献资源是图书馆开展“服务育人”工作的基础和条件，“馆际互借与文献传递”是图书馆补充未采购文献的重要途径，是高校之间实现资源共享的重要渠道。北京化工大学（下文简称“北化”）师生每年通过百链、BALIS（北京地区高等教育文献保障系统）、NSTL（国家科技图书文献中心）、CASHL（中国高校人文社会科学文献中心）、CALIS（中国高等教育文献保障系统）等“馆际互借与文献传递”系统，可以获取大量文献。

图书馆通过“馆际互借与文献传递”服务，既解决了北京化工大学文献资源不足的问题，又为开展“服务育人”提供了契机。首先，通过“馆际互借与文献传递”服务，可以为广大师生解决以下两大问题。

第一，通过文献传递可以补充北化电子资源的不足。尽管北化每年用于购买数据库的经费早已超过千万元，但由于数据库连年涨价，导致实际采购到手的数据库数量，与国内一些兄弟院校比较起来其实并不多。尽管图书馆目前采购的数据库有限，但这并不意味着北化广大师生不能及时获取其所需的电子资源。师生们完全可以通过文献传递，来获取北化未采购的文献资源。

第二，通过“馆际互借”可以弥补北京化工大学纸质文献的不足。由于经费有限，图书馆每年采购的纸质书籍也不多。与此同时，多个校区办学模式，还会分散有限的纸质文献。为了解决这一问题，图书馆主要通过“馆际互借”来满足朝阳、昌平、海淀三个校区师生对于未购书籍的需求。

其次，“馆际互借与文献传递”为图书馆开展“服务育人”工作提供了契机。这主要体现在以下两个方面：第一，图书馆可以通过“馆际互借与文献传递”，共享其他高校图书馆的文献资源，来帮助同学们顺利完成学业，助力同学们健康成长，促进同学们早日成人、成才；第二，图书馆可以通过“馆际互借与文献传递”，引导同学们“多读书、读好书、读经典”，教育他们通过读书来树立远大理想、勇担时代重任。

二、主要做法和成效

通过馆际互借与文献传递，图书馆实现了北化与兄弟院校图书馆之间文献资源上的互通有无，提高了北化的文献资源保障能力，更好地支持了学校的“双一流”建设和重点学科的发展，更好地满足了广大师生教学、科研、学习上的需求。

（一）主要做法

1. 围绕学校“双一流”建设，建立多重文献资源保障机制

围绕学校“双一流”建设和重点学科发展，图书馆建立了五重文献资源保障机制。第一，在经费有限的情况下，经过精挑细选，采购了学校“双一流”建设和重点学科发展亟须的数据库和纸质文献。第二，通过购买“百链”数据库，补充北化文献资源的不足。第三，加入了 BALIS。通过 BALIS 原文传递和馆际互借，北化师生可以免费获取其 100 家成员馆的文献资源。第四，加入了 CASHL。通过 CASHL 文献传递和馆际互借，北化师生可以获取其近 900 家成员馆的文献资源。第五，加入了 CALIS。通过 CALIS 馆际互借和文献传递，北化师生可以获取其 1800 家成员馆的文献资源。

2. 根据不同校区院系学科特点，有针对性地开展馆际互借与文献传递服务

北化主要有朝阳、昌平、海淀三个校区，每个校区都有着自己独特的功能定位。为此，图书馆在为三个校区提供“馆际互借和文献传递”服务时，会根据各个校区院系学科分布特点而有所侧重。如北化的核心院系主要集中在了朝阳校区，承担着学校“双一流”建设的重要任务，而文科院系则集中在了昌平校区，海淀校区则主要从事科技成果转化及 MBA、MPA 等人才培养及综合类培训。所以，对于朝阳校区的师生，主要通过传递清华大学图书馆、NSTL 及 CALIS 的文献资源来为大家服务；对于昌平校区的师生，主要通过传递北京大学图书馆、中国人民大学图书馆、国家图书馆及 CASHL 的文献资源来为大家服务；对于海淀校区的师生，主要通过传递 BALIS 的资源来为大家服务。

3. 通过馆际互借与文献传递，补充北化“红色文献”和“中华优秀传统文化”典籍的不足，助力北化“思政课程”“课程思政”建设

为了助力北化“思政课程”和“课程思政”建设，在“红色文献资源”建设上，图书馆虽然陆续采购了“中国共产党思想理论资源数据库”“延安时期文献档案数据库”“新时代党政视频资源库”，但在“红色文献”储备上，与北京大学图书馆、中国人民大学图书馆等相比，还有较大差距。

同时，图书馆虽然陆续采购、引进了一批弘扬“中华优秀传统文化”方面的典籍，但至今仍没有采购这方面的数据库。为了助力北化的“思政课程”和“课程思政”建设，对于尚未采购的“红色文献”和弘扬“中华优秀传统文化”方面的典籍与数据库，主要通过与兄弟院校之间的“馆际互借和文献传递”来补充。

4. 重视组织同学们参加由 BALIS 和 CASHL 举办的各类读书活动

为了拓宽同学们的阅读视野，深化同学们的阅读体验，图书馆每年都非常重视组织同学们参加由 BALIS 和 CASHL 举办的各类读书活动。如 2023 年 4 月，组织同学们参加了由 BALIS 馆际互借中心举办的“荐 IP 好书 · 享读书心得”活动；2024 年 4 月，组织同学们参加了由 BALIS 馆际互借中心举办的主题为“我与 AI 的故事”读书活动；2023 年 9 月，组织同学们参加了由 CASHL 举办的“妙笔生花”微书评大赛；2024 年 10 月，组织同学们参加了由 CASHL 举办的“开世览文，赏读经典”外文经典图书影音共读大赛。

（二）成效

第一，建立了以百链、国家图书馆、BALIS、CASHL、CALIS、NSTL 为后盾的“文献传递与馆际互借”多重文献资源保障机制，为学校的“双一流”建设和重点学科发展，为广大师生的教学、科研、学习，提供了全方位的文献保障。

第二，通过组织同学们参加由 BALIS、CASHL 等举办的经典阅读活动，引导同学们“多读书、读好书、读经典”。如在 2023 年 CASHL 举办的微书评大赛中，北化有 60 多名同学参加，其中有 8 名同学分获一二三等奖；在 2024 年 CASHL 举办的“开世览文，赏读经典”外文经典图书影音共读大赛中，北化有 80 多名同学参加，其中有 1 名同学获得一等奖、2 名同学获得二等奖、3 名同学获得三等奖。

第三，通过课堂讲授、讲座、企业微信等形式，大力宣传、推广 BALIS、CALIS、CASHL、NSTL 文献传递与馆际互借，圆满完成 BALIS 原文传递和馆际互借宣传月工作，图书馆曾多次荣获 BALIS 原文传递最佳宣传奖。

第四，通过百链、国家图书馆、BALIS、NSTL、CASHL、CALIS等馆际互借与文献传递，北化师生获得了大量文献，不但满足了同学们的学习需要，还开拓了同学们的视野，丰富了同学们的知识。

三、经验启示

第一，围绕学校“双一流”建设和重点学科发展，建立多重文献资源保障机制，为北化师生的教学、科研、学习提供充足的文献资源保障，是图书馆通过“馆际互借与文献传递”开展“服务育人”工作的重点。

第二，依托大数据、云计算、人工智能等新兴技术，将图书馆的“馆际互借与文献传递”服务嵌入“以文化人、以文育人”的日常工作中去，是图书馆通过“馆际互借与文献传递”开展“服务育人”工作的重要抓手。

第三，坚持“两个结合”，赓续“红色基因”、弘扬“中华优秀传统文化”，助力学校“思政课程”“课程思政”建设，是图书馆通过“馆际互借与文献传递”开展“服务育人”工作的重要方面。

第四，注重发挥广大师生主体作用，注重读者培训，注重“馆际互借与文献传递”服务的宣传、推广，注重“馆际互借与文献传递”服务的宣传与“阅读文化月”“信息素养课”等相结合，通过教师亲自使用、示范、宣传，因势利导，带动同学们利用好校内、校外的两种“资源”，是图书馆通过“馆际互借与文献传递”开展“服务育人”工作的重要路径。

第五，坚持以“立德树人”为根本，坚持“馆际互借与文献传递”服务与“阅读推广”“文化建设”相融合，根据北化不同校区的学院、学科分布特点，坚持“以文化人、以文育人”，顺势而为，引导同学们“多读书、读好书、读经典”，助力同学们树立远大理想，早日成人成才，服务强国建设，投身民族复兴伟业，是图书馆通过“馆际互借与文献传递”开展“服务育人”工作的重要方针。

以地理标志讲好中国故事：信息素养赋能育人实践案例

刘新庄　谢智敏

一、案例概述

信息素养是一种对信息社会的适应能力，涉及信息意识、信息能力、信息应用等多个方面，包含人文、技术、经济、法律等诸多因素。信息技术支持信息素养，通晓信息技术强调对技术的理解、认识和使用。而信息素养的重点是内容、传播、分析，包括信息检索以及评价，涉及更宽的方面，是一种了解、收集、评估和利用信息的知识结构，既需要通过熟练的信息技术，又需要通过完善的调查方法，通过鉴别和推理来完成。

图书馆在信息素养教学和实践中不断挖掘知识点的时代内涵，积极探索创新教育教学的新模式，引领学生融会贯通、学以致用。以地理标志为内容，以短视频制作与传播为载体，宣传知识产权，推进乡村振兴，讲好中国故事，展现华夏新貌，这是信息素养赋能育人中的一次有益探索和实践。

习近平总书记在党的二十大报告中强调："加快构建中国话语和中国叙事体系，讲好中国故事、传播好中国声音，展现可信、可爱、可敬的中国形象。加强国际传播能力建设，全面提升国际传播效能，形成同我国综合国力和国际地位相匹配的国际话语权。"地理标志是重要的知识产权，是促进区域特色经济发展的有效载体，是推进乡村振兴的有力支撑，是推动外贸外交的重要领域，是保护和传承传统优秀文化的鲜活载体。

适逢世界知识产权组织技术和创新支持中心知识产权出版社中心、中国外文局CATTI项目管理中心及北京语言大学国家语言服务出口基地现决定联合举办首届"地理标志国际传播短视频校际联赛”，旨在向世界全面展示我国地理标志的独特魅力和价值，助力产品出海的同时擦亮我国的文化名片。北京化工大学组队“京彩昌苹队”参赛，参赛队伍由五名本科生组成，图书馆两位老师出任指导教师。

昌平苹果作为北京市昌平区的地理标志产品，以其独特的品质和深厚的文化底蕴，成为讲好中国故事的绝佳载体，参赛队伍开启了一场以昌平苹果为切入点，用视频创作讲述中国故事的实践之旅。

二、主要做法和成效

（一）主要做法

1. 项目筹备：夯实基础，明确方向

项目伊始，领队指导老师便强调信息素养的重要性，引导队员深入学习地理标志相关知识，从地理标志的定义、特征到昌平苹果的历史渊源、种植技术、产业发展等多方面进行系统梳理。通过查阅大量文献资料、统计数据以及实地走访昌平苹果种植园，收集了丰富的素材。技术指导老师则从视频创作的角度出发，讲解视频拍摄技巧、剪辑手法以及如何通过镜头语言讲述生动的故事，让大家对视频创作有了初步的了解和规划。队员们从统筹文案、提供音频、视频拍摄、视频制作、物资准备等方面做了有序分工并着手准备。

在两位老师的指导下，队伍明确了视频创作的目标：以昌平苹果为线索，展现其独特的地理环境、先进的种植技术、丰富的文化内涵以及对当地经济发展的推动作用，从而讲好昌平苹果背后的故事，弘扬中国农业文化，提升地理标志产品的影响力。随即做好物资准备以及安全教育工作，强调安全是活动的基础。

2. 实地拍摄：深入一线，挖掘故事

拍摄过程中，队员们深入昌平苹果的种植基地，向果农了解昌平苹果的生长周期、土壤条件、气候特点等知识，深刻理解昌平苹果优良品质的形成原因，近距离拍摄苹果的生长情况。

在与果农们的交流中，队员们听到了许多感人的故事。有的果农几十年如一日坚守在果园，传承着家族的种植技艺；有的果农通过创新种植模式，成功提升了苹果的品质和产量，带动了周边农户增收致富。这些故事让大家深受触动，也为视频创作提供了丰富的素材和情感支撑。队员们用镜头记录下果农们辛勤劳动的身影、丰收时的喜悦以及他们对昌平苹果的深厚情感，两位队员真人出镜，活力四射，力求真实地展现昌平苹果背后的人文情怀。

3. 后期制作：精雕细琢，呈现精品

后期制作是视频创作的关键环节。一方面是内容上的精准，短视频中包含真人外语配音及中外双语字幕，队员们集思广益潜心钻研，力求准确表达出地理标志的内涵和昌平苹果的韵味；另一方面是制作上的打磨，在剪辑过程中，队员们反复观看拍摄素材，精心挑选最能体现昌平苹果特点和故事的镜头。指导老师从内容的逻辑性和完整性方面入手，帮助梳理视频的结构，确保故事线索清晰、层次分明，并在剪辑技巧上给予了细致的点拨，指导如何运用转场、特效等手法增强视频的观赏性，如何通过音乐、配音等元素营造氛围，提升视频的情感感染力。

（二）成效

1. 学生参与情况

五名参赛队员来自不同的年级和专业，是多个学生组织的骨干成员。活动过程中参赛队员热情饱满，带动了各自班级、组织内同学的积极响应。紧随其后的“紫林醋业杯”第九届全国青少年地理标志征文大赛大型公益活动，同学们热情高涨，积极参与到了解和感受地理标志产品、理解和传承中华传统文化活动中。

2. 活动成果情况

经过多次的打磨和完善，参赛作品“昌平苹果视频”终于制作完成。视频以优美的画面、生动的故事、流畅的外语表达、到位的中文字幕、丰富的情感，全方位展现了昌平苹果的魅力。从昌平区独特的地理环境到果农们辛勤耕耘的场景，从苹果的采摘、分拣到销售环节，再到昌平苹果在推动当地经济发展、促进乡村振兴方面所发挥的作用，视频娓娓道来，让观众仿佛置身于昌平苹果的世界，感受着这一地理标志产品背后的文化底蕴和经济价值。

3. 宣传报道情况

视频制作完成后，随即按大赛组委会的要求发送到指定的抖音平台在全球播放。视频同步发布到图书馆微信公众号、课程学习网等多个网络平台，引发了广泛的关注和讨论。许多同学表示通过视频对昌平苹果有了全新的认识，也对中国地理标志产品背后的故事产生了浓厚的兴趣，进一步扩大了以昌平苹果讲好中国故事的影响力。

三、经验启示

（一）夯实知识基础，促进学科交叉融合

在活动中，学生们学会了如何收集、整理、分析信息，如何运用信息解决问题，如何通过视频这一形式将信息生动地呈现出来。夯实基础知识，学科交叉融合是制胜法宝，这些宝贵的经验和能力将成为学生们未来学习和成长的坚实保障。深入、系统地掌握基础知识与技能，为后续学习和发展奠定坚实基础，这一过程不仅要求学生对基础知识有全面的了解，更强调对知识的深度理解和应用能力，这就要求平时的教学要注重在基础知识的广度和深度上下功夫。

（二）课内课外联动，吸引学生积极参与

通过这次以昌平苹果为题材的视频创作实践，同学们不仅深入了解了地理标志产品的内涵和价值，更在实践中锻炼了能力、提升了素养。课内课外联动，实践丰富多样是前进动力，不仅传授给大学生专业知识和技能，更培养大学生自主学习、团队协作、实践创新等多方面的能力。课堂教学与课外活动相结合是促进学生全面发展的有效教育模式。这种模式能够将理论知识与实践能力相融合，激发学生兴趣并培养综合素质。其关键在于通过互补性设计、资源整合及动态评估，实现知识内化与能力提升的协同发展。

（三）深化信息素养，赋能育人入脑入心

回顾整个活动过程，深刻体会到信息素养在育人实践中的可行性和重要性。在当今信息化社会中，信息素养已经成为一种基本能力，也是一种必备的素养。以大学生喜闻乐见的形式，深入信息素养，持久入脑入心是赋能关键，图书馆将在以后的教学和实践中不断挖掘更多生动活泼、参与度高、有影响力的案例，用信息素养赋能，结“三全育人”硕果。

03 安保服务：平安校园中的成长护航

基于安全元素可视化设计的服务育人实践探索

翟　尧　王中秋　英启雷

一、案例概述

近年来，随着教育信息化的不断推进，信息可视化设计的应用也愈加广泛。信息可视化设计能够降低信息获取的认知负荷，使受众在直观的视觉体验中完成信息的获取与记忆。

本案例将安全知识通过信息可视化设计进行系统化梳理与视觉化重构，致力于打造一种师生喜闻乐见的视觉语言和富有生动案例的安全教育模式，用“润物细无声”的传播方式，构建起安全知识和师生之间的情感联结，提高安全教育工作的实践成效。

二、主要做法和成效

（一）主要做法

为深入推进高校育人工作，北京化工大学始终坚持以“立德树人”为根本思想，积极构建多维度育人体系，在传统公共安全教育的基础上，创新性地融入美育教育模式，推进全方位服务育人工作，探索育人实践新路径。通过多模式融合和情景化设计，将原本繁复的安全宣传工作转化为贴近师生的教育实践，使广大师生在接收安全信息的同时，获得更有北化特色的深度文化沉浸与审美体验，增强了师生的认同感和归属感，为构建平安和谐校园奠定基础。

目前，保卫处已创建“平安北化（平安校园）”网络公众号和“北化消防”抖音官方账号，以“总体国家安全观”为统领，结合“‘11·9’消防宣传月”“‘4·15’全民国家公共安全教育日”“‘12·2’全国交通安全日”等主题宣传节点，运用安全元素可视化设计等现代传播手段，打造线上线下联动的特色教育活动体系。将“公共安全教育”与“美育教育”有机融合，实现校园安全知识和交通路径信息的精准传播与北化特色呈现。以“点线面体”四个维度赋能师生公共安全教育的理念塑造、知识传授、能力培养和文化熏陶，推动校园安全育人体系的构建与完善，为新时代高校公共安全素养工作提供“北化方案”。

“点”“线”“面”“体”不仅指代广大师生和基础单位共同构建的以校园文化和校园系列活动为基础的美育与安全素养体系，还有基于此模式下的保卫部门安全美育的实践策略。通过多维度的深度融合，形成“四维一体”的协同育人体系，实现公共安全教育的系统化、特色化和长效化发展。

1. 以点为基：以视觉识别系统设计形成品牌效应，构建保卫特色文化记忆点

Ⅵ视觉识别（Visual Identity）系统的导入，将学校的教育性、知识性、艺术性有机融合，利用安全元素可视化设计手段帮助提升品牌塑造力和文化传播力，建立健全服务育人文化体系。学校为构建特色文化品牌，设计启用“平安北化”视觉识别系统，以“守护校园安宁，助力师生成长”为核心价值设计，通过统一的视觉符号和形象化的设计语言，将“平安北化”的核心价值观、服务宗旨等抽象概念转化为可感知的视觉形象，直观地传达给广大师生，构建“平安北化”特色文化记忆点。

“平安北化”Ⅵ由基础图形系统和应用系统两部分构成。基础图形系统以沉稳的蓝色为主色调，由图案与文字两部分组成。图案部分由两个正六边形嵌套而成，意为象征化学元素的稳定结构和盾牌般坚定的守护。大六边形中的图案来自北化图书馆造型的抽象图案。小六边形是“北化之光”雕塑的变形，寓意万物生长。文字部分是“平安北化”的中英文书写。明确标志图形的标准颜色、使用场景及文创产品使用实例。在此基础上还推出“平安北化”的人物IP形象——“化小白”，通过拟人化的设计拉近与师生的情感距离，产生情感共鸣，实现教育性、知识性、艺术性有机融合，这种运用信息可视化的育人手段极大提升了保卫品牌的塑造力和传播力，成为育人文化体系中的重要一环。

2. 以线为脉：以特殊节点贯穿全年“安全”宣传，漫画IP演绎入脑入心

保卫处深入贯彻“总体国家安全观”的战略要求，全面提升学校师生的国家安全意识和素养，构建贯穿全年的节点式公共安全教育体系，精准把握国家安全教育日、新生入学季等时间节点，以时间节点开展教育。保卫处多次联合学校艺术设计系征集相关作品，以绘画、海报、视频等多种形式让学生们在参与中学习，在比赛中推广，形成“以

赛促学、以学促用”的良好氛围，显著提升了安全教育的吸引力和实效性。

在具体实践中，保卫处将安全元素可视化设计与IP形象传播创新相结合，衍生开发了系列公共安全教育产品。连续多年在新生入学时推出由保卫处设计制作的反诈安全手册和宣传展板，以安全元素可视化设计的原理，情节叙事的手法，将“化小白”这个本校学生代表作为反诈安全手册的主角，令师生在阅读宣传册的过程中一步一步带入角色，经历“受骗—觉醒—报警—真相大白”，把诈骗案例通过“化小白”的身份进行演绎，实现公共安全教育的情景化体验。

相比单纯文字或普通图片，IP形象的植入使安全知识传播突破了传统的说教模式，拉近了公共安全教育与受众的距离，提高了师生接受安全知识的积极性，使大家更愿意主动关注和接收反诈信息。

3. 以面绘网：以校内导视创新构建校园路径信息网，多效集成快速适用于新挑战

保卫处为了能够迅速响应环境变化，灵活调整策略，适应不同的挑战和情境，以北京化工大学西校区公共安全教育为试点，摸清校园安全防控资源，绘制校园安防地图和校内导视系统，形成校园路径信息网，加快提升师生信息获取能力，营造更加安全、有序、和谐的校园环境。

西校区具有较为特殊的区域特征，校园和居民区穿插相承，商业形态、居住形态、小学、停车场混杂其间，校区以非独立校园的形态形成了“三难”的管理局面：难管理、难整合、难沟通。为了更清晰地梳理出校园路线和重要节点，展现合理的流线及分区，针对管理边界模糊、安全隐患突出的现状，保卫处通过系统梳理校园路线和重要节点，科学规划人流物流动线，开发了系列分类导视图，不同区域的消防安全疏散路线图、学生搬家路线导引图等，基于图示引导，不同群体可以在校园的各个角落中快速识别出符合自己所需的路线和方向，这种“一图尽览、一目了然”的管理模式，有效提高了校园安保工作的精准度和效率。

（二）成效

1. 产生良性正向反馈

通过安全元素可视化设计将保卫处视觉识别系统与校园整体文化氛围相融合，形成良性的双向互动机制。通过文创产品发放、信息产品应用等多元化传播渠道进一步扩大视觉识别系统在校园文化中的影响力，一方面增加了品牌文化的辨识度，也提升了学校保卫处整体形象；另一方面其传递积极向上的安全文化理念，增强了师生对校园的安全

感和归属感，实现了服务育人与公共安全教育的有机统一。

2. 指导学生多次在比赛中斩获佳绩

北京市公安局海淀分局发起的第一届“警学联盟·校园无诈”防电诈主题作品大赛，在全区 37 所高校 2000 余名学生参与的情况下，北京化工大学有多组优秀作品脱颖而出，分别有 2 组作品获得“最佳创意短片奖”、9 组作品获得“最佳人气短片奖”、1 组“最佳宣传文案奖”，北京化工大学也获得“优秀组织奖”。在 2024 年“总体国家安全观在我心，吾辈青年当奋进”主题原创作品征集中，北京化工大学共有 3 名学生获得三等奖。

三、经验启示

（一）打造沉浸式公共安全教育新体验

引进新兴技术：积极推进虚拟现实（VR）、增强现实（AR）等新兴技术在公共安全教育领域的创新应用。通过构建虚拟校园安全场景，打造沉浸式公共安全教育体验平台。例如，开发 VR 校园安全模拟系统，让学生身临其境地体验火灾、地震等突发事件，通过交互式演练掌握应急逃生技能，使学生能更深刻地理解和掌握安全知识，提升安全意识。

（二）构建智慧安防新生态

深化大数据技术在校园安全管理中的应用，运用互联网、大数据、人工智能等技术，对校园内各路网信息进行收集、整合、分析和应用，包括道路、建筑物、交通设施等的位置、属性、状态等数据，实现校园交通流量预测、安全隐患预警、应急路径规划等智能化功能，并基于这些数据提供服务，实现校园交通、管理、服务等多方面的智能化、高效化、便捷化。

（三）开启校园公共安全教育新境界

将安全元素可视化技术与校园文化建设深度融合，拓展公共安全教育的文化内涵。将校园文化融入安全元素可视化的安全服务中。在宣传校园安全文化时，结合爱国主义、集体主义等价值观，讲述安全卫士的先进事迹，激发学生的责任感和使命感，通过图文并茂的可视化故事，展现保卫人员在维护校园安全过程中所展现出的敬业精神和担当意识，引导学生树立正确的价值观。

服务育人视角下的实验室安全助管队伍建设与实践

刘骥翔　董玉双　张新生

一、案例概述

在高等教育体系中，服务育人是“三全育人”理念的重要组成部分，强调通过科学有效的管理手段，以促进学生的全面发展与创新能力的提升。实验室作为高校人才培养、科学探索和技术创新的重要场所，实验室安全事关师生生命财产安全，事关学校事业高质量发展。实验室安全管理不仅是保障教学科研顺利实施的基础性工作，更是实现服务育人目标的创新实践领域。北京化工大学作为一所“化学化工”行业特色高校，化学类实验室多、高风险实验室多、实验室危险源多，“三多”是学校实验室安全管理的显著特征，实验室安全管理任务艰巨，责任重大。北京化工大学将实验室安全管理转化为服务育人的具体场景，搭建服务育人实践平台，在学生中组建实验室安全助管队伍，在管理服务中实现学生综合素质与安全管理效能双提升。

实验室安全助管队伍是实验室安全管理的重要力量，既是实验室安全管理要求的执行者，也是安全文化的传播者。通过构建一支专业水平高、执行能力强的实验室安全助管队伍，为实验室的安全管理筑起组织保障，显著提升实验室安全管理效能，为学校实验活动的顺利进行提供强力支撑与保障。同时，学生助管在参与实验室安全管理的过程中，能够接受实践教育、增长个人才干，实现个人综合素质的提升。因此，从服务育人的视角出发，构建以学生为主体的实验室安全助管队伍，对于提升实验室安全管理水平、促进学生全面发展具有重要意义。北京化工大学在学生中构建了由实验室安全检查队伍、实验室安全宣传教育队伍和实验室安全专项支撑队伍组成的实验室安全助管队伍，并围绕高校服务育人的目标，开展了相应实践探索。

二、主要做法和成效

（一）构建从安全检查到安全教育的沉浸式课堂，使学生在服务中受教育

学校将实验室安全检查队伍作为实验室安全管理体系的重要防线，通过校聘、院聘方式组建专业教师与在校学生协同的实验室安全检查队伍，既强化实验室安全监管效能，又打造沉浸式安全教育场景，实现实验室安全治理与育人价值的有机统一。

主要做法：一是依托学校"北化实安"实验室安全综合管理平台，建立校院联动工作机制，由校级统筹制定实验室安全检查规划，涵盖危险源数据动态核查、节假日前实验室安全检查等重点任务；二是实施过程中突出标准化建设，通过"岗前培训 + 过程指导 + 结果反馈"闭环管理，对检查队伍成员进行实验室安全制度标准、危险源管控及应急管理等模块的专业培训考试，确保参与实验室安全检查的学生考试合格上岗、规范检查；三是注重发挥学生助管的育人功能，在检查实践中设置"1 名教师 +2 名学生"的组合，通过"现场教学—实景检查—隐患研判"的培养路径，使实验室安全检查成为沉浸式的安全教育课堂。

成效：在安全管理层面，完成全校 1200 余间实验室危险源数据核查，推动"北化实安"实验室安全综合管理系统基础数据填报准确率提升，构建起精准化、动态化的安全防控体系；2024 年首期培养具有专业实验室安全检查能力的学生骨干 10 余人，及时发现并排除了大量实验室安全隐患，有效提升了实验室安全管理水平；在育人维度，学生通过深度参与实验室安全检查实践，将制度文本转化为实操指南，实现从"被动受教"到"主动维护"安全意识的转变，构建起知行合一的安全教育理念。

（二）搭建从知识传递到文化共创的实践式课堂，使学生在服务中长才干

学校打破传统安全教育单向灌输模式，通过整合艺术设计学科优势与实验室安全管理需求，组建师生共创型实验室安全宣传教育队伍，将实验室安全知识传播转化为实验室安全文化共创实践，形成"内容生产—载体创新—素养提升"的育人闭环。

主要做法：一是建立学科交叉的实践平台，由国资处联合艺术系组建师生共创团队，结合学校实验室安全管理实际，指导学生设计完成 37 幅原创实验室安全海报及漫画作品。其中《"平平""安安"讲安全》系列漫画——实验室气瓶安全，通过拟人化的人物形象设计和情景叙事手法，将气瓶全流程安全管理的技术规范转化为 7 组生动图鉴，实现专业性与趣味性有机统一；二是在实验室安全月活动中，组织进行实验室安全

海报、微视频竞赛、安全知识竞赛，同步开展优秀作品展览，形成“创作—展示—传播—反馈”的完整链条，吸引全校师生参与。

成效：突出实验室安全文化建设，原创实验室安全海报及漫画作品以线上公众号、线下巡展等渠道广泛宣传，营造了“处处有警示、时时讲安全”的实验室安全文化氛围；在人才培养维度，艺术系学生通过深度参与实验室安全教育资源开发，提升了高阶设计软件应用能力，共创团队开发的实验室安全海报作品、《“平平”“安安”讲安全》系列漫画——实验室气瓶安全等作为实验室安全优质教育资源报送上级部门。学生以“设计师＋传播者”双重身份深度参与实验室安全管理工作，既实现专业知识向实践能力的转化，更在实验室安全文化共创中强化责任担当。

（三）创建从专项支撑到能力锻造的互动式课堂，使学生在服务中作贡献

学校以实验室安全治理为实践载体，根据各项专项工作需要，组建学生实验室安全专项支撑队伍，将事务性工作转化为学生服务校园、贡献价值的实践平台，打造能力锻造的互动式课堂，推动学生从基础事务执行者向安全管理共建者转变，在服务实践中为学校作出自身贡献。

主要做法：一是由国资处系统梳理实验室危险废物收集转运、应急喷淋与洗眼器巡检、组织应急演练等实验室安全管理重要工作，细化学生服务岗位的内容及工作流程；二是打造由“教师带教＋场景化实训”的服务模式，由国资处管理人员组成指导团队，通过危险废物规范化分类、应急喷淋与洗眼器巡检等实践场景，让学生在服务中掌握实验室安全规范。

成效：在管理层面，促进学校危险废物规范化收集及转运，完成全校应急喷淋与洗眼器定期巡检、完成应急演练的组织实施。一是切实减轻校院两级管理压力，提高实验室安全管理的效率和水平；二是学生通过切身实践，既以专业服务助力实验室安全提质增效，也在责任履行中深化实验室安全共同体意识，不断激发学生以实验室安全服务为学校发展作贡献的行动自觉。

三、经验启示

（一）强化教育引导

加强培训引导是提升实验室安全助管队伍综合素质的重要途径，应注重以下三个方面内容。

一是专业培训。定期组织学生助管参加实验室安全专业培训，包括实验室安全文件解读、实验室安全知识、危化品安全管理、实验室安全事故应急处理等方面内容，同时以“导师+学生”的育人培养模式进行指导，以培训提升学生助管的专业素养和业务能力。二是实践锻炼。鼓励学生助管积极参与实验室安全管理的实践活动，如实验室安全检查、实验室安全宣传教育、实验室安全应争演练及喷淋巡检工作等，同时利用信息化手段进行赋能，以实践锻炼促进学生助管的综合素养提升。三是价值引领。注重引导学生助管树立正确的价值观和职业观，培养其责任感和奉献精神，以引导教育激发学生助管的工作热情和积极性。

（二）发挥专业优势

在实验室安全助管队伍的建设中，应充分发挥各成员的专业优势，实现资源的优化配置和优势互补。例如，在实验室安全检查队伍中，聘任具有相关专业背景的学生参与；在实验室安全宣传教育队伍中，充分利用艺术系设计人员的专业优势，设计并制作了一系列生动有趣的宣传教育资源；在实验室安全协助管理队伍中，由具有相关专业学科背景的学生担任不同岗位助管。这种分工合作的方式不仅提高了工作效率，还促进了不同专业之间的交流与合作。

（三）突出协同育人

协同育人是提升人才培养质量的重要途径。在实验室安全助管队伍的建设中，注重将实验室安全管理实践与课程教学、科研活动相结合，实现协同育人。例如，在安全检查活动中，聘任相关专业的学生参与，让他们在实践中学习实验室安全知识和操作技能；在实验室安全宣传教育活动中，鼓励学生发挥自己的创意和想象力，设计并制作宣传材料；在实验室安全专项支撑工作中，注重培养学生助管的专业应用能力和服务贡献意识。通过这种协同育人的方式，不仅提升了实验室安全管理的水平，还促进了学生的全面发展。

从服务育人的视角出发加强实验室安全助管队伍的建设与实践是一项长期的任务。通过构建由实验室安全检查队伍、实验室安全宣传教育队伍和实验室安全专项支撑队伍组成的实验室安全助管队伍，并围绕服务育人的目标开展实验室安全检查、实验室安全教育培训资源开发、参与应急演练等日常管理工作，充分发挥学生助管在实验室安全管理中的主体作用，促进其提高安全意识、树立安全理念、习得安全知识、识别安全风险、掌握安全技能、养成安全习惯，北京化工大学已经取得了初步成效。未来，学校将坚持服务育人理念，继续深化相关实践探索，不断完善和优化实验室安全助管队伍的建设和管理机制，为培养高素质、专业化的实验室安全管理人才贡献力量。

“宣传教育 + 监督检查”双管齐下，全方位筑牢高校保密工作防线

滕　建　张　爽

一、案例概述

保密宣传教育是增强保密意识、学习保密技能、提高保密素质、加强保密能力建设的基础性、先导性工作，保密监督检查是确保保密制度落实、发现和堵塞漏洞、提升保密意识、保障国家安全和利益的重要手段，具有重要的政治、经济和社会意义。

北京化工大学创新性地提出了“1+2+*N*”的保密宣传教育新模式，该模式以“全国保密宣传教育月”这一关键时间节点为牵引（“1”），以企业微信和网站为宣传平台（“2”），结合多样化的宣传教育形式（“*N*”），构建了全方位、多层次的保密宣传教育体系。与此同时，学校还开展了常态化自评自查，信息设备检查，保密要害部门部位检查，宣传媒体检查、抽查等监督检查工作，它不仅是维护国家安全和利益的重要手段，也是保障学校发展稳定、促进学校依法治密、提升师生保密意识和能力的重要保障。

二、主要做法和成效

（一）主要做法

1. 以全国保密宣传月为契机，形成宣传合力

学校加大普及保密知识、宣传保密法治的力度，充分利用传统媒体和新兴媒体，以全国保密宣传教育月为关键时间节点，实现师生员工保密宣传教育全覆盖。例如，在学校信息发布系统播放保密公益宣传片 25 部，在校园宣传栏、教学楼、图书馆、各学院

张贴保密宣传海报200余张，在学校主干道悬挂保密横幅5幅，在学校LED大屏循环播放电子横幅18条，在校园举办普及保密法现场宣传活动，发放保密折页400余份，组织学生、在职教职工、退休老干部参加“追梦不负青春”“寻找最美保密法治代言人”保密主题作品征集活动，共征集文字寄语、书法、绘画、微视频120余份。邀请校外专家入校作保密形势、新修订保密法及其实施条例、定密管理、保密技术检查等培训8场，深入二级单位开展专题保密讲座4次。

2. 以企业微信、网站为阵地，打造高效宣传平台

通过“保密办”企业微信应用发布图文消息118篇，总阅读量超过3.7万人次，其中阅读量超过500人次的文章有28篇，相当于每个月都会产生2篇总阅读量超过500人次文章。整合推出6组系列推送，分别为《漫说保密》《风范——老一辈革命家与保密工作》《美国窃密泄密案例警示录》《古今泄密案例》《涉密载体管理实务》《涉密计算机管理实务》。上线保密宣传教育网站，全年共发布文章122篇，总访问量达2492人次。

3. 分层分类培训，强化重点人群教育

针对领导干部，以保密工作形势任务、保密法律法规、保密违法案例警示教育等为主要内容，通过党委（党组）理论学习中心组学习、党委常委会、校长办公会、保密委员会会议进行教育培训。针对涉密人员，严格抓好岗前教育、在岗教育和离岗离职教育等重点环节，特别是涉密人员保密承诺、监督检查和考核考察结合起来，强化保密教育培训的针对性和实效性。针对保密干部，以党和国家保密工作优良传统、保密技术防范、保密法律法规、保密违法案例警示教育等为主要内容，组织保密干部参加专题培训，组织赴保密教育实训平台现场参训学习等方式进行教育培训。

4. 创新检查方式，打好积极防范主动仗

在日常工作中，保密办除采取常规的自查、普查和专项检查的方式外，还开展了常态化检查（抽查）、防泄密排查、涉密研究生检查、出国人员行前检查等，对保密工作进行持续监督和管理，指导二级单位开展保密自查，以确保保密制度的落实、涉密信息的安全和保密工作的规范化。为提高保密检查执行力，由校领导组织带队开展多次保密检查，增强了各部门对工作的重视程度，有效推动各项政策和制度的落实，确保学校管理的高效运行。

5. 开展专项检查，提高技术防护工作水平

保密办开展了涉密信息设备专项检查、非涉密信息设备专项检查和信息发布专项检查，主要包括检查信息设备的台账记录，检查涉密信息设备、安全保密策略设置情况，检查非涉密信息设备是否违规存储或处理涉密信息等。保密办检查了网站、微信

公众号、视频号、微博等信息发布平台所发布的信息，确保不泄露国家秘密、工作秘密、敏感信息、个人隐私等，检查信息发布经过审核。保密办还检查了保密要害部门部位，检查是否安装防盗报警装置、视频监控系统、电子门禁等设备，确认是否配备密码文件柜、密码保险柜、手机屏蔽柜等保密设备，检查是否禁止使用无绳电话、手机等无安全保障的通信设备，是否建立并实行出入登记制度，及时发现和解决安全隐患。

（二）成效

1. 学生参与情况

面向全校师生开展5期新修订保密法有奖竞答活动，制作原创“保密法学习100题”，参与答题师生达7000余人次；播放保密系列广播节目——“密盾”，共播放35期，总播放时长为15小时，全校5000余人次师生收听；推进保密宣传教育进“第一课堂”，面向120余名本科生开设《保密概论基础》素质教育课；推出原创“漫说保密”专题宣传6期，生动解读新修订保密法、出国（境）注意事项等；组织涉密人员参加国家保密局宣传教育司组织的“全国保密教育线上培训”；在学校IPTV平台上线保密故事宣传视频20部等。

2. 活动成果情况

通过保密宣传教育培训，切实提高了学校领导干部、涉密人员的保密意识，增强了保密防范知识和技能，对于面向全校开展的新保密法及其实施条例的普法宣传和保密常识宣传，增强了全校师生员工维护国家安全和利益的意识。通过保密监督检查，保密办及时指导二级单位开展保密自查，以查促管、以查促防、以查促改、以查促教，切实消除失泄密隐患和风险漏洞，确保党和国家秘密安全。

三、经验启示

（一）凝聚多方力量，构建协同保密工作新格局

保密办对保密工作的指导和监督管理，是为了督促各二级单位贯彻执行党和国家保密工作方针政策，落实保密法律法规和学校保密规章制度，履行保密工作职责，抓好保密工作落实。校内多部门、多院系的协同合作是确保宣传工作覆盖面和实效性的关键。通过整合资源，形成合力，能够显著提升宣传效果。

（二）创新技术形式，提高保密工作效率

“1+2+N”模式的成功实施证明了传统保密教育形式的局限性，可通过多维度、多层次的创新手段实现有效突破。线上平台和技术手段的应用不仅提高了宣传教育的效率，还为学生提供了便捷的学习渠道，增强了教育的吸引力和互动性。通过将保密教育与理想信念教育、法治教育等有机结合，学校不仅提升了师生的保密意识，还培养了学生的社会责任感和团队协作能力。

（三）聚焦责任落实，提升保密工作执行力

校领导的亲自参与不仅增强了各部门对工作的重视程度，还提升了执行力和责任感。这种自上而下的监督方式能够有效推动各项政策和制度的落实。通过检查发现责任不清、推诿扯皮等问题后，及时明确各部门和人员的职责，确保责任落实到人，是避免问题反复出现的重要手段。

（四）持续优化制度，保障保密工作高质量开展

保密办的常态化检查和信息发布专项检查通过定期和不定期相结合的方式，形成持续监督的长效机制，有效保障了保密制度的落实和信息发布安全。通过检查发现制度执行中的问题后，及时修订和完善制度，确保制度的科学性和可操作性。信息设备专项检查将技术手段和管理措施相结合，有效保障了涉密信息的安全。信息发布专项检查将技术防护措施和管理流程相结合，确保了发布信息的安全性。保密要害部门部位检查通过动态管理，根据工作变化及时调整保密要害部门部位，确保保密管理适应新形势。通过检查发现问题后，及时整改并总结经验，形成持续改进的工作机制，是提升工作质量的重要手段。

“1+2+N”模式的保密宣传教育和常态化保密监督检查为高校保密工作提供了可复制、可推广的经验。未来，北京化工大学将继续深化保密宣传教育和监督检查工作模式创新，为增强全校师生员工的保密意识和保密能力提升贡献更多智慧和力量。

“三全育人”视角下的“11·9”消防宣传月创新模式探索研究

丁雯鑫　王　洪　庞　然

一、案例概述

北京化工大学紧紧围绕立德树人根本任务，坚持“三全育人”教育理念，以“11·9”消防宣传月为载体，持续创新消防安全教育模式，积极构建“全员参与—全过程渗透—全方位赋能”三位一体模式，全面推进综合型人才培养。在全员层面，通过“党委统筹、部门协同、师生联动”的责任共治机制，不断强化校地协作、家校联动，形成立体化育人体系建设；在全过程层面，分阶段推进“知识普及—技能实训—实战强化”教育链条，实现消防素养与应急能力的阶梯式培养；在全方位层面，依托“理论＋实践”双线驱动，创新“学生自治＋校地协同”模式，组建学生应急救援队，深化消防技能教育与综合素质培养融合。经过近几年的实践探索和工作创新，学校“11·9”消防宣传主题教育已逐步形成“模式相对固定、路径不断创新、平台持续拓展”的工作机制，其育人成果成效和区域辐射效应明显，并受到多家社会媒体报道，该模式为高校统筹安全发展和育人铸魂作出了创新范式，也为高校“三全育人”协同创新提供了可复制的“北化经验”。

二、主要做法和成效

（一）主要做法

学校党委始终高度重视校园消防安全教育工作，坚持统筹部署、分工明确，积极动员，深入结合每年国家消防宣传月工作主题，制定并印发《学校“‘11·9’消防宣传月”

活动具体方案》，强化组织领导，压实工作责任，通过专家讲座、参观体验、线上竞赛、疏散演练、隐患自查、实操培训等形式，持续深化落实工作实效，并以学校为基点，积极协同社会、家庭以及学生多层面积极参与，全力构建多维度、全方位消防安全育人工作体系。

1. 坚持全员参与，着力构建消防安全教育责任共治工作体系

学校将消防宣传月作为有效推动消防安全教育专项工作的“重头戏”，创新构建“组合拳”工作体系。一是学校层面坚持“顶层设计，分层施策”，建立“党委统筹、部门协同、师生联动”机制，立足实际分层分类细化工作方案，有效推动消防宣传教育工作走深走实。二是建立健全校地合作共建机制，联合属地消防部门开展专项隐患整治、综合性应急演练、消防专题讲座等活动。三是调动学生群体积极性，组建学生安全志愿者队伍，通过路宣科普、文创竞赛评选、隐患自查等活动，充分发挥学生群体的示范效应与辐射能力。四是着力推进教育触角向家庭层面延伸，依托平安校园信息化平台构建家校联动机制，强化消防知识普及和应急能力提升，构建“学校、家庭、社会”立体化育人网络。通过整合多方资源，形成责任明晰、协同高效的全员消防安全教育体系。

2. 坚持全过程渗透，坚决筑牢校园消防安全应急能力根基

学校注重构建“全过程、递进式”消防宣教体系，将消防安全教育贯穿学生成长全周期，针对不同特点、不同场景，分阶段推进“知识普及—技能实训—实战强化”教育链条。如在新生入学阶段，依托安全教育体验馆组织新生班级开展安全标志认知、消防绳结训练等 12 项基础实操，筑牢安全意识根基；组织学生参与灭火器材实操及应急疏散演练，提升复杂场景应对能力；通过消防主题短视频创作、志愿服务等活动，推进消防安全知识与能力转化；依托校园电子屏、广播等媒介长期滚动警示标语，结合消防宣传月、学期安全周等节点开展主题活动，实现“日常浸润 + 专项强化”双轨并行。通过全过程跟踪培养和氛围营造，学生从“被动接受”转向“主动参与”，逐步构建“知识内化、技能提升、行为养成”的闭环，形成消防素养与应急能力的终身发展机制。

3. 坚持全方位赋能，持续深化消防安全宣教融合与实践转化

学校全面推进“内容多维化、方式多样化、模式创新化”体系建设。一是在内容上，围绕“基础技能、应急处置、综合素养”三级目标，分层制定课程模块，如开展消防法规、风险排查等通识教育；强化“一警六员”实操技能标准化培训考核。二是在方式上，采用“理论 + 实践”双线驱动，如线上依托专家宣讲、案例库开展知识普及，线下通过消防技能比武、无脚本疏散演练等 10 余类场景化活动深化技能应用，覆盖超 1.5 万人次。三是在模式创新上，积极搭建服务育人平台，采用“学生自治 + 校地协同”模

式，组建百余人学生应急救援队伍，并与属地消防支队“联防联训”，联合开展实战演练 20 余场，全面提升队员消防、急救、水域和绳索救援等多方面应急技能，同时在校内开设隐患排查和志愿服务平台，切实有效提升学生安全防范意识与应急处置能力，全面推动消防技能教育与综合素质培养的深度融合。

（二）成效

1. 学生参与情况

北京化工大学“11・9”消防宣传月活动通过多方式并行的模式，有效调动师生全员参与的积极性，学生自救率同比提升 75%，学生应急救援队员作为消防嘉年华的宣传主力军，形成了“以学生带学生”的自治特色，“一警六员”实操技能培训考核年均覆盖 5000 余人，学校消防安全体验馆年均接待学校师生及周边企事业单位参观体验超 4000 人次，全面提升了北京化工大学师生员工消防安全意识和应急能力，同时还形成了“以点带面”的区域辐射效应，为校地协同推进安全教育资源共享、提升社会消防安全素养教育提供了创新示范。

2. 活动成果及媒体报道情况

学校以“11・9”消防宣传月为契机，构建了“全员参与、全程渗透、全方位赋能”育人体系，校园消防应急处置效率提升 40%，用实战演练强化知行合一，学生应急疏散达标率达 95%；学生应急救援队连续 4 年获得五星级社团和“志愿服务先进团体”荣誉，并在 2021 年参与河南抗洪，收到新乡人民政府应急总指挥部办公室感谢信；学校消防应急队伍在参加北京市各区消防技能比赛中均取得优异成绩，如 2024 年昌平区社区组团体第一名，海淀区高校组第二名等，得到属地各级单位的充分认可和肯定。

学校丰富多彩的“11・9”消防科普活动受到北京青年报、北京电视台、昌平电视台等社会媒体的专题报道，学生应急救援队组织开展的“‘5・12’防灾减灾科普”活动受到北京广播电视台和北京日报的报道，学生队伍与昌平属地开展的水域“联培联训”活动受到北京市红十字协会专题报道等，全面强化了校园安全宣传教育的普及力度和辐射范围。

三、经验启示

（一）强化组织领导，凝聚全员消防合力

一是高校可按照“党委领导、部门协同、师生联动”模式细化责任，形成自上而

下、层层负责的工作体系。二是主动加强部门间的沟通协作，建立健全合作共建机制，打破传统壁垒，形成工作合力。三是充分调动师生参与积极性，强化“主人翁”意识，深化平安校园信息化建设功能，全面提高师生对校园安全的关注度与责任感，积极推动“化被动为主动”教育模式，强化宣传教育的辐射力度，着力营造全员参与消防的良好氛围。

（二）创新教育路径，深化消防教育渗透

强化教育模式创新，丰富消防教育形式。一是大力构建“线上线下联动、理论与实践融合”多元化宣教体系，充分利用互联网资源，开发线上课程、虚拟体验等，让学生随时随地学习消防知识。二是注重育人平台创新，深化属地联合培养机制，利用校园融媒体积极推进消防文化建设，使消防安全意识深入人心，形成常态化的校园安全文化生态。

（三）构建赋能体系，强化消防能力提升

一是根据学校自身实际情况，制定完善有效的消防安全教育内容体系，分层分类组织开展培训教育，切实提升师生消防安全技能。二是注重教育方式的多样化创新，积极搭建实践育人平台，定期组织实战演练，模拟真实场景、志愿服务实践，切实提高师生消防实践能力。三是加强消防安全教育成果转化，培养组建学生自治队伍，充分发挥学生在消防安全管理和教育工作中的主观能动性，实现从知识传授到能力塑造的转变，着力培养具有安全意识和社会责任感的新时代人才。

新媒体环境下的高校反诈育人路径探析

宋　蕊　王　洪　庞　然

一、案例概述

近年来，电信网络诈骗高发，手段不断升级。为应对这一复杂形势，北京化工大学保卫处深入挖掘反诈教育的育人内涵，通过整合校内外资源，探索新媒体环境下的反诈教育的实践路径，构建“校地联动、校企协同、师生共创”的立体化反诈教育体系，为新时代安全教育与思政融合提供了新范式。

二、主要做法和成效

学校反诈工作以“筑牢思想防线、强化实践能力、涵育安全文化”为目标，通过多维协同、创新形式、深化合作，将反诈教育融入育人全过程。在顶层设计层面，学校主动对接属地公安机关、金融机构、学术组织及学生群体，打破传统宣教壁垒，形成“警校共治、校企联动、学生主体”的反诈教育生态。实现“教育＋社会传播”的双重价值，将反诈教育与思政育人紧密结合，引导学生从社会责任视角理解反诈意义。

（一）强化领导引领，让反诈宣传教育贴近师生

新时代校园安全治理体系中，领导引领、顶层设计与创新实践形成有机联动的“三维引擎”。一是以“书记校长安全公开课”为牵引，推动平安校园建设纳入“十四五”规划重点工程；二是主管安全工作的校领导讲授“北化特色安全服务”专题思政课，将总体国家安全观与校园场景深度融合；三是通过领导干部深度参与反诈宣传，通过为新生主讲安全第一课，与学生工作办公室、研究生工作办公室联动，将反诈内容融入主题班会，将安全部署转化为育人行动，运用案例教学、情景模拟强化反诈教育实效。

（二）警校联动合力，构建常态化反诈教育机制

学校加强与辖区派出所密切联系，与反诈民警建立常态化沟通机制，共同研究分析校园反诈形势，制定针对性宣传策略，组织特色活动吸引师生参与。例如，学校联合昌平区反诈中心举办“燃青春之火，照诈骗诡暗”校园脱口秀大赛。学校携海淀警方开展首届“警学联盟·校园无诈”防电诈主题创作大赛等。各类活动将学生创意和专业运用有效衔接，以海报、漫画、短视频等形式创作反诈主题作品，北京化工大学的12个团队在大赛中斩获佳绩。学生在收获成绩和荣誉之外，更积极营造“全民反诈、全社会反诈”的浓厚氛围。

（三）金融知识进校园，筑牢学生反诈意识根基

学校在反诈宣传教育中积极探索校企合作模式，携手信达证券、北京银行、联通、工商银行等实力强劲的企业，全方位开展反诈宣传。为增强宣传的直观性和趣味性，学校与联通、工商银行合作，举办反诈展览。利用各自企业自身在通信技术方面的优势，通过展板、海报等形式展示了电信诈骗的常见类型；为增强防范金融诈骗能力，学校与信达证券、北京银行联合开展“金融知识进校园”系列活动。邀请金融领域专家，通过专题讲座、案例分析、互动问答等形式，向师生普及金融知识。活动新闻稿被法治日报转载，充分肯定了校企联动反诈的创新模式和积极成效，阅读量超过30000人次。通过一系列校企联动反诈宣传活动，校园内电信网络诈骗案件的发案率呈现出明显下降的良好态势，成功为校园构筑起一道坚固的防诈“防火墙”。

（四）线上线下教育矩阵，打造全方位反诈防线

在数字化浪潮席卷校园的当下，学校立足校园新媒体阵地，全年发布反诈专题推文100篇，占安全类推文总比的37%，在内容创作上，通过“每月警情警报”“诈骗案例剖析”等栏目实现常态化教育。学校将反诈教育深度融入4月15日全民国家安全教育日、迎新安全教育及“昌来昌往反诈专场”活动，创新实施线上线下“六个一”工程：成功举办一次反诈主题直播（观看量突破1万人次）、开展一系列反诈讲座（覆盖师生500人次）、组织一次全校反诈知识竞赛（参与人数达3000余人）、开学推出一次推进“民警进宿舍”专项行动（宣传覆盖5000人次）、推出一次“我‘化’反诈·青春同行”创意设计大赛，吸引18个院系积极参与，收到短视频、漫画、海报等创意作品百余件。在北京化工大学指导下，3名学生荣获“总体国家安全观在我心”全国奖项；学校自主

开发的“防范电信诈骗”标准化课件在各学院主题班会推广使用，并被朝阳区及山西高校借鉴采用；发布的 2 类新型诈骗预警信息被“全民反诈”“北京无诈”等官方公众号广泛转载，形成良好的社会传播效应。通过新媒体矩阵的持续发力，学校电信诈骗案发率从 2024 年的 128 起降至 2025 年的 37 起。

三、经验启示

（一）坚持系统思维，构建协同育人新格局

在反诈教育实践中，学校突破传统安全教育的路径依赖，强调理念、制度、行动具有内在的统一逻辑和价值，让多维度协同育人功效得以发挥，主要表现在学校将平安校园建设纳入“十四五”发展规划重点工程，建立了校领导、中层干部参与教育行动的引领机制，相关部门协同配合组织品牌特色活动搭建起学生参与平台，有效打破传统安全教育“上热下冷”的局面，实现安全教育从顶层设计到基层实践的贯通。

（二）深化实践环节，激发学生主体意识

为增强反诈宣传的吸引力和感染力，学校创新性地将反诈教育融入实践育人体系，构建“宣传—认知—参与”的教育链条。实践证明，参与式教育模式能够成功激活学生主体意识，使安全教育从被动接受转向主动宣传，学校逐年对学生进行反诈知识测试的结果显示，平均分不断提升，在上级部门反馈的警情信息统计中，学校学生被诈骗率逐年降低，学生的参与意识和创新潜能得到充分展现，实践育人的传播效能显著提升。

（三）注重数字赋能，构建智慧教育生态

面对新媒体数字化特征，通过了解学生、把握学生群体信息接收特点，学校建立“一微一端一网”新媒体传播矩阵，形成以官方微信公众号为核心、手机端为支点、处内官网为延伸的立体化传播网络，使反诈宣传实现从单向灌输到双向互动的质变突破，形成具有示范效应的校园反诈教育新范式。这种技术赋能的教育模式破解了传统宣传覆盖面窄、持续性弱的痛点，使反诈教育知晓率上涨，真正实现“指尖防线”与“心防工程”的深度融合。

（四）推动跨界融合，拓展教育价值维度

学校将反诈教育将反诈教育结合“三全育人”体系，通过全员参与、全过程融入、全方位协同的跨界融合模式拓展安全教育价值，以校企合作方式推动反诈教育宣传，既传授防骗技能，更培育理性消费观。法治日报转载的典型案例报道，使校园反诈经验产生社会效应。这种跨界融合实现了三重价值提升：在教育维度上，促进了安全素养与思政教育的协同发展；在社会维度上，形成了高校反诈经验的可复制模式；在文化维度上，培育起“人人守安全”的校园文化生态。

北京化工大学的反诈教育实践表明，新媒体时代高校反诈教育需要实现3个根本转变：从单一防范向育人赋能转变，从经验驱动向数据驱动转变，从部门主导向多元共治转变。其创新经验为高校安全教育提供了可资借鉴的范式——以系统思维构建治理体系，以数字技术重塑教育形态，以跨界融合拓展价值，最终实现安全防线向育人阵地的升华。这种探索不仅筑牢了校园安全屏障，而且在培养具有信息化安全意识和社会责任感的高校人才方面也具有重要的现实意义。

基于“三全育人”视域下的安全教育科普基地建设研究

英启雷　向伟希　丁雯鑫

一、案例概述

随着我国高等教育事业的多元化发展，校园安全教育在强化防范意识、培养应急能力、促进全面发展以及维护校园稳定等方面发挥的作用愈加重要。安全教育作为高校思想政治教育工作的重要组成部分，也是推进落实“五育并举”、促进学生全面发展、构建大思政教育体系的基本要求。

近几年各高校在推进安全教育工作中均取得明显成效，但其受到诸多客观因素影响，致使当前安全教育现状也存在诸多问题亟待解决，如重视度不够、教育内容单一、教育形式单调、师资队伍匮乏、长效机制不健全、缺少实践基地等，致使安全教育成效不明显、学生应急实操实践能力不足。

北京化工大学安全教育体验馆（以下简称“体验馆”）在“大思政教育”“大安全格局”的宏观背景下应运而生，作为校园综合性教育实践平台，体验馆的建设与运行始终坚持聚焦“九大板块＋三个专题”的公共安全教育内容体系建设，致力于打造具备多种教育方式相结合的综合性实践育人基地，全面提升师生安全防范意识和应急处置能力。体验馆依托于校、地共建共享的合作模式，经多次规模扩建和升级改造，目前形成占地约 350 平方米的小规模型场馆。截至 2024 年底，年均接待校内师生开展安全教育 5000 余人次，年均服务周边社区、中小学及企事业单位等校外人员开展安全培训 2000 余人次。通过借助资源整合、平台搭建、创新模式、成果转化等方式形成了良好的校内外影响力，已然成为学校有效推进安全教育的重要阵地。安全教育体验馆是高校安全教育模式的创新与突破，也是推进“三全育人”理念在安全教育领域的具体实践。

二、主要做法和成效

（一）场馆建设

（1）指导理念：坚持立德树人根本任务，立足“三全育人”教育理念，致力打造多维度、综合性安全教育平台。体验馆的建设规划始终坚持以“三全育人”工作理念为指导，融入 VR、物联网、AI 模拟等技术创新手段，注重安全教育的内容、方式、模式等方面的创新，从而突破传统教育模式局限性，致力于打造沉浸式、互动式、体验式的多维度安全教育场景，进一步实现从“知识灌输”到“能力提升”的转变。

（2）内容体系：聚焦“九大板块和三个专题”，立足各领域安全场景建设，全面构建系统性、规范性安全教育体系。体验馆教育内容体系建设紧紧围绕师生生活、学习、社会三大维度，坚持问题导向，结合真实案例与热点问题，着力强化消防安全、交通安全、安全生产、人民防空、急救技能等 12 个区域（“九大板块和三个专题”）的内容体系建设，致力于覆盖公共安全各领域，并形成“基础认知—专项强化—实践应用”的递进式教育链条，从全方位角度出发切实杜绝教育内容片面化、碎片化的问题。

（二）运行模式

（1）日常培训：坚持以培训对象为中心，建立健全灵活高效的培训机制，不断创新安全教育培训模式。一是培训时间灵活化，利用课余时间开放场馆，推行“预约制 + 固定时段”模式，切实保障培训对象结合课余时间选择预约、按需参与。二是新生覆盖全员化，将安全教育纳入新生入学必修环节，所有新生以班级为单位 100% 完成体验馆的基础培训。三是教学方式多样化，采用“理论讲解 + 实操演练 + 感触体验”三位一体教学方式，充分调动学生的积极性和参与性。四是辐射范围社会化，积极推进校地合作共建机制，充分发挥高校服务社会的时代功能，面向周边中小学、社区、企事业单位开放预约，形成“校内普及、校外辐射”的双向运行机制。

（2）师资队伍：积极整合校内外教育资源，坚持专兼职队伍相结合，全力打造专业化、多元化安全教育师资队伍。一是积极整合学校师资教育资源，组建以保卫干部、专职消防员、安全工程教师、校医院医护人员等为主的专职师资队伍，负责重点板块的设计和教学。二是以学生应急救援队为载体，严格选拔经系统培训后的队员担任讲解员，目前经过历年的运转，已逐步组建出一支专业化的学生培训队伍，并形成“以老带新”

的传承机制和工作模式。三是联合属地消防救援支队、公安分局、红十字会等单位，聘请专业人员定期开展专题培训课程设计和授课，全面提升安全教育培训的专业性和系统性。

（三）平台搭建与成果转化

（1）育人平台建设与拓展：树立“大安全”育人格局，坚持走出场馆，积极拓展安全教育实践路径。一是联合校内各单位、学院组织开展安全教育教学活动，积极拓展学生第二课题安全教育机制，持续深化安全教育文化育人工作实效，不断推进安全教育融入专业教学课程思政。二是结合“全民国家安全教育日”“消防宣传月”等主题教育，积极创新“场馆内＋场馆外”双场景安全教育实践路径，在场馆内外联合开展综合型安全教育培训活动，将安全教育贯穿学生成长全过程。三是强化校外资源整合，积极联合属地单位共建安全教育实践平台，如建立校外安全志愿服务基地、开展主题文创产品评比、组织学生队伍参与属地消防技能比武、暑期社会实践以及联培联训等活动。

（2）宣传推广与成果转化：立足安全教育工作实效，多维发力打造安全教育品牌，持续深化安全教育宣传推广与成果转化。一是以体验馆作为基础平台，逐步构建系统、完备的安全教育内容体系，为全面推进校园安全教育“顶层设计”奠定理论基础。二是组建学生志愿服务队，积极参与校园安全宣传、暑期社会实践、校外志愿服务等活动，年均志愿服务时长达6000小时，多次获得学校优秀志愿者团体等荣誉称号，也有不少学生队员因有此实践经历，在毕业后成功走向优异的安全工作岗位。三是逐步建立健全安全教育工作机制，如新生全安全教育全覆盖机制、实验室安全演练机制、军训消防连机制等，全面助力学校“大思政”教育体系建设，曾受到北京电视台、昌平电视台、中国青年报等多家媒体报道。四是体验馆作为校地共建的具体成果，将安全教育辐射范围逐步扩展到周边社区单位，受到校内外各级领导的充分认可和肯定，曾获评属地“消防科普教育基地”“新时代文明实践基地”等荣誉称号。

三、经验启示

（一）强化顶层设计，统筹校内外多部门协同推进是前提

体验馆是在学校党委的领导下，大力推进“三全育人”理念在安全教育领域的具体实践，坚持从顶层设计中强化组织领导，压实安全教育工作责任，建立健全工作机制，

加强年度运维建设的资金保障，统筹保卫处、教务处、学工办、北区办、各学院等多部门协同推进，从政策支持、制度保障、资源共享等方面，逐步形成齐抓共管的工作格局，确保安全教育体验馆的正常运行和发展建设。

（二）注重创新方式，提升安全教育吸引力和实效性是重点

体验馆建设注重前期规划与设计，从剖析问题出发，坚持问题导向，以全方位育人理念为指导，致力于突破传统教育方式的局限，借助 VR 技术、仿真模拟等现代科技手段，深入剖析社会热点问题和师生切实需求，不断创新安全教育方式和路径，从而突破传统安全教育方式的局限和瓶颈，让学生在沉浸式体验中学习安全知识，通过“互联网+安全教育”的新模式，全面增强安全教育的趣味性和互动性，切实提高安全教育工作成效。

（三）优化资源整合，构建多元化的安全教育平台是关键

体验馆建设充分整合校内外优质资源，联合校内外各单位，积极搭建安全教育工作平台，创新校园安全教育实践路径，全力构建多元化的安全教育工作机制，不断强化安全教育的专业性和实效性，持续深化高校服务社会的时代职责，体验馆将持续加强与校内外单位的合作共建，进一步优化教育资源整合，深入结合学校办学特点，积极拓展安全教育的内容和形式，全力打造更具特色的校园安全教育品牌。

（四）坚持双向互动，强化与学生“黏性”是持续发展的驱动力

体验馆建设始终坚持“以学生为中心”的理念，通过丰富的实践体验项目和互动活动，重点强化学生与体验馆的黏性，如组织学生志愿讲解队，充分发挥全员育人理念中学生的自身优势，从“接受教育”到“培训他人”的转变，进一步强化学生“主人翁”意识，切实激发学生的参与热情，全面提升安全教育的实效性。“双向互动”模式是安全教育的长期发展的新生驱动力，也是推进安全教育实践育人的创新路径。

以建强大学生应急救援队助力高水平校园安全

赵　宇　向伟希　英启雷

一、案例概述

北京化工大学应急救援队组建于2019年，每年吸收自愿加入并通过相关考核的在校大学生成为队员，组织人数一般在100~150人。应急救援队以“增强安全意识、掌握应急本领、构建平安校园”为宗旨，通过准军事化管理的方式开展应急救援技能学习、日常队伍训练、校园安全知识宣传、校外学习交流等活动，不断提升大学生的应急技能和科普能力。

2019年以来，大学生应急救援队累计培训学生成员超过1000人，围绕应急救援年均组织演练、体验、教育、竞赛等活动10余次，服务师生年均超过8000人次，多次获得校级五星级社团荣誉，获评北京市级“学生最喜爱的社团”称号。

大学生应急救援队的发展成绩除了充分利用了学生社团“自我教育、自我管理、自我发展”模式的效能，更得益于学校保卫处将专业化指导运用到社团日常运行建设之中，真正达到培育一支队伍、辐射一个群体、营造一个生态的目的，使学生不断增强安全意识，掌握专业应急技能，为学校平安校园建设发挥助力作用。

二、主要做法和成效

（一）组织建设：构建动态优化的管理体系

1. 组织架构的科学调整

2019年11月9日北京化工大学应急救援队正式建立，首批队员95人，设立6个职能部门和3个专业中队的架构模式，应急救援队的人员规模从95人扩展至180余人，先后经历了3次重大调整：将职能部门精简为办公室、宣传部、组织部、志工部4个部门，专业中队扩充为4个；2024年5月向北区办申请获批劳育实践用地，拓展育人空间；2024年6月创新设立功能型团支部，强化思想引领。通过持续优化形成“四部门+四中队”的扁平化管理架构，既保证专业分工又提升执行效率。

2. 制度建设的持续完善

建立《北京化工大学应急救援队章程》《北京化工大学应急救援队救援衔管理办法》《北京化工大学应急救援队服装管理规定》等9项管理制度，实施“入队考核—学期测评—年度评优”的全周期培养机制。将志愿服务时长纳入第二课堂学分，队员表现与德育考评直接挂钩。设置“应急先锋”“突出贡献奖”等荣誉体系，举办五周年纪念晚会、老队员经验分享会等活动，形成独特的社团文化氛围。

（二）专业培养：打造系统化的训练体系

1. 理论与实践并重的课程设置

构建涵盖消防安全、医疗救护、防灾减灾、无线电通信四大知识领域，包含消防器材操作、心肺复苏、水域救援等6项核心技能的培养体系。采取“课堂教学+实操训练+模拟演练”一体化培养模式，每周开展2次常规训练和1次专项技能训练，每学期组织3次应急演练。与北京市应急救援队、北京市青空应急救援队、北京探索应急救援促进中心（搜救犬）建立共训机制，定期前往专业训练基地开展联合训练。

2. 多层次的技能认证体系

建立“基础技能—专业技能—综合应用”三级认证标准，要求队员必须通过“一警六员”消防器材操作、急救技能等基础考核，组织所有队员考取红十字会急救员、“一警六员”操作员资格证书。目前全队持证率达99%，形成显著的专业优势。

（三）实践育人：搭建多元化的服务平台

1. 校园安全守护行动

年均完成80余场大型活动安保，包括CUBA四强赛、校运动会等重大赛事执勤；建立校园安全隐患定期排查工作方案，累计发现并协助整改安全漏洞100余处；开展“‘11·9’消防宣传月”“‘5·12’防灾减灾日”等主题活动150余场，覆盖师生5万余人次。

2. 社会应急救援服务

在河南新乡“7·20”特大暴雨灾害中，组织32名队员开展线上救援支持，完成10

余万条救援信息核查、1800多名伤员分级分类，获新乡市政府致信感谢。与南口镇3个社区建立长期合作，开展应急知识讲座、逃生演练等公益活动10余场，惠及居民1000余人。

3. 疫情防控支援工作

在昌平校区因疫情进行网格化管理期间，昌平流调力量严重不足情况下，应急救援队东校区4名骨干主动请缨，承担支援昌平校区开展校园流调攻坚任务，协助保卫处完成500余人次轨迹核查，分析监控视频超400小时，精准锁定密切接触者80余人，为疫情防控决策提供关键数据支撑。

（四）建设成效：形成多维度的辐射效应

1. 安全保障能力显著提升

近三年校园安全事故发生率下降明显，2024年实现重大安全事故零发生。50%的在校生通过参与应急救援队活动掌握基础应急技能。

2. 社会影响力持续扩大

北京化工大学应急救援队的一系列活动和贡献，在社会上产生了广泛而积极的影响。在媒体报道方面，受到了北京广播电视台、北京日报、北京交通广播电视台、中国高新技术产业导报等媒体的宣传报道。同时应急救援队也收获众多荣誉。2021年获北京化工大学“志愿服务先进团体”称号，2021年收到了来自河南省新乡市人民政府应急救援总指挥部办公室的感谢信，连续五年获得五星级社团的荣誉，2023年获首都高校“学生最喜爱的社团”，表彰其在高校学生社团里的突出表现。

三、经验启示

北京化工大学应急救援队的发展历程，为高校应急志愿服务体系建设提供了可复制的实践案例。通过5年探索，总结出“动态调整、科学规划、资源整合、激励创新、文化传承”的五维发展模型，为校园安全共同体建设提供系统性解决方案。

（一）组织架构的动态调整机制

队伍发展证明，组织架构需与发展阶段相匹配。从初创期的“六部三中队”到成熟期的“四部四中队”，再到功能型团支部的建立，体现了组织架构的弹性进化特征。建议建立“年度评估—季度微调—专项优化”的动态调整机制，根据队伍规模、职能拓展和社会需求及时优化部门设置，保持组织活力。

（二）训战一体化的培养体系

科学训练体系需实现“三个结合”：基础技能与专业领域结合（如新增水域救援、反恐防暴课程）、理论教学与实战演练结合（年均开展20余次全场景模拟演练）、校内资源和社会资源结合（与属地消防支队、应急管理局建立共建机制）。建议构建“通识教育—专业提升—实战淬炼”三级培养体系，开发模块化课程包，建立队员成长档案，实现能力的阶梯式提升。

（三）校内外资源的整合策略

实践表明，资源整合需构建“三圈协同”模式：校内形成“保卫处统筹+团委支持+学部联动”的工作闭环，校外建立“政府—企业—社区”的合作网络，社会层面打造“媒体宣传+公益项目+产业资源”的支持矩阵。通过劳育用地申请、功能型团支部建设等创新举措，将志愿服务与思政教育、劳动教育深度融合。

（四）多维激励评价体系

创新“荣誉激励+发展激励+保障激励”三维模式：设立“应急先锋”等荣誉称号，将志愿服务纳入综合测评和推优体系，建立队员成长数据库。特别要注重隐形激励，如通过“老兵带新兵”传承救援精神，组织灾区感谢信分享会强化价值认同，使队员获得自我实现的满足感。

（五）文化基因的传承工程

文化建设须构建“精神符号—行为规范—价值认同”的培育链条。通过设计队旗、队徽等视觉标识，制定《应急救援队员守则》，建立“队史档案+公众号+纪录片”的传播矩阵，形成独具特色的救援文化。实践证明，文化传承能有效降低队员流失率，使队伍始终保持高昂的战斗意志。

面向未来，高校应急志愿服务体系建设需要树立“大安全”理念，将队伍建设纳入校园安全综合治理体系，建立“预防—响应—恢复”的全周期管理机制。通过构建“政府主导、高校主体、社会协同”的共建格局，推动应急志愿服务从“校园服务”向“社会治理”延伸，真正实现从“新生力量”到“中流砥柱”的角色转变。这种发展模式不仅能提升校园安全治理效能，更能为培养具有社会责任感、实践能力和创新精神的新时代青年提供重要载体。

消防“研”途，安全“育”梦：研究生自管委消防安全宣传教育创新实践

李　娟　董蓉吉　王坤峰

一、案例概述

北京化工大学研究生自我管理委员会（以下简称为“研究生自管委”）是由党委研工部指导，于2023年10月在昌平校区成立的校级学生组织。自成立以来，共有73名研究生和博士生加入，覆盖所有研究生培养单位。研究生自管委立足于学生组织“自我服务、自我管理、自我发展”的定位，以消防安全宣传教育为切入点，探索出一条“精准服务学生需求—激活基层治理效能—助力构建学校大安全体系”的实践路径。通过问卷调查、宿舍走访精准捕捉学生安全盲区，将专业化的安全规范转化为学生可感知的实践场景，如消防主题沙龙、安全技能竞赛等，打通安全宣传教育“最后一公里”，发挥学生组织的桥梁作用，协助职能部门传递安全规范。

研究生自管委下设6个部门，其中安全宣讲部主要负责配合学校安全宣传教育工作，提高研究生的安全防范意识，围绕人身财产安全、消防安全、实验室安全、校园防骗等方面进行安全知识普及与宣传。

二、主要做法和成效

（一）主要做法

1. 搭建双线融合的宣教平台，开展多元化消防安全宣传教育

（1）线上安全传播矩阵建构。

研究生自管委新闻媒体部充分利用新媒体优势，依托微信公众号，开设“消防知识

小课堂”专栏，年均推送 4 篇原创内容，单篇平均阅读量 150 余人次。内容涵盖消防法律法规、火灾预防常识、灭火器使用方法、火灾逃生技巧等。以图文并茂、生动形象的形式，将复杂的消防知识转化为通俗易懂的内容，方便研究生在碎片化时间进行学习。例如，制作消防知识短视频，通过动画演示、实景模拟等方式，展示火灾发生场景及正确的应对方法，吸引了众多研究生关注。

为激发研究生学习消防知识的积极性，研究生自管委安全宣讲部通过线上微信群“消防安全常识科普”，用“每周一答”的形式，累计解决消防问题 60 余项，形成“问题收集—专业解答—知识沉淀”的闭环机制。同时，群内通过转发由中国安全产业协会定期组织的“线上应急安全知识科普活动”，带动了多名研究生参与。

（2）线下消防安全资源活化。

研究生自管委安全宣讲部依托校园安全教育体验馆，系统开展沉浸式消防实训，具体包括以下几个方面。

场景化教学配合多维度实操能力训练。邀请保卫处应急救援队讲解员全程指导，通过“理论讲解 + 实景模拟”教学模式，解析火灾成因、危害等级及消防设施（如烟感报警器、自动喷淋系统）的工作原理。组织研究生现场参与三大核心项目：火灾报警模拟，学习火情识别与应急上报流程；灭火器实战操作，掌握干粉灭火器使用技巧及安全距离判定；消防水带连接，训练快速铺设与接口密封技能。通过专业场景化教学和现场体验，增强了参与同学对火灾的直观认识和防范意识。

消防主题沙龙提供开放式交流平台。在沙龙现场，组织研究生开展问题导向型互动研讨，围绕“实验室电路隐患处置”“宿舍大功率电器管理”等高频议题展开案例剖析，同时鼓励同学分享自己在日常生活和学习中遇到的消防问题及解决经验。

专家讲座结合现场深度互动。邀请中国消防救援学院的专家学者来校开展消防知识讲座，内容涵盖消防安全基础知识、火灾事故调查及消防科技创新等前沿领域，同时现场进行知识答疑和案例教学。消防专家针对“锂电池起火扑救”“高层建筑疏散路径选择”等专业问题现场示范，并通过剖析清华大学化学实验室爆燃事故等典型案例，揭示校园火灾“三要素”（可燃物堆积、设备老化、操作失误）。

2.“三级联动”的宿舍社区反馈路径，实现隐患动态监测

研究生自管委社区服务部以研究生公寓社区为抓手，积极联络各宿舍楼楼长，形成“后勤保障部—自管委联络人—宿舍长”三级反馈路径，实现隐患的层级上报与闭环管理。例如，13 号公寓楼某宿舍因电路老化问题，通过宿舍长—自管委联络人—后勤保障部的逐级上报机制，48 小时内完成整改并反馈至相关人员。自管委相关负责人以每月 1

次的频率参与研究生宿舍的安全巡查，记录宿舍出现的安全隐患及整改意见，在后勤保障部上报各学院后两周内到各楼长处询问整改情况，对二次检查后未整改到位的宿舍进行提醒。

（二）成效

1. 知识传递效能

通过构建“线上知识科普＋线下理论强化”的立体化教育模式，实现消防安全知识的高效渗透。线上平台累计吸引超过 300 人次参与学习，微信公众号“消防知识小课堂”专栏单篇推文阅读量最高突破 200 次，评论区形成“学习打卡—经验分享—疑问探讨”的良性互动链条。线下活动中，覆盖 12 个学院的 2 场专题讲座累计参与超过 350 人次，现场提问率达 20%，涉及实验室危化品管理、电器火灾防范等高频实务问题，反映知识传递的精准性与需求匹配度。

2. 行为改变实证

在技能习得层面上，安全体验馆开展的 3 期实操培训（灭火器使用、逃生绳结制作等）覆盖 150 余名研究生，参训者应急操作规范率达 92%，其中很多学员通过“一帮一”互助机制将技能传递给实验室同门。在日常预防层面上，结合各宿舍楼楼长提供的 2024 年下学期 4 次查寝追踪数据显示，研究生主动关闭非必要电器的比例显著提升，且许多隐患问题通过学生自主上报机制及时解决。消防安全宣传教育的长期效应正通过研究生的行为改变持续释放，为构建“人人有责、人人尽责”的校园安全生态提供实证支撑。

三、经验启示

（一）深化部门协同联动，凝聚教育合力

消防安全宣传教育是一项系统工程，需要各职能部门、院系、学生组织的协同发力。实践中，保卫处提供专业的消防技术指导与安全保障，后勤保障部协调活动场地及物资设备，研究生院则将消防安全教育纳入研究生培养体系，形成多部门联动的教育模式。研究生自管委等学生组织则发挥桥梁作用，通过问卷调查收集需求，组织朋辈互助小组，让安全宣传教育更贴近学生实际。这种“部门主导—学生参与”的协同模式，既保证了教育的专业性，又激发了学生的主体意识。

（二）创新宣传模式，激发内生动力

在活动设计与实施过程中，研究生自管委始终坚持以研究生的兴趣与需求为核心，通过问卷调查、座谈会等形式，深入了解研究生对消防安全宣传教育的关注点与期望，并据此优化活动内容与形式。同时，活动形式多样化，涵盖线上科普、线下体验、讲座沙龙及知识竞赛等，并结合 VR 等现代技术，为研究生提供沉浸式学习体验，增强了教育的趣味性与实效性。

（三）推动知行合一，强化学以致用

在消防安全宣传教育活动中，注重结合研究生的学科背景，将消防知识与专业课程有机融合。例如，针对化工专业研究生，重点讲授实验室火灾的预防与应急处置方法；面向材料专业研究生，则深入探讨材料燃烧特性及防火材料的研发与应用。这种学科交叉的教学设计不仅深化了研究生对专业知识的理解，还培养了其运用专业知识解决实际问题的能力。此外，消防安全宣传教育活动还注重培养研究生的团队协作能力、沟通能力及创新思维。通过消防演练、疏散引导等实践环节，研究生在模拟场景中锻炼了应急处理能力，同时通过提出改进建议与创新方案，为校园消防安全管理贡献智慧，进一步提升了综合素质。

新媒体赋能保密宣传教育：内化于心、外化于行

杨福绅　李　燕

一、案例概述

高等学校作为国家人才培养的重要基地，其保密宣传教育工作对于保守国家秘密具有至关重要的意义。在当今社会，大学校园内的师生们的思想观念变得越来越开放和活跃，他们对于各种信息的获取途径也在不断地扩展和多元化。北京化工大学紧跟时代步伐，积极适应潮流趋势，充分利用新媒体平台，精心构建了一个全面的宣传教育矩阵。通过运用漫画、音频、互动等多种更具吸引力和感染力的表现形式，有效地开展了一系列的保密宣传教育工作，旨在增强师生的保密意识，提高他们的安全防范能力，致力于让师生的保密意识与保密知识不仅内化于心，更能外化于行。

二、主要做法和成效

（一）利用新媒体形式推进保密宣传教育，构建信息渠道矩阵

保密办精心打造了保密教育专题网站，并将其与学校企业微信公众号作为内容沉淀平台，持续不断地充实和丰富宣传内容。网站与企业微信之外，保密宣传教育也充分利用了学校内的问卷星、IPTV、北化在线、校内广播等多种形式。2024 年，共推送企业微信图文消息 118 篇，其中精品推送 28 篇，总阅读量超过 3.7 万人次；开展保密知识问答 19 期，参与师生共计 7000 人次；网站发布 6 个系列文章，共计 122 篇；播放保密系列广播 35 期，收听量 5000 人次；上线保密宣传视频 20 部，并开设了《保密概论基础》

本科课程。为了进一步丰富学习内容，学校精心选购、阅读并分类选定保密书籍，提炼其中的重点内容，制作成图文消息。同时，为方便师生查阅学习，推出涵盖保密法律法规、保密知识技能等基本内容的 8 个保密系列专题，以及生动活泼的《漫说保密》系列漫画，有效提升了保密宣传教育的吸引力和影响力。

（二）贴近师生需求改进创新保密宣传教育作品形式

随着以“B 站”“抖音”等新媒体平台为代表的新媒体宣传内容的蓬勃发展，师生对学习内容的形式提出了新的要求。因此，充分借鉴最新且师生易于接受的宣传形式，能够有效提高宣传内容的效果。新媒体的崛起，不仅改变了信息传播的方式，也对教育领域产生了深远的影响。通过这些平台，教育内容可以更加生动、直观地呈现给学习者，从而激发他们的学习兴趣和参与度。利用短视频、直播、互动问答等多样化的传播手段，可以更好地适应不同学习者的需求，使学习变得更加灵活和高效。

1. 借鉴“听书”平台，精选图书内容推送

保密知识类科普图书中包含大量系统完整的保密教育内容，但内容相对枯燥。在新媒体时代，师生更倾向于接受篇幅较短且形成系列的书籍。基于《涉密载体管理实务》《涉密计算机管理实务》等具有代表性的书籍，经过精心提炼和浓缩内容，并结合人工智能技术，制作了配套的有声阅读材料，将图书内容转化为更加生动、引人入胜的听觉形式。广大师生可借助手机、电脑等终端设备，随时随地进行聆听学习。采取这一措施，不仅有效地丰富了阅读材料的学习形式，而且极大地提升了学习过程中的趣味性。它进一步加深了师生对于保密知识的理解和记忆，使得保密宣传教育的形式变得更加多样化和丰富。这种创新的方法显著提高了师生参与保密学习的主动性和积极性，从而在整体上增强了保密教育的效果。

2. 引入“二次元”特色，推出漫说保密系列宣传漫画

当前，以“B 站”为代表的媒体平台在学生群体中广受欢迎，这在一定程度上反映出以“动漫”形式呈现的内容更容易被年轻人接受。基于此，学校创作了《漫说保密》系列漫画，生动地解释了保密法律法规、保密警示案例以及保密知识技能等，让师生在轻松愉快的氛围中学习保密知识。在漫画的世界里，角色以其生动的形象感染读者，作为一种易于理解的方式，将那些看似复杂难懂的保密概念进行了简化和具象化。通过这些精心设计的角色和故事情节，无论是教师还是学生，都可以通过直观简洁的形象快速接收到关于保密重要性的深刻教育。这种独特的传播方式，不仅提高了信息的接收度，还增强了读者对于保密意识的认识和理解，使得学习和教育过程变得更加生动和有效。

目前，《漫说保密》系列已创作完成34期，简洁的人物形象极具记忆点，能让师生在日常生活中不自觉地联想到保密知识，达到内化于心的效果。

3 强调“互动”引导，依据反馈实时调整宣传内容

保密宣传教育新媒体内容需要时刻了解师生的需求，而新媒体的一大特点是可以实时获取师生反馈，以师生为主体的开展方式能够取得更好的效果。在组织学生、在职教职工、退休老干部参加“追梦不负青春”“寻找最美保密法治代言人”保密主题作品征集活动中，师生创作了大量文字寄语、书法、绘画、微视频等保密主题作品，学校通过线上线下平台对这些作品进行了展示。这些作品的创作让师生成为保密宣传的“主角”，学校搭建平台，师生积极参与，极大地激发了大家参与保密宣传的热情。互动活动的真实反馈是不断优化和更新保密教育新媒体内容的重要依据。同时，通过对优秀作品的展示和推广，让更多人看到师生的才华和对保密工作的热情，与新媒体平台建设形成了良性循环和正向激励机制，促使越来越多的师生主动参与到保密宣传中来，营造了良好的保密文化氛围。

三、经验启示

目前正在进行的工作带来了诸多宝贵的启示，具体如下。

（一）深化互动体验，提升参与度

新媒体平台作为信息传播的关键工具，承载着连接心灵、激发共鸣的重要使命。鉴于其互动与反馈机制的显著优势，能够有效提升师生的参与热情，突破传统教育模式的单向灌输局限。学生成为参与主体，通过获取学生反馈的第一手资料，不断优化和改进相关工作。特别是在“保密法有奖知识答题”活动中，针对学生易错问题进行梳理，能够显著增强宣传工作的针对性。同时，通过向学生颁发保密文创实体奖品，进一步提升了学生的参与感和成就感，实现了从内化于心、外化于行的转变。

（二）结合人工智能，提升教育效果

在人工智能时代背景下，“人工智能＋保密宣传教育”是一种富有成效的探索。在具体实践过程中，通过运用人工智能，对现有的试题库及学生答案进行高效、深入的数据分析，从而以数据为支撑，改进试题资源，以人工智能辅助高质量保密知识问答题目的快速生成以及案例解析的详细提供，有助于师生对保密法规的深刻理解和实际应用；

同时，通过 AI 技术辅助宣传素材的整理与创作，将原本复杂的保密概念以直观、易懂的形式展现，有效降低了宣传材料创作的门槛。依托人工智能技术，针对学生兴趣所在的关键领域，制订个性化学习方案和内容，确保保密教育取得预期成效。

（三）强化资源整合，形成工作合力

充分整合学校各类资源，将打破部门、学院壁垒，整合保密教育课程、思政课程、国家安全教育课程以及信息安全专业课程等资源，丰富优化保密宣传教育内容，是增强保密教育力量的一个有效可行的途径。保密教育不是孤立于学生智育，而是融入学生的整体学习体系中，借助外力和环境，特别是邀请专家来校开展专题讲座、培训课程和警示教育活动，可以有效地提升保密宣传教育的专业性和权威性。

北京化工大学通过新媒体平台赋能的保密教育模式，取得了显著成效。这种模式不仅有效提升了师生的保密意识和知识水平，还形成了具有创新性和可操作性的经验，具备广泛的可复制性和可推广性。

04 智慧服务：数字化转型中的育人创新

高校信息化服务中的“技术 + 服务”育人平台构建

杜 彬 刘 斌 滕 建

一、案例概述

信息中心是学校的中枢神经，是联结职能部门、师生的重要纽带，是学校教学、科研、管理等工作的核心载体，信息化建设是学校“双一流”建设的重要环节，信息化建设水平是学校现代化水平的重要体现。

高校信息化工作技术面广、应用服务多、业务处理量大、软硬件兼具、线上线下皆有。具有完备 IT 生态，具有“技术 + 服务”育人的条件和环境，是信息化服务育人的重要阵地。

目前校园网信息化服务涵盖了网络、安全、硬件、软件、数据、客服、管理等多方面，能够从多维度、多层次、多角度锻炼人、培养人。

信息中心通过充分发挥 IT 领域范畴广、迭代快等特点，以知识、技能、实践为导向，利用信息中心资源优势，依托信息中心师资力量、社会协作，引导学生深入参与到校园信息化建设运维中，通过建立“三类岗位”，构建“四类平台”，尊重学生意愿，发挥学生兴趣、特长、主观能动性，培育服务意识、钻研精神、探索精神、极客精神，提升社交能力、协作能力、解决问题能力、快速学习能力，打造以“技术为牵引，服务为根本”的 IT“技术 + 服务”育人范式。

二、主要做法和成效

信息中心通过多年育人模式的摸索和实践，深入推进本科生、研究生培养，逐步建立了信息中心开发运维团队，从前台服务、网络运维、系统研发等方面培养了一支沟通能力、责任心、技术能力强的学生团队，并取得成效。自2017年始，前台服务岗每年为8~10人，为约1.6万名在校师生提供服务；网络运维岗每年为2~3人，基础运维涉及约30栋楼宇，300余个弱电间和机房等，网络设备1100余个；开发运维岗每年为4~6人，开发并运维的系统近10个，发表论文10余篇，部分学生被北大、京东等录用。

（一）设置信息化“技术+服务”三类岗位

1. 信息中心服务大厅客服岗

主要依托线下面对面或线上即时通信软件提供IT服务，发挥师生与信息中心纽带桥梁作用，解决师生缴费、用卡、用网等问题。团队在应对迎新、毕业等关键时期业务增量压力，以及日常服务中，提升了信息化服务效率和质量。

2. 信息中心网络运维服务岗

主要面向网络基础运维，涉及机房、弱电间、交换机、路由器、有无线网络链路等，通过线下和线上相结合的方式，解决师生用网过程中遇到的各种问题，保证网络通畅。信息中心培养了一支活跃于弱电间、学生宿舍、老师办公室的网络运维团队，解决了师生日常使用网络服务遇到的各种问题，大大提高了IT服务的时效性，拉近了信息中心与师生间的距离。

3. 信息中心开发运维岗

为技术密集型岗位，主要根据信息中心发展规划需求，深入IT各领域，进行自主研发、系统运维以及新技术跟踪、研究、测试。信息中心培养了一支知识面广、专业技术精、具备极客精神的研发运维团队，在云平台建设、安全分析、中间件开发、数据可视化、人工智能研究等方面作出了很大贡献，为信息化水平提升和未来规划提供了解决方案。

（二）构建信息化“技术+服务”四类平台

1. 构建与人沟通的社交服务平台

客服岗位作为信息中心与师生沟通的第一线，不仅承载着服务师生的职责，更蕴含着巨大的育人潜力，可以培养学生的多种能力，提升综合素质。

对学生的培养主要通过以下方式进行。

入职培训：为新入职的客服人员提供系统的培训，包括产品知识、服务流程、沟通技巧等方面。

岗位轮换：定期进行岗位轮换，让学生接触不同的工作内容，拓宽他们的知识面，提升他们的适应能力。

导师制度：让经验丰富的老师帮带和指导，帮助他们快速成长。

客服岗使得学生能够提升沟通能力，培养问题解决能力，增强服务意识，锻炼抗压能力，提升团队协作能力。让学生在情绪控制、社交礼仪、沟通技巧、语言组织、英文口语等方面快速进步。

2. 构建 IT 基础服务工作的实践平台

IT 基础服务，涉及到机房、有无线网各类设备的运维，并直接面向师生一线，及时解决师生使用网络服务的各类问题，同时也作为网络服务体验员，及时反馈师生对信息化服务的诉求，可使学生充分深入了解 IT 基础服务的工作内容、流程和技术。

对学生的培养主要通过以下方式进行。

岗位轮换：通过岗位轮换，让学生接触不同的网络设备和系统，拓宽知识面，培养全面的技能。

导师带徒：由老师和有经验的学生带新生，手把手传授经验，缩短新生的成长周期。

技术培训：定期实地进行现场技术指导和培训，更新学生的知识储备，提升技术水平。

服务实践：参与实际日常运维，锻炼解决问题的能力，提高动手能力。

IT 基础服务是保障校园网络链路通畅、网络稳定运行的关键环节，同时也是培养网络工程师的重要途径。通过网络设备维护，可以培养学生的系统思维、问题解决能力、团队协作能力，以及对 IT 技术的热爱和钻研精神。

3. 构建 IT 开发运维实践的实战平台

IT 开发运维，是将软件开发的理念和方法引入到 IT 运维中。这不仅需要运维人员具备扎实的运维基础，还需要掌握一定的开发技能。岗位对学生的综合素质要求较高，是培养复合型人才、IT 全栈工程师的重要途径。

对学生的培养主要通过以下方式进行。

DevOps 文化建设：建立 DevOps 文化，促进开发和运维团队的协作，共同承担所负责系统全生命周期的责任。

技术实践：将课内外的知识、技术用于实践，如各种编程语言、开发运维工具等。

项目实践：由信息中心老师根据需求提出或自主拟定“小项目”，使学生将学到的知识应用到实践中，不断提升技能。

开源社区参与：参与开源社区交流、学习。

IT 开发运维，能够丰富学生技能、经验，培养毕业即能上岗的基本能力素质，培养洞察力、专注力、极客精神。

4. 构建 IT 前瞻技术研究落地的探索平台

IT 前瞻技术探索研究，超越传统课程内容，面向未来、充满挑战，拓展已有知识的同时，培养学生探索未知、解决问题的能力，是培养创新型 IT 人才的重要途径。

对学生的培养主要通过以下方式进行。

方向引导：由信息中心老师把握研究的基本方向、目标或愿景，尊重学生的闪念与思路。

自主式学习：由学生自主研究，并建立技术探讨机制，启发学生思路。

项目实践：由信息中心老师根据需求提出或根据兴趣自主拟定“小项目”，使学生理论联系实践，提升技能。

参与交流：参与开源社区、与企业的技术交流。

IT 技术迭代速度越来越快，只有不断学习新技术，才能保持竞争力，需要通过前瞻技术研究探索平台培养学生的创新能力、跨学科能力、终身学习能力以及坚韧不拔的探索精神。

三、经验启示

（一）充分尊重个人意愿，提供相应岗位

尊重个人意愿是助学管理的重要原则。它不仅能够提高学生参与工作满意度和积极性，还能促进信息化工作的有序进行。当个人从事自己感兴趣且擅长的工作时，个人意愿得到尊重，会更加投入到工作中，积极性更高，创造力更强。每个人都发挥自己的优势，整个团队的效率和创造力将大大提升，从而促进学生与信息中心的共同发展。

（二）充分发挥个人能动性，提供各类资源

依托信息中心软硬件资源，培养 IT 领域兴趣，提升知识和技能快速迭代能力，以及新技术研究探索能力，促进并明确学习和就业方向。鼓励学生敢于挑战、勇于创新。同时提供必要的资源支持，包括信息、技术、设备等，帮助他们克服困难，实现目标。帮助他们分析自己优劣势，以及职业发展目标，结合未来职业发展，激发内在动力，更好地学习、成长和进步。

（三）师生双向互动，答疑解惑，着力于能力经验提升

通过积极的方向引导、技术指导、问题交流、答疑解惑，使得在课堂知识快速得以

运用，产生更为深刻的认识，形成经验型知识和技能。鼓励学生积极参与讨论，敢于提出问题。及时对学生的提问和发言给予反馈和指导，帮助他们理解和掌握知识。激发学生的学习兴趣，让他们更主动地参与到学习中来。增进师生之间的了解和信任，建立良好的师生关系，随时欢迎学生走进办公室或线上交流互动。

（四）实践导向，压担压责，相互促进，共同进步

IT 技术以服务师生、落地实践为导向，发挥技术优势，赋能校园网建设，建立保密和技术责任制，在信息中心老师的带领下，完成技术应用的可靠性、可用性验证，形成落地成果。根据个人能力和特点，合理分配任务，确保每个人都有机会承担责任和挑战自己。鼓励团队成员之间相互支持、相互帮助、相互学习。在实践中学习可以更有效地掌握知识和技能，提高学习和工作效率。承担责任，可以提升使命感，可以锻炼解决问题的能力，提高应对挑战的能力。个人发展与团队发展相互促进，可以实现个人和团队的共同进步，可以增强团队合作精神，提高团队的凝聚力和战斗力。

基于网络数据中心的本科生现场认识实习育人模式探索与实践

杜　彬　滕　建　邓军民

一、案例概述

教育数字化是我国塑造教育发展新优势、开辟高质量发展新赛道的重要战略举措。作为信息化建设的核心基础设施，数据中心已成为推动各行业数字化转型的关键支撑。在当今数字化时代，数据中心不仅是数据存储和处理的核心场所，更是信息技术创新的重要平台。高校作为人才培养的主阵地，肩负着为社会输送高素质信息技术人才的重任。如何将数据中心的建设、运维与管理融入本科人才实践培养体系，构建具有时代特色的育人新模式，成为当前教育教学改革的重要课题。

北京化工大学信息化办公室（信息中心）依托昌平校区网络核心基础设施，创新性地以数据中心机房为实践教学载体，构建了“理论—实践—创新”三位一体的沉浸式认识实习模式。该模式涵盖网络基础设施参观、网络核心设备操作演示、运维巡检讲解、智能监控体验及在线辅助教学等环节，采用“沉浸式＋互动式＋探究式”相结合教学方法。实践表明，参与认识实习的学生，其网络数据中心知识掌握率提升 30%，专业认知能力、技术应用能力及创新思维显著增强。本案例为高校利用信息化资源开展实践教学提供了可推广借鉴经验，对高校培养高素质信息技术人才具有重要示范意义。

二、主要做法和成效

（一）主要做法

认识实习围绕网络数据中心的核心要素展开，具体包括以下内容。

1. 基础设施沉浸式参观

学生在专业技术人员的引导下，实地考察机房运行环境，包括服务器通道、配电室、冷热通道布局、精密空调以及水冷系统等。通过专业技术人员对数据中心机房的整体架构介绍，学生深入了解了机房的分区（如主机房区、监控区、配电室等）、通道服务器布局、网络架构，系统掌握了数据中心物理环境建设标准、运维管理规范，以及配电室、冷热通道、服务器、交换机、存储设备等运行原理（散热、供电、布线等）。这种沉浸式参观不仅让学生对数据中心的整体架构有了直观的认识，还激发了他们对专业知识的学习兴趣。

2. 网络设备工作原理与操作实践

实习指导老师结合实物，详细讲解数据中心机房相关设备的工作原理，尤其对 UPS 电源的双回路供电结构、精密空调的制冷原理等核心设备知识进行了深入讲解，并现场演示服务器启停、交换机的配置及监控系统操作流程，帮助学生建立起对数据中心机房和网络设备的直观认知。通过实际操作，学生不仅掌握了设备的基本操作技能，还理解了设备运行中的关键技术和原理。

为了进一步提升学生的实践能力，实习指导老师还组织了设备故障排除演练。学生需要在限定时间内诊断并解决网络设备的常见故障，如交换机配置错误、服务器网络连接中断等。通过这些实战演练，学生积累了丰富的故障排除经验，提升了应急处理能力。

3. 数据中心运维巡检全流程实训

实习指导老师通过模拟日常巡检场景开展详细讲解，使学生系统学习网络设备清洁、维护保养及网络和服务器故障应急处理等操作。通过实际演练，学生理解了日常运维巡检能够及时消除潜在隐患，避免因小问题引发大故障，预防性维护对延长设备寿命、保障业务连续性的价值。

在运维巡检实训中，学生还学习了如何使用专业工具进行设备性能检测。例如，他们使用网络分析仪检测网络带宽利用率，使用热成像仪检测服务器散热情况。通过这些工具的使用，学生不仅掌握了先进的检测技术，还提升了对设备性能的综合评估能力。

4. 智能环控系统深度体验

实习指导老师详细讲述了环控系统对数据中心机房正常运行起着关键作用。借助智能监控平台，学生可以实时查看机房温湿度、漏水检测、水冷系统设备运行、服务器负载以及 UPS 电压电流等数据。通过对智能环控系统的实时监控功能，学生了解并体验了远程设备管理与故障预警功能，掌握了智能化运维的关键技术逻辑，实现了理论与实践的结合。

在智能环控系统的体验中，学生还学习了如何通过数据分析优化机房环境。例如，他们通过分析温湿度数据，调整空调系统的制冷和加湿参数，以确保机房环境始终处于最佳状态。通过这些实践，学生不仅掌握了智能化运维技术，还提升了数据分析能力。

5. 在线教学平台协同支撑

依托学校在线教学平台，教师动态发布讲义、作业及测试题，学生可自主预习、复习并提交反馈。教师根据学习反馈数据优化教学方案，形成“教—学—评”闭环管理，提升了教学效率和教学效果。在线平台的使用不仅为学生提供了便捷的学习资源，还增强了教学的互动性和灵活性。

在线教学平台还支持学生之间的互动交流。例如，学生可以通过论坛讨论实习中的问题，分享实践经验。教师也可以通过平台实时解答学生的问题，提供个性化的指导。这种线上线下相结合的教学模式，不仅提升了学生的学习效果，还增强了他们的自主学习能力。

（二）成效

以北京化工大学信息科学与技术学院计算机科学与技术、电子信息工程以及通信工程专业，两届本科生共计 390 人开展的认识实习为例，取得以下成效。

1. 深化理论与实践融合，提升了学生的专业认知水平和实践能力

现场教学使学生走出课堂，通过现场操作与案例分析，深入理解网络数据中心架构、基础设施、网络综合布线、供配电、云计算平台、人工智能大模型等，将理论知识与实际应用相结合，增强了学生对数据中心建设、运维管理的认识，专业认知水平与实践能力同步提升。

2. 激发职业兴趣与创新能力，增强了学生的职业素养和就业竞争力

通过实地考察和接触行业前沿技术，如云计算、人工智能在数据中心的应用，学生能够更直观地感受到专业的魅力和前景，拓宽视野，激发学习兴趣和动力，培养创新意识和实践能力。部分学生提出的运维优化方案被纳入实际改进中，发挥了积极作用，为学生未来职业发展奠定了良好基础。

三、经验启示

（一）强化师资队伍建设，打造复合型教学团队

实习指导环节的成功与否很大程度上取决于指导教师的能力和实践经验。网络数据中心的实践教学要求教师不仅具备扎实的专业知识，还须拥有丰富的行业经验和技术

应用实践能力。高校应鼓励教师参与企业项目或培训课程，提高实习指导教师的实践操作能力；同时，通过校企合作、技术培训等途径提升教师实操能力，组建跨学科教学团队，以应对复杂技术问题的协同指导需求。

（二）持续进行信息化投入，赋能智慧化教学场景

随着人工智能、物联网、5G 等新兴技术的快速发展，网络数据中心的运维管理面临新的机遇与挑战。新技术的应用不仅提升了数据处理效率和系统安全性，还为实践教学提供了智能化运维管理等丰富的资源和场景。例如，通过引入自动化监控和智能故障诊断系统，可以实时监测数据中心的运行状态，并预测潜在问题，从而提高系统的稳定性和可靠性。虚拟现实（VR）和增强现实（AR）模拟技术可用于模拟复杂的网络架构和平台，构建虚实结合的教学环境，帮助学生更直观地理解数据中心的操作流程。

（三）推动内容与模式创新，构建动态化培养体系

实习教育需要与时俱进，根据行业和技术的发展趋势，不断更新实习内容、多样化的教学方式以及完善评价体系。特别是在信息技术领域，技术更新换代迅速，实践教学内容必须紧跟行业发展步伐，建立校企联动机制，实时对接行业技术动态，将最新需求融入课程设计。应结合线上学习平台、案例研究和项目式学习等多种方式，丰富学生的实践体验；建立多元化的评价机制，完善“过程 + 结果”多维评价体系，强化学生问题解决与创新思维能力。

面向未来，北京化工大学信息化办公室（信息中心）将持续优化教学方案，积极探索“产教融合 + 技术赋能”的育人新模式，助力培养适应数字化转型的高素质信息技术人才。信息中心将进一步深化与企业的合作，引入更多前沿技术和实际案例，丰富实习内容；同时，利用 VR 和 AR 技术，构建更加沉浸式的教学环境，提升学生的实践体验。此外，信息中心还将加强教师培训，提升教师的实践能力和教学水平，为高校教育教学改革和行业发展注入新动能。本案例通过创新实践教学模式，为高校利用数据中心资源开展本科生培养提供了可复制、可推广的路径，对于推动高校教育教学改革，培养高素质应用型人才具有重要的借鉴意义。

基于校园网测速应用的“教、学、做”三位一体育人模式探索与实践

滕 建 刘 斌

一、案例概述

在信息技术快速发展的背景下，校园网已成为高校教学、科研与生活的核心基础设施。然而，随着用户数量的激增和网络应用的日益复杂，校园网络面临着网络延迟、带宽不足、丢包率高，以及网线质量差、路由器带宽受限等诸多严峻挑战，尤其是在学生宿舍区域，部分学生使用低质网线和路由器，依据“网速木桶理论”，网络链路中最薄弱的环节成为网速的瓶颈，导致网速缓慢，网络体验较差。同时，部分用户缺乏网络基础知识，对信息化工作存在误解和不满，进一步加剧了问题的复杂性。

为有效应对上述挑战，北京化工大学信息中心创新性地开发了一套“以用户为中心”的校园网测速应用系统，并通过实际运营和服务，探索出一种“教、学、做”三位一体的育人新模式。该模式不仅精准解决了网络性能问题，有效提升了校园网络服务质量，还显著提升了学生的实践能力、创新精神和团队协作意识，真正实现了信息技术与人才培养的深度融合，为高校信息化建设与人才培养提供了宝贵经验。

二、主要做法和成效

（一）主要做法

1. 基于用户需求设计开发功能模块

在系统开发过程中，信息中心始终坚持“以用户为中心”的理念，深入调研师生在网络使用中的痛点和需求。通过问卷调查、用户访谈和数据分析，发现用户最关心的问

题包括网络延迟、带宽不足和丢包率高。基于这些需求，设计开发了一套完整的校园网测速应用系统，支持多终端、多场景下的网络延迟、带宽等性能测试。

该系统通过分布式部署，实时采集校园网各节点的性能数据，利用大数据分析技术进行深度分析与可视化展示。系统能够快速定位网络异常原因，并为用户提供详细的使用报告和改进建议。为了方便用户随时查看测速结果和网络状态，打造了简洁友好的网页端和移动端界面。用户只需通过简单的操作，就能获取网络性能的关键指标，并根据系统建议优化网络配置。

在技术实现方面，采用了先进的分布式计算架构，确保系统能够高效处理大规模数据。同时，结合机器学习算法，系统能够自动识别网络异常模式，并预测潜在的网络故障。通过这些技术手段，不仅提高了网络性能的监测效率，还为校园网的优化提供了有力支持。

2. 建立“运维＋服务”一体化保障体系

在系统开发的基础上，建立了“运维＋服务”的一体化保障体系。该体系的核心是以学生为主、以教师为指导的技术支持团队，学生负责系统的日常维护、数据更新和用户答疑，教师负责提供硬件支持、软件功能设计等。通过这种方式，不仅解决了实际问题，还为学生提供了实践机会，让学生在真实的工作环境中锻炼自己的能力。

技术支持团队由来自不同专业、不同研究方向的学生组成，包括计算机科学、网络工程、数据分析等。学生在项目中担任不同的角色，如前后端开发人员、数据分析师、客服工作人员等。通过跨学科、跨专业的合作，学生不仅掌握了各自领域的专业知识，还培养了系统性思考和团队协作能力。

此外，信息中心还定期开展校园网性能优化活动。通过数据分析，提出了一系列改进建议，并将这些建议反馈至信息中心。这些活动不仅优化了校园网的性能，还让用户深入了解了网络运维的实际问题和解决方案。

为了进一步提升用户的信息化素养，信息中心定期发布《校园网运行报告》，向用户普及网络安全知识，提升其对信息化服务的使用能力。通过这些报告，用户可以了解校园网的运行状态，学习如何优化网络配置，提高网络使用效率。

3. 探索综合布线工程验收机制

在校园网建设过程中，综合布线工程的质量至关重要。为了确保新建楼宇的网络基础设施质量，信息中心与学校建设办公室、施工单位协同，设计了《计算机网络》网络测速实验，组织学生志愿者对校内新建成的楼宇的有线、无线信息点进行全覆盖网络测速。例如，在昌平校区第二实验楼及 4 栋宿舍楼的信息点测速中，达标率为 83%。通过这一过程，及时发现、记录、汇总并反馈问题督促整改，保证了学校信息化基础设施建设的质量。

在实验过程中，学生不仅参与了实际的网络测速工作，还学习了综合布线工程的相关知识。通过实践了解了网络布线的标准和规范，掌握了网络测速工具的使用方法，并学会了如何分析测速数据。这些实践经历不仅提高了学生的专业技能，还增强了其对实际工程问题的理解能力。

（二）成效

1. 专业技能提升

在项目需求分析、系统设计、开发测试、运维服务的全流程中，学生全面且深入地掌握了编程语言、数据库管理、数据分析以及计算机网络等多方面的理论知识与技术技能。通过将课堂所学的理论知识切实应用到实际操作中，学生的动手实践能力得到了显著培养与提升。例如，学生章某以实际需求为导向，调研开源案例，学习技术实现，通过搭建网站、开发测速系统进行实践，开阔了技术视野，熟练掌握了前后端开发等技术，以该项目参加中国大学生计算机设计大赛并获得二等奖，还在《中国教育信息化》上发表了论文。

2. 团队协作强化

项目要求学生跨学科、跨专业合作，涵盖前后端开发人员、数据分析师、客服工作人员以及用户等多角色的共同协作。在此过程中，学生学会了从系统性角度思考问题，培养了强大的团队协作能力。学生贾某某是国际经济与贸易专业本科生，因热爱信息技术而投身信息化项目开发，凭借其专业背景，提出富有创意的解决方案，从数字迎新墙项目起步，参与了智慧迎新、北化课表、点对点推送平台等多项信息化项目，不断在做中学、学中做，逐渐掌握了前后端开发、UI 设计等多种技术，构建起契合信息中心需求的技术体系，先后发表中文论文 5 篇，申请软件著作权 3 项，获得国家级大学生竞赛二等奖 1 项。

3. 创新思维激发

学生在项目实践中深刻体会到技术对于学校乃至社会的重要服务意义。学生不仅成功为用户打造了便捷的网络管理工具，还积极投身于校园网优化活动，提出了多项具有创新性的数据可视化解决方案。例如，学生黄某某以教务系统选课卡顿困难为切入点，聚焦 HTTP/2 协议优化，创新实践研发反向代理解决方案，显著提升选课响应效率，并实现全校数字证书的统一管理。在此基础上，进一步构建起覆盖业务监控、容器云平台及机房动环管理的全栈技术体系，大幅提升硬件资源利用率，其相关成果已发表 3 篇学术论文。

三、经验启示

（一）创新育人模式，提升学生综合能力

“教、学、做”三位一体的育人模式巧妙融合了理论与实践，为学生综合能力的提升注入了强大动力。凭借这一模式，学生在专业知识的掌握上越发扎实，实践能力、创新思维以及团队协作意识也得到显著增强，从而为高校人才培养开辟了全新路径，提供了可供借鉴的范例。

（二）协同项目建设，助力提升教学实验效果

多方协同合作是项目成功的关键。信息中心联合校内多部门与团队，构建起高效运转的协同机制，保障项目顺利推进，最大化教育成效。在此过程中，信息中心、建设办公室、施工单位与学生紧密配合，共同攻克“网络信息点多、验收工作量大”的难题，不仅提升了项目实施效率，更为学生创造了丰富多样的实践机会，让理论知识在实际操作中得以转化与升华。

（三）技术赋能教育，普及信息化基础知识

在教育领域，技术的深度融入为信息化基础知识的普及插上了腾飞的翅膀。线上平台的搭建与技术手段的运用，打破了传统教育的时空限制，让宣传教育更加高效、便捷。学生借助校园网测速应用系统，能够随时随地洞察网络性能，轻松学习网络优化知识，切实增强了教育的吸引力与互动性。这种技术赋能教育的创新方式，为教育改革注入了源源不断的活力，有力推动了教育的现代化进程。

面向未来，北京化工大学将持续推进“教、学、做”三位一体育人模式的深化应用，并积极探索信息技术与教育深度融合的新路径。信息中心将对校园网测速应用系统进行进一步优化升级，拓展其功能模块，并引入智能故障诊断、用户行为分析等先进功能。同时，信息中心还将把这一育人模式推广应用于其他信息化项目，为高校信息化建设与人才培养开辟新的思路与方向。通过这种创新的育人模式，信息中心不仅能有效解决校园网面临的实际问题，更能培养出大量具备实践能力、创新精神和团队协作意识的高素质人才，为高校的长远发展和社会的整体进步提供坚实支撑，作出重要贡献。

依托智慧校园建设提升教育服务质量的实践与探索

赵 伟 黄晓一 陈晓娟

一、案例概述

服务育人是高校“三全育人”综合改革的重要组成部分，通过完善校园服务体系、提升服务质量，在解决学生实际问题的过程中融入价值引领，实现知识传授、能力培养与价值塑造的有机统一。其核心在于将育人理念贯穿于校园服务的全过程，通过“润物细无声”的方式促进学生成长。在校区建设过程中，依托智慧校园建设为学生提供舒适的学习和生活环境，提升教育服务质量，从而在服务过程中实现服务育人的目标。在校园建设过程中，学校着力于将新校区建设成全链智慧校园，深入运用5G、大数据、物联网、云计算等新一代信息技术，建设新网络、打造新平台、汇聚新资源、创造新应用、服务新需求，建成高速、泛在、稳定、安全的校园网络，建设集智慧课堂教学、智慧教学资源、智慧管理服务为一体的智慧教学体系，打造融合创新的校园服务管理一体化平台，以加快推进教育新基建为学校教育事业高质量发展注入新动能。

二、主要做法和成效

智慧校园建设通过改善育人环境、优化教学服务、完善生活服务、加强管理服务等方面助力服务育人。

（一）智慧校园技术应用改善育人环境

制定新校区智慧校园建设规划，打造数字转型、智能升级、融合创新的基础设施体系，形成处处能学、时时可学的育人“新环境”。着重从物联网、大数据、人工智能这三大核心技术出发，利用其在智慧校园建设中所发挥的功能。物联网技术是智慧校园建设的基础支撑。通过在校园内部署大量的传感器设备，如环境传感器、设备状态传感器等，实现对校园环境、教学设施等的实时监测与管理。例如，利用物联网技术实现了自动调节教室的温度、湿度，优化教学环境；实时监控教学设备的运行状态，提前进行维护，确保教学活动的正常开展。大数据技术在智慧校园中发挥着关键作用。通过对师生在教学、学习、生活等过程中产生的海量数据进行收集、分析，能够深入了解师生的需求和行为模式。学校可以依据大数据分析结果，为学生提供个性化的学习建议和课程推荐，帮助教师优化教学策略，同时为学校管理决策提供数据支持。人工智能技术为智慧校园带来了智能化的应用体验。

（二）智慧校园建设助力智慧教学服务

将教育新基建与教育教学深层融合，以信息技术赋能人才培养，推动教育数字化变革。打造互动式、智能化、开放型、多样性的智慧教学环境，高标准建设智慧教室238间，提供近2万个座位，满足教学直播、多校区联动、远程互动、研讨交流、延展呈现、点评互动等多种教学场景需要。构建智慧教学系统，基于“互联网+数据化+信息化”，采用系统架构的数字化智慧教学体系，整合远程教学互动、智慧课堂、学情分析等20个子系统，实现从课堂、环境、资源、管理、评估到运维的智能一体化服务。建设智慧课堂，将教学资源、教学服务、教学数据多维深度融合。学校长期以学生为本，设立各种类型的教学环境，搭建不同教学内容的国家级虚拟仿真实验教学中心，从而更好地为实践教学服务，使学生接受沉浸式教育，并提升学生自主学习能力和教师教学能力，推动人才培养模式创新。

（三）智慧校园建设打造智慧管理服务

充分发挥教育新基建推动学校治理能力现代化提升的重要作用，强化数据融合共享，深化管理应用建设，推动管理服务信息化、数字化改革。建设“校园一卡通平台”，运用虚拟卡、移动互联、聚合支付、生物识别等新技术，拓展支持校园消费、身份识别、自助服务等使用场景，为师生提供“无卡化、自助化、线上化、一体化”便捷服务。搭建绿色校园“一平台”。创新打造“物联网+智慧能源管理运控平台”，整合智慧能源、预付费、楼宇自控、路灯集控、电力监控、GIS地理信息六大系统，通过全天候运行监测、数据计量、大数据分析、故障及阈值报警、云端控制、节能策略优化等功能提升运维效率、推动节能降耗；开发报警中心、节能监管、工单报修、掌上充值四大轻应用，便捷师生使用。

（四）智慧校园建设提升管理服务

充分发挥教育新基建推动学校治理能力现代化提升的重要作用，强化数据融合共享，深化管理应用建设，推动管理服务信息化、数字化改革。构建“一站式”服务平台，整合教务、学工、后勤等服务事项，通过线上线下融合的服务大厅，实现“一窗受理、一网通办”。例如，学生通过校园 App 即可完成奖助学金申请、宿舍报修等事务，同时系统自动推送相关政策解读，帮助学生理解制度背后的育人导向。实现管理场景育人，在宿舍管理中嵌入成长要素，在宿舍建设中通过安装无线电子门锁来搭建“智慧公寓”系统，通过分析学生用电、门禁数据，生成个性化成长报告，将作息规律纳入综合素质评价体系。北京化工大学某学院辅导员王某利用大数据分析发现学生连续 3 周未进图书馆且夜间活动异常，系统自动触发预警，及时介入疏导，有效预防极端事件发生。这种管理服务的升级不仅提升了校园运行效率，更通过“管理即教育”的理念创新，将管理过程转化为培养学生规则意识、责任担当和创新能力的育人实践。

三、经验启示

服务育人的本质是通过“服务”搭建师生互动的桥梁，使教育从单向灌输转变为双向成长。未来需进一步强化服务的教育属性，构建全员参与、全过程覆盖、全方位协同的服务育人新格局。

（一）在智慧校园建设中实现教育与技术的融合

智慧校园的成功不仅仅取决于技术的应用，更需要教育和技术的有效融合。教育者和技术专家之间的密切合作至关重要，以确保技术真正服务于教育目标。学校服务国家教育数字化发展大局，强化顶层设计，前瞻性制定智慧校园建设规划，按照组织管理、基础架构、技术路线、信息标准“四个统一”原则，超前布局建设网络基础设施、系统打造 7 个智能控制中心，归集各类教育资源及数据，推进教育要素、教育业务、教育场景全面信息化，构建学校人才培养、科学研究、服务管理等高质量发展的信息化创新支撑体系。

（二）整合技术资源，实现线上线下教学有机融合

丰富线上课程资源库。鼓励教师录制高质量微课程、精品在线开放课程，涵盖各学科知识点，满足学生多样化学习需求；同时引进优质外部课程资源，扩充资源储备。优

化线上教学平台功能：确保平台具备流畅直播、互动答疑、作业提交批改、学习数据记录等功能，提升线上学习体验；加强平台稳定性维护，保障教学活动顺利开展。技术专家专注平台功能开发与技术维护，教育者从教学使用角度提出功能优化建议，双方合作让平台更契合教学实际。设计合理的线下教学环节：结合线上知识学习，规划线下实践、讨论、项目式学习等活动，促进学生知识内化与应用；教师在现场提供指导，及时解决学生问题，强化学习效果。教育者主导线下教学环节设计，技术专家提供技术辅助，如利用智能设备辅助教学评价，提升线下教学的效果与效率。

（三）搭建沟通桥梁，促进家校深度合作

建立覆盖招生、培养、就业的全生命周期管理系统，实现与学生有关的业务流程在线办理。打造功能完备的家校沟通平台，建立智能预警系统，构建学生成长画像数据库，通过学业成绩、行为轨迹、消费记录等多维度数据分析，建立学业预警、心理危机、经济困难等智能识别模型。平台应具备学生信息发布、成绩查询、家校即时通信、在线家长会等功能，方便教师与家长及时交流学生在校情况；保障平台信息安全，确保数据准确传递。创新家长参与教育活动形式：除线上家长会、校园开放日直播外，探索家长线上课程分享、远程指导学生实践活动等形式，让家长深度参与学校教育教学过程；收集家长反馈意见，不断优化活动形式与内容。

多维度视域下的学校育人空间建设研究与应用

赵　伟　李素锋　陈晓娟

一、案例概述

教育信息化2.0提出要以当前主要的信息技术为基础，积极开展智慧教育创新研究和示范，加快推动教育模式变革，而构建以信息技术为支撑的智慧学习环境是发展智慧教育的必要条件。北京化工大学昌平新校区在建设过程中始终以智慧学习环境建设为目标，从多空间融合的角度，融入信息时代师生对智慧学习环境的需求，搭建互联网、大数据以及教育背景下数智化校园时空教育资源共建共享与创新应用模式。深入研究数字化、信息化、智能化信息技术与教学时空、教学资源的多样化深度融合与实践应用，达到提升人才培养质量创新高度。坚持将“美观、实用、可持续”的信念，融入“以学生为本”的教学理念之中。昌平新校区教学楼、图书馆、实验用房等是学校的教学活动中心，是以学生自主、互动、研讨式为特征而搭建主动学习生态教学场所。在建设中打造了“智能设备—智慧空间—智慧教学”三位一体的创新型教学数智学习空间，激发了学生的学习兴趣，提高了“教与学”的水平和质量。

二、主要做法和成效

针对“互联网 + 大数据 + 数智融合”背景，提升数智学习环境，高标准建设多模态教学环境，构建高校优质数智化校园学习空间进行探索与应用，主要有以下几种做法。

（一）高校重要公共学习空间——数智教学楼建设

北京化工大学教学楼的建设着眼为师生创造更多的交流学习空间，在每层设计了公共交流空间，方便师生在课间或课下进行交流。目前昌平校区高标准建设智慧教室238间，提供近 2 万个座位，满足教学直播、多校区联动、远程互动、研讨交流、延展呈现、点评互动等多种教学场景需要，打造互动式、智能化、开放型、多样性的智慧教学环境。其中，第一教学楼总建筑面积 3.32 万平方米，主要功能为阶梯教室和各种规格的普通教室，是为全校师生提供校系基础课、公共课进行大、小班授课的教学场地。其中教室设置为 30 座、60 座、90 座、120 座、180 座 5 种规格。第二教学楼为公共教学楼，面向全校师生，提供校系基础课、公共课进行大、小班授课的教学场地，由普通教室、阶梯教室、报告厅组成，包括 450 座、210 座、105 座、75 座、50 座 5 种规格的教室，其中 14 间为智能智慧环境教室。

该项目将基于 5G、云计算、人工智能等新一代信息技术，进一步打造物联化、智能化、感知化、泛在化的新型学习空间，实现师生之间、学生之间、学生与资源之间的多重交互，支持自主探索、多重交互、情境创设、合作学习、资源共享等多方面要求的新型学习方式，充分调动学生主动性、积极性，提升课堂认知投入，引导学生产生高级思维活动，使课堂的教学结构发生根本变革，学生创新精神与实践能力的培养落到实处。

（二）高校重要公共学习空间——数智图书馆建设

图书馆项目总建筑面积为 49445 平方米，地上 6 层，地下 1 层（局部 2 层）。其中，地上建筑面积为 39845 平方米。地下建筑面积为 9600 平方米，图书馆单体建筑面积为北京市第一。图书馆部分设计藏书 100 万册，阅览座位 5000 个，主要功能包括：藏书区、阅览区、研讨区、视听空间、创客空间、教师阅览区、24 小时自习区、化大文库等。

研讨空间。图书馆共设计 117 间研讨间，包括 14 间教授研讨间，配有会议桌及触控一体机等设备，研讨空间采用网上预约无人值守门禁式管理，方便师生交流讨论。阅览空间：图书馆的设计根据开放式阅览的概念，采用大开间通透式设计，不设隔墙，最大限度地增加有效利用面积。RFID 智能化管理：根据图书馆的藏书量，RFID 加工文献近 100 万册、层架标 32366 个。三、四层阅览书架共计 800 节，采用较经济的方法全部实现了智能监测，全国首创。全部馆藏书籍实现自助借还。新书展示架可以实现自动上下架、自动盘点，对书架上的图书实现全自动管理。图书馆是高校里重要的公共学习空间，为学生提供自主学习服务。数字图书馆线上平台海量的数字资源、快捷方便的借阅形式等，丰富多元的阅读体验，充分激发学生的阅读兴趣，提高阅读效率，并有效提升学生综合素养。

（三）高校重要公共学习空间－数智型实验室建设

运用物联网、大数据、云计算、人工智能、数字孪生等先进技术，构建现代化数智型实验室。结合国家产业政策，融合产品、技术、生态三大支柱，通过创新数智技术打造安全、稳定、绿色、高效的智慧实验室。在数智化实验室研究中重点研究基于化工化学特点的智慧科研实验室建设，在实验室布局方案充分体现以人为本理念，采取人性化考虑。智慧实验室建设的主要目的是推动实验室检测高效率、高效益、高质量发展。在发展建设过程中，综合利用传感技术、控制技术以及互联网技术、大数据技术、人工智能技术、自动控制技术、机器人技术等先进技术和网络及计算机开发工具，构建在一定程度上能够感知实验室人员心理、语言或行为诉求并自动实现这些诉求的现代化实验室。

新校区第一实验楼项目总建筑面积为 6.08 万平方米。地下 1 层，建筑面积为 1.26 万平方米；地上 4 层，建筑面积为 4.82 万平方米。地上主要为各学院教学实验室及辅助用房。该建筑包括化工学院、材料学院、机电学院、信息学院、理学院、生命学院、文法学院和经管学院的教学实验及附属用房，共有各类型房间 350 间。实验室用房依据各学院需求设置特大、大、中、小型等不同规格的实验室，单间实验室面积在 60~240 平方米，并配备相应的实验准备室等辅助空间，辅助用房面积在 15~30 平方米，通过合理的设计能够保证各学院的教学实验顺利开展。新校区工程训练中心项目建筑面积 1.22 万平方米，建筑由高度和宽度各不相同的体量组合而成，总体轮廓呈梯形，由东侧单层大空间部分及西侧 4 层教学实验室组成。该项目主要由金工实习基地和工程实践基地 2 部分组成，根据教学实验需求建设单层大空间部分及西侧 4 层教学实验室。

三、经验启示

北京化工大学以新校区建设为契机，大力实施教育新基建，深入推进教育数字化，以教育数字化转型为背景，构建高校优质数智化校园学习空间的研究与应用，主要有以下几点经验启示。

（一）顶层设计，超前布局

学校服务国家教育数字化发展大局，强化顶层设计，前瞻性制定数智校园建设规划，按照组织管理、基础架构、技术路线、信息标准“四个统一”原则，超前布局建设网络基础设施、系统打造 7 个智能控制中心，归集各类教育资源及数据，推进教育要素、教育业务、教育场景全面信息化，构建学校人才培养、科学研究、服务管理等高质量发展的信息化创新支撑体系。

（二）需求导向，应用为王

学校紧密围绕人才培养和学科建设需求，始终把满足师生需求摆在突出位置，从业务应用角度推进教育新基建。坚持以教师和学生需求为依据，建设多种类型的智慧学习空间，以应用驱动网络基础设施、业务运行平台和数据资源平台建设，驱动新基建与教育教学、科学研究、管理服务有机融合，切实推进教育数字化发展。物理空间作为智慧学习环境中开展正式学习的重要场所，设计良好的物理空间能够提升学生的课堂参与度，促使学生愉悦、投入地学习。物理空间既为社交空间中的学习共同体提供教学环境支撑，同时也将物理空间中采集的数据传送至资源空间。

（三）统筹兼顾，科学建设

社交空间是智慧学习环境中用户群体之间关系的总和，通过各类活动和相互交流建立，包含物理空间互动和资源空间互动。在校园学习空间建设中，智慧教室、图书馆、教学实验楼、运动场等各个建设系统的所有计算、功能模型由多张数据流图组成，最终形成的直观三维模型，打破以往二维图纸的模式，对建设数智型教学环境起到很好的支撑作用。统筹校园基本建设与新基建，推动线上线下融合发展；统筹存量与增量设施，兼顾软硬件的先进性、成熟性和可拓展性，科学迭代升级，避免重复建设。

数字身份联通服务育人最初一公里

云桂桂　杜　彬

一、案例概述

习近平总书记提出，要构建一个“人人皆学、处处能学、时时可学”的全民终身学习体系，预示着教育方式、环境和对象将迎来根本性的转变。数据资源共享是突破“信息孤岛”的基础工程，更是实现精准教育治理、促进优质资源均衡配置的核心路径，对构建高质量教育体系具有双重战略价值。数字身份作为个体在数字世界中的唯一标识，是联通各项资源的桥梁，打通育人服务的最初一公里，是教育数字化转型的战略支点。其通过重构管理流程、促进教育公平、赋能科学决策、保障安全可信、激活协同创新及支撑未来场景，推动高等教育从“规模化”向“高质量”跃迁，随着技术演进，数字身份将持续深化教育生态的开放性与包容性，成为智慧社会的重要基础设施。

北京化工大学建设了统一身份认证平台为全校师生提供唯一的数字身份，为全校业务系统提供认证服务。目前已有近 100 个系统接入服务，基本辐射全校关键业务系统，实现了校内一账密全网通行。同时对接了教育部身份共享联盟，通过跨域身份认证实现与城市公共服务体系更紧密地融合，全方位、多层次助力学生成长。同时以数字身份为枢纽核心，纵向贯通校内育人场景，横向融合校外资源网络，构建从“大水漫灌”向“精准滴灌”的育人服务体系。

二、主要做法和成效

（一）建设统一认证平台，以点带面纵向辐射全校服务育人场景

北京化工大学自启动统一身份认证平台建设以来，始终秉持“以点带面、纵向贯通”的战略路径，逐步构建起覆盖教学、管理、服务全场景的数字化育人生态。该平台

以身份认证为核心支点，实现了从基础服务到核心业务、从行政管理到育人体系的深度重构，形成纵向贯穿学生全生命周期的服务体系。

平台建设初期聚焦数字校园基础框架搭建，通过统一身份认证打通上网认证、办事大厅、VPN 等公共服务系统以及人事、财务、资产等职能业务系统。原需多账号登录的要求，通过统一认证之后，只需一次登录，实现"一次认证、全网通行"，使师生事务办理效率显著提升。随后平台深度整合教务管理系统、研究生管理系统、科研系统及第二课堂系统等，构建"教—学—研—践"一体化数字空间，全方位助力学生学业服务。同时通过反向代理、Restful 接口等方式，重点优化支持校外远程访问教务系统、图书馆、在线课程等资源，使师生能够突破地域限制，消除空间壁垒，共享优质教育资源。

经过持续优化迭代，北京化工大学统一身份认证平台已发展成为支撑智慧校园运行的神经中枢。平台日均处理认证请求突破 4 万次，并支撑保障迎新季、选课周等业务高峰期的服务稳定性。作为师生在校的唯一数字身份标识，数字身份不仅重塑了校园育人服务形态，更在深层次上培育了新一代数字公民素养。学生通过数字身份参与各类投票（如食堂菜品评选）、监督（服务评价）、问卷调查等，塑造学生与校园的责任共同体。

（二）从线向片横向发展跨域身份认证，构建"校园—城市"联动的育人新场景

目前师生能够凭借学校的"数字身份"在校园内畅行无阻，轻松访问和使用各类校内资源。然而，在涉及校外资源的共享时，由于缺乏统一且权威的身份认证机制，高校与外部系统之间的点对点跨域数据交换和身份认证不仅需要双方投入大量资源进行对接，还可能面临较大的数据安全风险。为了解决这一问题，北京化工大学加入了教育部身份共享联盟，利用统一身份认证平台实现了与联盟内第三方应用和数据资源的无缝对接，且师生数据不出校，通过跨域身份认证和数据共享，高校能够与城市公共服务体系更紧密地融合，多层次服务学生成长。

以北京市政一卡通的集成为例，北京化工大学通过与教育部身份共享联盟的合作，成功完成了与北京市政一卡通系统的跨域身份认证，实现了师生线上即时办理电子学生卡 / 教工卡的功能，目前已有超过 1 万名学生开通了电子公交卡。在此基础上，借助跨域身份认证和北京市政一卡通 NFC 平台，北京化工大学快速实现了全校园的无接触的校园消费支付和门禁认证功能。在食堂等高峰时段，使用 NFC 校园卡支付的平均速度比传统刷卡方式快约 30%，显著提高了就餐效率。目前有 5000 多人开通了校园卡 NFC 支付

功能，日均超过1200人次使用NFC支付。

北京化工大学与北京市政一卡通系统的跨域认证实践，构建起了“校园—城市”联动的育人新场景。通过对接教育部身份共享联盟，将数字身份权限扩展至城市公共服务领域，该案例获得2024年高校数据共享应用平台“一校一例”优秀案例，使学生在享受技术便利的同时，自然完成从“被动受助者”到“主动参与者”的社会化转型，为培养具有数字素养、公共意识与城市归属感的新时代公民提供了创新路径。

（三）推进育人服务模式从“大水漫灌”向“精准滴灌”转变

数字身份将离散数据转化为教育智慧，推动服务模式从“大水漫灌”向“精准滴灌”跃升。基于数字身份的基础数据和行为数据形成了个人的多维度成长档案，学校建设的学生个人数字档案汇集了个人基础信息、学籍信息、成绩信息、财务信息、资产信息、第二课堂信息等，学生通过个人数字档案实现自我管理和评价，及时发现自身不足，主动制订改进计划，驱动自我进化意识。

基于身份标签实现千人千面的服务供给，建设的融合信息门户界面采用“核心模块+智能插件”的微服务架构，实现服务要素的动态重组，其中教工页面突出行政办公核心功能，首页聚合待批公文、待办事项、待阅公文、待读邮件等模块。学生页面以学业发展为主线，集成了学生相关的网站通知、待办事项、业务系统等模块，特殊时期提供迎新专题、离校专题等模块。同时个人可订阅自身关注的网站和资讯，平台根据每个人的设置，提供个性化的门户服务。通过融合门户节约师生信息检索时间，提高跨部门业务的协同效率，更深远的是学生在持续获得精准服务的过程中，逐步形成数据思维与资源整合能力。

三、经验启示

（一）需要顶层设计，构建数字身份底座

数字身份是智慧校园的“数字基因”，是学校整体数字化转型的战略支点，其建设需突破单一技术工具定位，从学校数字化转型的战略高度进行系统性谋划，立足建立“身份即服务（IDaaS）”体系架构，确保平台支撑能力、弹性可扩展能力，同时注意强化数字身份数据治理，实现多人员身份的精细化管理，为实现细分服务育人场景授权提供可靠的数字身份标签。

（二）需要分层推进，逐步辐射育人服务全链条

在数字身份体系建设中，采用“三阶递进、分层突破”的实施策略，逐步构建起全域覆盖、深度渗透的数字身份服务网络。该策略以用户需求为导向，以技术能力为支撑，以价值创造为牵引，形成“筑基—固本—拓维”的良性发展闭环。筑基阶段聚焦高频刚需场景，优先实现统一认证与上网认证、数字校园、办事大厅等公共基础服务的贯通，构建数字化生存的最小可行产品，快速建立用户信任，培养用户数字身份意识。在基础服务成熟后，纵深推进人事、财务、资产、教务、科研五大核心业务系统的深度整合，打造数字化生存的“刚性依赖场景”，锁定用户黏性。以前两阶段积累的数据资产与用户黏性为支点，将数字身份能力辐射至全员育人体系。通过“基础服务培养习惯—核心系统建立依赖—育人场景创造价值”的螺旋式演进，数字身份已从技术工具升维为校园数字化转型的核心操作系统，为智慧教育生态建设提供了可复制的实施范式。

（三）需要提升信息素养，构建人技协同发展新范式

数字身份体系的深度应用和智慧校园建设的持续推进，要求师生信息素养必须与技术创新保持动态适配。通过网站、讲座、宣传册等多渠道着重开展数字工具通识培训，消除用户对新技术的陌生感和抵触情绪，并且帮助师生了解和掌握数字身份系统的基本操作及优势，使师生逐步转变为智慧校园共建者，推进数字基因与育人主体的双向赋能。

数智赋能，精准育人：网上办事大厅赋能志愿服务活动育人实践

杨宏伟　朱海涛

一、案例概述

志愿服务活动是高校育人的重要载体，对学生综合素质提升具有显著作用。大学生参与志愿服务活动，既能深入了解社会需求，增强社会责任感，又能提升团队协作能力、领导能力、沟通能力和创新思维，为未来职业发展奠定坚实基础。随着数字赋能在高校学生育人工作的深入，北京化工大学在推进志愿服务活动育人体系建设中面临一些问题和挑战。

第一，数据整合与智能匹配不足。目前，志愿服务活动存在明显的“数据孤岛”现象，各环节数据缺乏有效整合与共享。由于缺乏智能匹配算法，岗位需求与志愿者资源的对接仍依赖人工核验，效率低下且容易出错。例如，在某校暑期实践活动中，因数据不互通、匹配不精准，多支团队重复申报同一社区服务项目，导致资源浪费和管理混乱。这些问题反映出招募与对接效率低下、资源配置不合理以及校内外协同合作困难等深层次矛盾，严重制约了志愿服务活动的规模化和常态化发展。

第二，志愿者能力培养的数字化赋能缺失。志愿者能力培养环节未能充分利用数字化手段并且交流互动手段单一，缺乏线上互动平台和个性化学习路径指导。志愿者无法获得基于数据驱动的个性化成长图谱，能力培养的数字化穿透力不足，难以满足不同志愿者的多样化需求，不利于其成长与发展。

第三，评估机制的数字化转型滞后。评估机制未能充分融入数字化元素，未能利用数据分析实现精准、多元的评价，难以充分调动学生积极性。同时，志愿组织队伍建设尚未借助数字化工具实现规范化管理，服务水平参差不齐，影响了整体发展。

二、主要做法和成效

网上办事大厅作为学校数字化服务的核心平台，通过低代码技术实现了前端表单通过拖拉拽便可以快速轻松搭建各类业务流程。同时，平台通过数据魔方，使其组织架构、干部数据、学生数据能够直接与数据共享中心以及其他业务系统对接，既实现了数据的自动填报和实时共享，同时实现了流程审批灵活指派，极大地提升了管理效率和协同能力。在此基础上，网上办事大厅在志愿服务活动的组织管理、能力培养、评估机制以及育人模式创新等方面发挥了关键的数字化赋能作用。

（一）主要做法

1. 数字化平台助力志愿服务活动全过程育人

网上办事大厅通过数字化手段全面赋能志愿服务活动的全过程管理。在信息发布阶段，平台主动线上发起志愿服务信息，确保学生第一时间获取最新动态；在报名参与阶段，学生可以通过平台轻松完成报名手续，无须奔波于各个部门之间；在活动过程阶段，平台协助组织者进行人员数量自动统计调配、物资准备等工作，确保活动顺利进行；在效果评估阶段，平台收集学生的反馈意见和活动数据，分析总结志愿活动开展情况和效果，为持续改进提供依据。通过这一系列数字化流程，平台不仅提高了志愿活动的效率和透明度，还为学生提供了便捷高效的参与途径，帮助他们培养良好的职业素养，如时间管理、任务执行、意见反馈等，为未来的职业生涯打下坚实基础。

2. 数据赋能，个性化成长

网上办事大厅通过数据赋能，实现了对志愿服务活动的精准管理和个性化支持。平台利用数据魔方技术，为每位志愿者生成个人数字画像，驱动个性化成长图谱的生成，从而增强能力培养的数字化穿透力。通过分析志愿者的参与数据、技能特长和兴趣爱好，平台能够为他们精准推荐适合的志愿服务项目，满足不同志愿者的多样化需求，助力其成长与发展。同时，平台为活动组织者收集实时数据反馈和评价，辅助他们及时调整活动形式和内容，优化资源配置。学校层面则可以通过数据分析，解决学生志愿活动不均衡、类型单一、组织效果差等问题，实现活动效果的动态跟踪和精准管理。

3. 完善大学生志愿服务的评估机制

评价体系借助数据魔方不仅从服务时长、服务质量等维度进行量化评估，还结合志愿者的个人成长数据，提供全面的综合素质评价。平台通过记录德智体美劳“五育”维度，全面记录个人成长，大学生可随时查看本人实时分数、得分细则，真正做到对个人成长过程可管理。这些多元化、真实且有效的反馈数据，成为志愿服务组织自我审视与改进的宝贵资源，进一步完善了大学生志愿服务的评估机制，实现了对志愿服务活动从策划到执行的全链条监控，确保每一步都能得到精准的数据支持与分析。

4. 创新和优化志愿服务活动育人模式

平台在志愿组织过程中通过低代码技术为大学生志愿服务活动提供了一个自我管理、自我建设的实践舞台。志愿活动组织的学生在运作管理中，从策划到执行的每一步都需要细致部署，首先通过座谈、北化问卷和企业微信等方式对志愿参与者实际需求和操作习惯进行调研，然后持续优化平台功能和界面设计，如确认每个控件放置位置的合理性，文案表述清晰无歧义；反复测试多个表单中所关联的数据是否对应唯一数据源以及自动检验统计；对电话、身份证等敏感信息进行脱敏处理，最终数字化网上办事大厅成为大学生志愿服务的重要载体。这个过程不仅提升了志愿活动组织者的项目管理能力，也锻炼了问题解决与团队协作能力，激发了他们的主人翁意识和参与热情。学生工作办公室根据平台所采集的数据设计第二课堂五育雷达图，打造个人成长五育画像，精确分析成绩数据，精细预警成绩提醒，精准推送活动信息，助力学生成长为有责任、有能力、有情怀的高素质人才。

（二）成效

在志愿服务活动数字育人中，信息中心定期通过信息化项目对平台功能进行优化迭代，每学期协同团委、各学院对大学生志愿组织队伍进行志愿活动培训。经过 3 年实践（2021—2024 年），20 多个版本迭代和优化过程，实现了大学生志愿组织队伍对活动的自管自建，已形成多维度育人效应。截至目前，平台注册志愿者达 4.2 万人，服务项目 1895 个，年均服务时长突破 50 万小时。

1. 激发主人翁意识与参与热情

网上办事大厅的自管自建模式赋予了大学生高度的自主权和责任感。学生不再是被动的参与者，而是活动的策划者和管理者。这种角色转变激发了他们的主人翁意识，使他们更加积极主动地参与到志愿服务活动中。通过自主策划和组织活动，学生能够更好地理解志愿服务的意义，增强对社会的责任感，从而提升参与热情。

2. 提升项目管理与问题解决能力

在志愿服务活动的策划与执行过程中，学生需要面对各种实际问题，如资源调配、人员组织、时间安排等。网上办事大厅作为一个数字化管理平台，为学生提供了高效的工具支持，帮助他们更好地规划活动流程、协调各方资源。通过实践，学生不仅能够提升项目管理能力，还能在解决问题的过程中培养创新思维和应变能力，这些能力对于他们的未来发展至关重要。

3. 提升学校社会影响力

从大型赛事的志愿活动，如冬奥会志愿服务、“一带一路”高峰论坛志愿服务到社区志愿活动，如昌平社区绿色环保志愿服务、法律援助团队化解社区矛盾志愿服务等，平台赋能的志愿活动社会影响力持续扩大。所构建的“需求识别—智能匹配—过程控制—价值转化”数字化育人模型被《中国高等教育》专题报道，研制的《高校志愿服务数字素养评价指标体系》获教育部人文社科项目立项。正如《光明日报》评论指出，北京化工大学这一实践“重新定义了新时代劳动教育的实施范式”，其形成的“服务学习双螺旋”理论为高等教育数字化转型提供了方法论样本。

三、经验启示

数字化平台与志愿服务相结合是高校学生育人工作的重要发展方向。网上办事大厅整合志愿服务资源，打破信息孤岛，实现了志愿服务活动的全流程数字化管理，提升了组织效率和育人效果。高校应积极探索数字化技术在育人领域的应用，创新志愿服务形式，推动育人模式转型升级。

数据驱动的管理模式是提升志愿服务育人质量的关键。网上办事大厅通过数据融合和多元化反馈渠道，为志愿服务活动的评估与激励提供了有力支持。高校应进一步加强数据平台建设，利用数据分析优化育人流程，确保志愿服务活动的高质量开展。

志愿服务队伍建设是提升育人质量的重要保障。网上办事大厅为学生提供了参与志愿服务管理的机会，锻炼了他们的组织策划能力和团队协作能力。高校应注重志愿服务队伍的培训与管理，通过完善激励机制、加强专业培训等方式，提升志愿者的服务水平和综合素质，为学生提供更优质的实践平台。

做中学、学中思、思中创：基于共享数据平台的服务育人实践

刘淑梅　云桂桂　尚　颖

一、案例概述

中共中央、国务院印发的《中国教育现代化 2035》明确指出，要充分利用现代化技术加快推动人才培养模式改革，强调全面发展理念与多方面能力培养。“做中学、学中思、思中创”是一种强调实践、思考与创新相结合的学习和成长理念。它体现了从行动中学习、在学习中思考、在思考中创新的循环过程。

共享数据平台作为教育现代化的技术支撑，能够将多维数据整合、真实场景实践和智能化应用，服务于创新人才培养，为其提供资源支持、实践载体和持续驱动力。本案例聚焦于探索数据平台建设与大学生创新创业项目的深度融合。学校的共享数据平台采用华为沃土数字平台解决方案，并搭建华为自主研发的分布式关系型数据库 GaussDB，依托云原生、大数据等先进技术，构建了智能化、高效化的企业级数据底座。借助信息类专业学生在算法设计、模型构建等方面的专业优势，搭建“真实数据 + 技术实践”的创新场景，组织学生团队基于学校实际业务数据，运用机器学习、数据挖掘等先进技术，开发具有实用价值的分析模型，并将其研究结果应用到学校数据平台。这种模式使学生能够在真实数据环境中有效锻炼创新实践能力，提升解决复杂问题的综合素养。

二、主要做法和成效

依托 2024 年北京化工大学大学生创新训练项目“化危为机——数字化精准思政协同平台”，以共享数据平台为基础，对项目组成员进行“做中学、学中思，思中创”的育人实践。

（一）做中学——炼真知：在项目实践中提升理论知识学习能力

学校建设的共享数据平台经过多年的持续投入与优化，已成功沉淀了超过 1 亿条有效数据，为学校的教学、管理和科研等领域的数字化转型提供了强有力的数据支撑。在数字化时代，数据已成为推动社会发展的新质生产力，其价值不仅体现在对现有业务的优化上，更在于为创新实践提供了真实的应用场景。信息学院的学生团队正是依托这一平台，开展了“化危为机——数字化精准思政协同平台”创新项目，充分利用数据资源，探索数据驱动的创新实践。

在项目实施过程中，学生团队基于对共享数据平台的深入理解，从中提取了与学生培养密切相关的核心数据项，包括本科生学籍基本信息、图书借阅流水数据、图书馆进出记录、校门通行记录、校园楼宇进出数据、宿舍门禁记录、一卡通消费流水以及班车预约乘坐流水信息等。团队特别选定了 2024 年上半年 2022 级本科生的明细数据作为分析对象，聚焦于学生的学习行为、生活轨迹和消费特征，开展深度数据分析。通过对多维度数据的整合与挖掘，学生不仅能够直观地观察到数据背后的规律，还能将课堂中所学的大数据技术的体系架构、数据库管理与调优等理论基础知识具象化。这种理论与实践紧密结合的学习方式进一步加深对理论知识的掌握与理解，提升了学习效果。

参与该项目的学生在项目过程中表现优异，并且在“数据库原理”“数据仓库与数据挖掘”等专业必修课程上取得均分位居教学班前 20% 的优秀成绩，充分体现了项目对学生综合能力提升的显著成效。

（二）学中思——启智慧：在项目实践中培养独立思考能力

在学校共享数据平台的支撑下，信息学院学生团队在项目实践过程中，不仅实现了对海量数据的深度挖掘与分析，更在实践过程中培养了独立思考能力。这种能力的提升主要体现在对以下几个方面的思考。

坚定民族自信：北京化工大学共享数据平台采用全栈国产化设备，学生在项目实践中亲身体验到我国科技发展的进步，深刻理解技术自主化对国家安全和发展的战略意义。这种实践增强了学生的民族自信心，激发创新意识，坚定其投身国家科技自立自强事业的决心。

推动技术改进：在项目实践中，学生需要根据不同的数据类型和分析目标，灵活选择并优化数据分析方法。此外，对分析结果的反思与改进也是培养学生独立思考能力的重要环节。数据分析并非一蹴而就，学生在初步得到分析结果后，需要结合实际情况进行反思，判断结果的合理性与实用性。例如，在对学生的生活轨迹进行分析时，学生首先要明确数据分析的目标，并思考哪些关键因素可能影响其行为特征；在实际分析中，可能会遇到异常数据或与预期规律不符，这时学生就需要独立思考，重新审视分析目标的合理性与可行性，追溯数据来源，调整分析方法，甚至重新定义问题。这种持续的反思与优化过程，更是培养学生批判性思维和独立思考能力的重要途径。

恪守严谨的态度：面对平台中沉淀的1亿多条有效数据，学生需要从庞杂的信息中提取与自身研究目标相关的核心数据项，如本科生学籍信息、图书借阅记录、校园消费流水等。这一过程要求学生具备敏锐的数据洞察力和踏实严谨的态度，能够独立思考并明确分析方向，从而将复杂的数据场景转化为可研究的具体问题。这种细致入微的工作态度，为学生未来的学术研究和职业发展奠定了坚实基础。

通过项目实践，学生不仅掌握了数据挖掘与分析的核心技术，更在真实的数据场景中得到了充分锻炼，提升了解决复杂实际问题的能力，突破了单纯依赖理想化数据进行理论研究的局限。例如，学生丁宁在项目中表现突出，同时在“大数据技术基础实验”课程中积极协助老师完成实验环境搭建、试错与重构等工作。相较于项目初期实验能力不足、理论成绩与实验成绩不均衡的情况，丁宁在项目中的成长充分展现了项目对学生综合能力提升的显著成效。

（三）思中创——领未来：在项目实践中激发创新能力

创新源于思考。通过思考，打破固有的思维模式，尝试从不同的角度看待问题，从而找到创新的突破口。在项目实践过程中，项目组成员经过实践训练跳出了纯粹理论学习、纸上谈兵的局限，打破了“真空训练”的困局；从实际生产环境的真实数据入手，以实际生产应用做牵引，从模拟训练走向实际战场，重构“学用转化”路径，实现了针对复杂工程问题建立数学模型并求解的目标。

例如，经过数据分析并结合实际需求，构建了“消费特征＋家庭经济＋日常表现”的多维度贫困生识别模型，通过与传统认定方法相结合，提高贫困生认定的准确性和科学性。将贫困指数作为常态化统计分析维度，建立完善的消费行为监测体系。构建学生消费标签系统，实现消费特征的精准刻画；建立分级预警机制，实时追踪异常消费群体，对极端消费行为及时干预；依托学校部署的帆软可视化平台，定期生成消费分析报告，为学校管理决策提供科学可靠的数据支撑。

通过这一创新实践，学生不仅掌握了数据挖掘的核心技术，更在真实的数据场景中锻炼了解决复杂问题的能力，为未来的职业发展奠定了坚实基础。这一项目也充分证明了共享数据平台在推动学校数字化转型和学生创新能力培养中的重要作用。

三、经验启示

（一）强化顶层设计，构筑服务育人数字基座

整合优化学校现有数据资源，建立跨部门、跨系统的共享数据平台，通过构建标准化、可持续的数据基础设施，为精准育人提供全量数据支撑，释放数据价值对育人场景的赋能作用，实现数据资源的集约化管理和高效利用。

（二）产教融合，协同创新，打造智慧育人新范式

创建“真实业务场景 + 技术创新实践”的沉浸式育人模式，让学生在实际业务中开展研究，培养其算法设计、模型构建及解决复杂问题的能力。完善双创联动的协同育人机制，将共享数据平台建设与大学生创新创业项目深度融合，激发学生的创新潜能，形成“技术创新—应用转化—能力提升”的良性循环，同时为学校信息化建设注入新鲜活力。

（三）创新数据应用场景，提供可复制的实施路径

本案例所展现的实施范式，具备高度的可复制性与适应性，能够灵活延伸至众多多元化应用场景中，如在创新创业活动中开展学生第二课堂评估体系研究，或是作为课程设计的内容研究图书馆资源优化分配等。这一系列应用为探索服务育人的新模式提供了极具参考价值的示范路径。

搭建师生沟通桥梁，优化校区育人环境：企业微信助力服务育人

赵丽爽　滕　建

一、案例概述

在习近平总书记关于培养德智体美劳全面发展的社会主义建设者和接班人的重要指示，以及健全“三全育人”体制机制的要求下，服务育人的重要性愈发凸显。北京化工大学积极响应党的号召，探索并创新服务育人的新模式、新方法。面对数字化转型的机遇与挑战，北京化工大学引入的企业微信平台，在北京化工大学服务育人工作中发挥了核心作用。它成功搭建了师生间的沟通桥梁，有效解决了传统校园管理模式下沟通不畅、信息传递延迟的问题，确保学生不再错过重要通知，教师也能及时洞察学生需求，进而促进教学活动的顺畅进行。同时，该平台整合了校园服务资源，简化操作流程，为学生提供了统一、便捷的移动端门户服务，无论是图书馆资源查询、校园设施报修还是行政事务办理，都大大减少了学生的奔波之苦，提高办事效率。此外，企业微信平台创建课程群，提升了课程管理的现代化水平，避免信息混乱和遗漏，增强了师生间的互动与学习效果。企业微信平台为全校师生提供优质的校园服务，不仅可以保障师生学习、工作和生活，还传递了正确的价值观，促进学生成长成才。

二、主要做法和成效

（一）主要做法

1. 即时通信：精准沟通，答疑解惑

（1）师生通讯录的整合与优化。

为解决信息孤岛问题，北京化工大学组织对信息技术感兴趣的学生参与优化工作，在学校技术团队和教师的指导下，学生们借助企业微信开放接口，开发与数据中心及各业务系统对接的通讯录同步程序，实现了通讯录信息的每日自动更新，有效删除了12.2% 的无效成员，提升了平台可靠性。

在通讯录同步稳步推进时，企业微信接口迎来更新，原有的通讯录同步程序部分功能无法正常运行。面对这一挑战，学生们主动深入研究新接口文档，仔细剖析接口更新后的变化，对原程序进行针对性调整。他们重新编写代码，让程序适配新接口，成功解决接口更新带来的问题，保障了通讯录同步工作的稳定进行。在这个过程中，学生们的技术能力得到进一步锤炼，面对突发技术难题时的应变能力和自主解决问题的能力也显著增强，再次凸显企业微信平台在育人实践中的积极意义。

（2）搭建全方位沟通渠道。

为解决师生沟通不畅的痛点，北京化工大学借助企业微信平台搭建全方位沟通渠道。通过实名认证，保障沟通的安全性和可靠性。同时鼓励学生提问，教师及时解答，形成线上线下联动的良好互动模式。这一举措极大地增强了师生之间的信任与理解，提升了沟通效率。企业微信的即时通信功能在服务育人中发挥关键作用，为构建和谐的校园沟通环境奠定了坚实基础。

2. 移动端门户：便捷访问，信息服务

为满足师生便捷获取校园服务的需求，学校基于企业微信搭建覆盖教学、生活、行政等多个领域的移动端门户服务。师生只需通过企业微信，就能快速定位所需服务。

在基础应用方面，全校师生借助企业微信的群直播、会议（语音和视频）等功能开展在线直播教学、召开会议。从 2020 年 3 月疫情期间 10262 人的使用峰值，到 2025 年 2 月 25552 人的常态规模（增长 149%），这一增长轨迹不仅勾勒出在线协同从应急响应到治理常态的演进轨迹，更揭示了跨部门协作频率的提升与管理颗粒度的细化，推动了移动办公场景从单一信息传递向沉浸式协同决策深化。通过“审批”基础应用，授权相关部门管理员自定义审批模板创建流程，从 2020 年 3 月的 21 项基础应用扩展至 2025 年 2 月的 125 项（增长 495.24%）信息服务类、人事工作类、学生工作类、后勤服务类等应用，年均复合增长率高达 44.8%，这一增速远超传统信息化建设的线性增长模型，实现了无纸化、移动端办公，促进高效协同，提高办公效率，形成了“数据驱动—流程再造—服务创新”的闭环。

在自建应用上，2020 年 3 月共有 69 个自建应用，截至 2025 年 2 月已形成涵盖各类服务的 152 个应用矩阵（增长 120.29%）。例如，信息化类的校内测速、身份认证、无线投屏等；智慧服务类的“i 北化—智问”、校园码、校园卡服务等；智慧教学类的上课直播等。不仅实现了应用数量的积累，还通过应用的构建实现了服务供给的规模化拓展。这些自建应用进一步丰富了移动端门户服务的功能，更将“服务育人”理念深度融入数字场景，将管理服务深度融入育人全过程。为师生提供更全面的服务体验，是数字化建设的重要支撑。

在建设移动端门户的过程中，一群对编程和信息技术充满热情的学生发挥了关键作用。他们利用企业微信的开发接口，自主搭建了点对点消息平台。在移动端打开企业微信进入该平台后，能够精准高效地向特定学生传达重要信息，有效避免群消息的繁杂干扰，大大提高信息传递的效率和准确性。学生们在搭建过程中，深入了解了企业微信开发接口的使用、前后端交互逻辑以及数据安全保障等知识，将课堂所学的编程理论与实际应用紧密结合，积极与教师沟通，了解信息传达痛点，不断优化平台功能。

3. 课程群：促进互动，增强归属感

课程群是企业微信平台在服务育人中的又一重要应用。课程群注重学术性和专业性，通过创建课程群，老师可以方便地发布教学通知、分享学习资料、组织线上讨论等活动，在群里分享最新的学术动态、研究成果和教学心得；学生则可以在群里提问、交流心得、分享学习成果。这种互动模式不仅促进了师生之间的沟通与理解，拓宽了学生的学术视野，也激发了他们的创新思维和实践能力，同时增强了学生之间的集体归属感和团队协作精神。

（二）成效

1. 沟通效率显著提升

通过企业微信的师生通讯录，师生之间的沟通效率得到了极大提升。信息传递的及时性和准确性得到保障，学生的问题能够得到快速解答，教师的工作安排也能够顺利传达给学生。

2. 服务满意度提高

通过移动端门户服务建设，学生和教师能够随时随地获取各类校园服务，服务的便捷性和个性化得到显著提升，师生的满意度也大幅提升。

3. 教学管理更加高效

课程群的应用为教学管理带来了极大便利。教师可以通过群功能轻松管理班级事务和教学活动，学生也能够更好地参与到学习过程中。课程资料的共享和线上讨论的开展，促进了师生之间的互动交流，提高了学生的学习积极性和主动性。从教学效果看，学生的课程成绩平均分有所提高，挂科率明显下降。

三、经验启示

（一）经验总结

1. 技术赋能教育，企业微信助力服务育人

企业微信助力服务育人的成功实践，关键在于将信息技术与教育教学、校园管理进行深度融合。通过挖掘企业微信的功能优势，结合校园实际需求，打造一系列贴合师生使用习惯的服务应用，实现了技术赋能教育。

2. 以用户为中心，满足师生信息化需求

在平台建设和功能优化过程中，始终坚持以师生为中心的设计理念。从师生的需求出发，不断改进和完善服务内容和形式，提高师生体验。例如，点对点消息推送和“i北化—智问”的功能设计，都是为了更好地满足师生的个性化需求。

（二）反思与展望

尽管企业微信平台在北京化工大学服务育人工作中取得了显著成效，但仍需不断反思和改进。

1. 优化用户体验

未来，学校将进一步优化移动端门户服务的界面设计和操作流程，使其更加符合学生的使用习惯，提升使用的流畅性。

2. 加强数据安全

随着信息技术的不断发展，数据安全和信息保护已成为越来越重要的问题。学校需要加强相关法规的学习和培训，以提高师生的信息安全意识。

3. 拓展服务育人深度与广度

探索更多的创新技术，如虚拟现实、人工智能等，应用于服务育人工作中，为学生提供更加沉浸式和智能化的学习体验。

在未来的发展中，学校将继续秉承“以师生为中心”的工作理念，深入挖掘企业微信平台在服务育人中的潜力和价值。通过不断优化功能设计、加强数据安全和信息保护、拓展服务育人的深度和广度等措施，推动北京化工大学服务育人工作再上新台阶。同时，也期待与兄弟院校和社会各界加强交流与合作，共同探索服务育人的新模式和新路径。

数据治理与服务育人同频共振：围绕学生成长发展的数据治理实践

云桂桂　刘淑梅　闫　蕾

一、案例概述

中共中央、国务院印发的《数字中国建设整体布局规划》明确提出，要统筹构建全国一体化技术和数据市场体系，着力破解数据要素流通壁垒。与此同时，深化教育领域综合改革的政策导向更加明确，强调以数字化转型赋能学习型社会建设，通过教育新基建夯实终身教育保障体系。在此背景下，《北京化工大学信息化建设专项工作“十四五”发展规划》将数据要素作为战略性基础工程，推动数据智能成为学校教育、科研和服务高质量发展的核心动力。以数据为核心，可以遵循“教书育人规律”“学生成长成才规律”，按照一定的社会需要，有目的、有计划、有步骤地进行设计和整合，通过构建“采集—分析—应用—反馈”的数据治理闭环，根据学生的学习特点和需求，为学生提供更加个性化的学习内容、学习路径和服务模式。

北京化工大学围绕学生成长发展周期，从迎新数据治理开始，通过“数字先行”消解时空壁垒；到学生在校相关的主题数据和第二课堂数据治理，全景贯通“五育”融合实践；最后智慧融通一卡通消费、门禁、图书信息、班车信息、上网信息等公共服务数据，赋能人文关怀生态。通过使数据治理与育人服务同频共振，以数据驱动育人服务从经验主义转向科学导向，从而实现更高效率、更广覆盖和更深关怀。

二、主要做法和成效

（一）迎新数据治理：数字先行，赋能新生成长导航

迎新数据治理不仅是技术流程的优化，更是以学生为中心的服务育人理念的落地。在招生录取阶段即启动数据治理引擎，打通招生系统、学工系统与校园基础服务平台，为每位新生自动分配校园邮箱、统一认证账号、企业微信账号，新生可提前激活“数字身份”，访问在线学习平台、图书馆资源库，体验“未入校门，先享资源”的归属感。同时接入了宿舍管理系统和辅导员数据，新生可通过企业微信查询宿舍分配、宿舍舍长、辅导员信息，通过“数字先行”消解时空壁垒，让新生在虚拟校园中提前建立身份认同，缓解“未知环境”引发的迷茫感。迎新现场设置“数字合影墙”，AI自动合成与录取通知书的校园合影，同步生成电子纪念卡，成为家庭共同珍藏的“大学启蒙记忆”。将冰冷的代码转化为温暖的成长陪伴，助力新生跨越身份转换期的认知断层与情感壁垒，实现从“入学焦虑”到“成长自信”的深度转化。这种以数据为纽带、以成长为导向的迎新生态，不仅缩短了新生适应周期，更在数字化交互中植入了大学的育人基因，为培养“自主、自信、自觉”的新时代青年提供了创新范式。

（二）学生主题数据治理：驱动学习效能和创新能力提升

数字化技术正深度重塑高等教育生态，数据作为核心引擎驱动教育范式变革。学生主题数据治理以“全人发展”为价值坐标，围绕为学生在校期间的核心任务（基础知识学习、专业知识深化、创新能力提升）提供精准的数据支撑展开。通过打通教务系统、科研系统、学工系统、财务系统、研究生系统、图书馆六大业务系统，汇聚了学籍信息、成绩信息、教室信息、课程信息、项目信息、补助信息、图书借阅、门禁通行等11类数据，38个数据表，并将所有数据汇集成个人数字档案，学生可随时进行查看，进行自我管理与评价，及时发现不足，主动制订改进计划，在数字化交互中培养学生的理性思维与自主发展能力。将传统教育中割裂的“知识习得”与“能力培养”深度融合，形成“数据反哺认知、认知驱动创新”的育人闭环，为培养具有自我进化能力与创新基因的复合型人才提供数字化底座。

（三）第二课堂数据治理：全景贯通五育融合实践

在国家全面推进教育现代化的战略背景下，《中国教育现代化 2035》《深化新时代教育评价改革总体方案》等文件明确提出“健全全员全过程全方位育人机制”，并强调利用区块链、大数据等信息技术，突破传统课堂边界，形成全社会协同育人格局。学校积极响应新时代育人要求，以《本科生第二课堂成绩评定实施办法（试行）》为制度框架，创新构建数据驱动的第二课堂育人评价体系，将《办法》中的文字评判标准量化为 67 个可采集、可监测的数据指标，形成覆盖德智体美劳全面发展的评价图谱。在数据治理方面，根据需采集的数据指标项，梳理数据来源，针对有业务系统支撑的数据项，直接对接业务系统，自动采集数据项。针对目前暂无业务系统支撑的数据项，依托已有的流程平台，采用标准的业务流程模型，通过 Web 可视化界面的流程编辑器和表单编辑器，以拖拉拽搭积木的方式快速建立数据采集流程，目前已经构建讲座活动、志愿者服务、竞赛报名等 41 项业务流程和 23 项数据采集表单，覆盖学生超 10 万人次，已累计沉淀第二课堂相关数据记录近 14 万条。通过数据治理与育人实践的深度耦合，成功将离散的教育活动转化为系统化的素养培育工程，为新时代复合型人才培养提供了可复制、可验证的数字化解决方案。

（四）公共服务数据治理：智慧融通人文关怀生态

公共服务数据治理是新时代高校落实“三全育人”理念的创新实践。通过深度整合一卡通消费、班车预约、门禁通行、越野跑、电子门锁、上网记录、图书借阅等八大类生活场景的近 60 项核心数据指标，构建起“微观行为感知—中观需求分析—宏观决策支撑”的精准育人生态。例如，在学生资助工作中，利用采集的校内一卡通消费数据、上网行为数据、往年资助数据，同时融合教育部高校数据共享应用平台的贫困、低保等政务数据，精准资助，让数据成为学生资助的“显微镜”和“望远镜”。在需求侧，学生所有申请和审批不需要提供任何困难证明，让数据流淌教育的温度，既解决实际困难又保护学生自尊心。在管理侧，基于全校一卡通消费数据，制作可视化分析大屏，为学校领导了解总体情况、制定资助政策提供依据。当智慧校园的每个服务触点都成为教育载体，当每项数据流动都承载育人意图，公共服务便从后勤保障升维为“无感知的成长课堂”，在技术理性与人文关怀的深度融合中，悄然培育着具有数字素养、公民意识与健全人格的时代新人。

三、经验启示

（一）需要跨部门协同推进提升服务育人成效

服务育人作为新时代立德树人的重要实践路径，其内涵已从单一的教学服务拓展至学生学习生活的全场景覆盖，涉及教务处、学生处、后勤集团、团委、心理咨询中心、信息中心等多个职能部门，各部门既需要深耕专业领域，又必须突破传统行政边界的束缚，通过机制创新与资源重组形成育人合力。在此过程中，负责数据治理部门发挥技术优势，而负责学生工作的部门发挥贴近学生的天然优势，多方协同发力、打破壁垒，进而深度合作，真正实现服务育人从物理叠加到化学融合的质变。

（二）需要从服务出发着力驱动数据治理

在服务育人体系深化建设中，以服务需求倒逼数据治理革新，是破解部门数据孤岛、激活沉睡数据价值的关键路径。从服务场景痛点和育人目标出发，重构数据采集、治理与应用的全链条逻辑，数据治理部门需要突破传统技术支撑角色，主动嵌入服务链条前端，将数据治理标准的确立与服务场景深度耦合，并构建双向反馈机制，形成“服务场景定义数据价值—数据智能重塑服务流程”的增强回路，推动数据治理从技术工程升维为育人创新的核心引擎，真正实现服务需求与数据能力的螺旋式共进。

构建网络教育新基座，营造数字育人新环境

贾　航　王　丹

一、案例概述

党的二十大首次将“推进教育数字化”写入报告，教育数字化是建设教育强国的重要基础，教育新基建是构建高质量教育支撑体系的核心，是信息化时代教育变革与创新的基础条件保障。为推进教育数字化转型的实施，围绕加快教育新基建布局，推进教育数字化转型发展，学校以整体优化、协同融合为导向，以新发展理念为引领，以技术创新为驱动，以校园信息网络为基础，充分融入“三全育人”理念。面向高质量发展需要，提供数字转型、智能升级、融合创新等服务的基础设施体系，全面提升校园出口带宽、提速校园骨干网络，提高校区间互联带宽，打造高速环状以太全光校园网络，实现链路双冗余，提高网络传输速率；建设高可信和高可用的以太全光网络基础平台，形成多网融合的校园网络，营造处处能学、时时可学、安全智能的育人新环境。

二、主要做法和成效

（一）主要做法

1. 凝聚网络建设合力，夯实网络建设育人根基

为全面落实“三全育人”理念，推进“五育并举”落地见效，学校构建“全员参与、全过程覆盖、全方位协同”的网络建设机制，成立信息化建设工作领导小组，由领导小组统筹规划，信息化部门提供技术支撑，各学院协同推进，师生代表共同参与，形成“顶层设计—技术实施—需求反馈—效果评估”的闭环管理体系。校领导负责统筹规

划与资源协调，确保网络建设与学校整体发展战略相契合；信息化部门作为技术核心力量，承担网络技术方案的制定、设备选型与安装调试等工作；教师代表从教学实际需求出发，反馈教学过程中对网络的特殊要求；学生代表提出网络覆盖范围、无线网络稳定性等方面的建议。通过全员参与，学校网络覆盖率提升至98%，无线网络稳定性提高了30%，形成了上下联动、协同推进的网络建设良好局面。

2. 技术引领创新驱动，构建育人网络保障体系

学校以“新网络”建设为引擎，通过“1+6”模式构建用户体验驱动的智慧校园网络体系。“1”指构建覆盖全校的高速、稳定、安全的一体化大网，构建起“泛在连接、智慧感知、全维赋能”的新型育人网络；“6”则涵盖全光互联网接入、业务承载、大容量传输、Wi-Fi6无线全光网络、精细安全管控及自动化智能运维六大平台，深度融入服务育人理念，满足教育高质量发展需求。校园内已经全面部署了Wi-Fi6无线网络，师生访问网络速度有了质的飞跃。校园出口带宽从9Gbps（千兆比特每秒）猛增到43Gbps，骨干网带宽也从10Gbps扩容到80Gbps，有线网络更是实现了万兆上联，彻底消除了“最后一公里”的网络瓶颈。师生访问速率提升10倍，网络时延小于50毫秒，使在线教学更加流畅稳定，高清课程播放零卡顿，推动教育服务从“性能升级”向“效能质变”跨越。学校以600Gbps带宽的全光传输平台为基石，构建了一个智慧教学的神经中枢。这条“数据高速公路”不仅让师生可以跨校区进行教学和科研活动，还为智慧教学二期项目、虚拟仿真实验中心以及视频会议讲座提供了强大的网络支持。

3. 打造统一信息系统平台，多维赋能“三全育人”实践

学校以“大平台筑基，微服务赋能”为建设理念，构建数据驱动的校级信息中枢体系，通过三大核心平台与数据基础平台的深度耦合，形成“认证统一化、服务集成化、流程智能化”的数字化生态。构建覆盖全校的认证服务中台，实现80余个业务系统的单点登录集成，实现了一个账户全网通行的用户体验，解决了多平台多密码问题，彻底消除“系统孤岛”现象。“i北化”数字中枢门户深度融合业务系统数据流，打造个性化服务矩阵，为师生精准推送教学安排、科研动态、事务提醒等信息。深度融合基础数据平台和网上办事大厅，打造了统一办事大厅，融合企业微信、数字门户和办事平台，提供跨平台无缝衔接的服务，上线了100多个办事流程，服务师生3.6万人，有效支撑“数据多跑路，师生少跑腿”的育人服务新范式，为新时代“三全育人”实践注入强劲数字动能。

4. 构建网络安全防护体系，净化“三全育人”网络环境

学校秉持“安全即育人”理念，全力打造“防护筑基—素养赋能—生态共治”三位

一体网络安全育人体系，深度融入“三全育人”实践。防护筑基上，高性能防火墙日均拦截恶意流量超 100 万次，构建校园网络安全第一防线；态势感知系统实时监测流量、日均分析日志数据逾 1 亿条，精准识别潜在威胁，实现安全态势动态可视化；部署入侵检测系统日均阻断攻击行为超千次，为全校 150 余个核心业务系统提供多维度防护，筑牢动态安全屏障。素养赋能上，以“理论 + 实践”双轮驱动，年均开展 2 批次以上网络安全专题培训，融合新媒体矩阵，打造互动式宣教场景，以生动有趣、喜闻乐见的方式进行全媒体互动，让网络安全知识深入人心。生态共治上，构建“技术防护 + 意识提升 + 协同响应”治理机制，联动师生、技术团队开展安全演练，形成“监测—预警—处置—反馈”闭环管理，推动网络安全从被动防御向“人人参与、共建共享”的育人生态转化，为全员、全程、全方位育人注入安全基因与数字韧性。

（二）成效

1. 网络基座全面升级，筑牢育人数字底座

网络基座升级后，形成“高可信、高可用、全场景”的一体化网络环境，显著改善了师生上网体验，保障了教学、科研和管理办公的顺畅进行。校园网络覆盖率达到 98%，几乎走到校园的每个角落都能顺畅连接网络。无论是在图书馆查阅电子文献，还是在操场边与同学组队进行线上学习讨论，都不会再因为网络信号差而中断。无线网络稳定性提升 30%，让在线课程不再频繁卡顿，高清教学视频播放流畅，使学生学习体验大幅提升。

2. 数字转型纵深推进，育人生态智慧重构

学校构建“三链协同”网络育人体系，以“网络筑基—数据驱动—安全护航”为主线，打通教学、管理、服务智能化链路。上线超过 100 个线上办事流程，行政效能提升 70%，办理事项 35.32 万次，落实“最多跑一次”的办事模式。借助数据共享平台精准推送资源，服务响应效率提升 50%，为“五育”融合全面赋能，推动学校教育教学数字化升级。

3. 安全防线立体构建，护航育人网络空间

通过部署“防火墙 + 态势感知 + 入侵检测”动态防护网，构建立体式网络安全防线。在近两年的校园网络安全建设中，成功抵御各类网络威胁，至今未发生重大安全事件，网络安全防护能力稳步提升。学校秉持预防与治理并重的理念，积极推动校园网络安全生态建设，开展多批次网络安全实战培训，形成“监测—预警—处置—溯源”智能运维闭环，实现从“被动防御”到“全员共治”的育人生态转型。

三、经验启示

（一）理念领航，融合网络与育人双发展

学校领导高度重视教育数字化转型，以新发展理念为引领，将网络建设作为学校发展的重要战略任务。秉持“三全育人”理念，将网络建设与育人工作紧密结合，充分发挥网络在教学、科研、管理和学生成长中的作用，为网络建设提供了明确的方向和强大的动力。

（二）技术驱动，创新构建智慧网络体系

积极引入先进的网络技术，如以太全光网络、Wi-Fi6、高速波分传输技术等，不断优化网络架构和性能。同时，注重技术的集成与创新，将多种技术有机结合，形成高效、稳定、安全的网络体系。持续关注技术发展趋势，不断探索新技术在校园网络建设中的应用，为网络的持续升级和优化提供技术支持。

（三）需求导向，定制多元网络服务方案

深入调研教学、科研、管理和学生生活的实际需求，充分考虑不同场景下的网络需求差异，为师生提供个性化的网络服务。例如，针对教学场景的高带宽、低延迟需求，科研场景的超大带宽需求，管理场景的高效数据处理需求等，分别采取相应的技术措施和资源配置方案，确保网络建设满足学校各方面的需求。

（四）协同共进，凝聚内外网络建设合力

网络建设是一个系统工程，需要学校各部门的协同合作。学校建立了多部门协同参与的工作机制，明确各部门的职责和分工，加强沟通与协调。信息化办公室、教务处、科研处、学生处等部门密切配合，共同推进网络建设工作。同时，积极与电信服务商、网络设备供应商等外部合作伙伴合作，充分利用各方资源和优势，确保网络建设的顺利进行。

学校在构建教育新基座、营造数字化育人新环境的实践中，取得了显著的成效，积累了宝贵的经验。未来将构建以数字转型、智能升级、融合创新等服务的网络基础设施体系，不断夯实智慧校园的网络底座，为学校“三全育人”提供更加优质的网络环境和教育服务。

深耕网络阵地，挖掘育人潜能：校园网络安全体系的探索与实践

王 丹 贾 航

一、案例概述

在当今时代，网络已深度嵌入教育体系，成为教育事业得以稳健发展、持续推进的关键支撑与根本保障，学生活动的各个环节都紧密关联着网络。打造一个安全、稳定的学习成长空间，成为高校网络安全的核心任务。

信息化办公室（信息中心，以下简称“信息办”）秉持“服务育人”的核心理念，积极探索网络安全建设的新路径。在安全意识培养方面，通过常态化培训、多样化宣传以及钓鱼邮件、攻防对抗等实战化演练，大幅提升学生的网络安全意识，筑牢网络安全意识防线。在技术保障层面，凭借实时监控、多层防护策略、7 天 24 小时值守以及持续更新的安全应用，极大增强了网络安全防护能力，成功抵御各类网络攻击，为学生打造了一个安全、清朗的网络环境，有力保障了校园网络的稳定运行。

二、主要做法和成效

（一）主要做法

1. 打造网络安全认知体系

北京化工大学的学生群体主要以化工类专业学生为主，由于专业课程体系设置的侧重，学生在网络安全方面的学习相对较少，如何有效提升学生的网络安全素养，成为亟待解决的问题。

（1）开展常态化培训。

从2023年起，信息办每年开展面向不同受众的多层次网络安全线上线下培训，及时更新网络安全教育内容，将最新的网络安全威胁案例、防范技术和应对策略融入日常培训，逐步提高学生的网络安全素养。

（2）创新宣传形式。

利用校园电子屏、公众号、网站等定期推送网络安全防范技巧；每年4月和9月，高质量开展“全国安全教育日”“网络安全宣传周”等活动，通过师生同上一堂网络安全教育课、全国大学生网络安全知识答题、校园展板宣传、校内专家培训、“网络安全小视频”“网络安全知识”推送等活动，全方位营造浓厚的校园网络安全文化氛围。

（3）建立长效教育机制。

在新生入学教育阶段，信息办开展网络安全讲座，帮助新生快速了解校园网络环境中的安全风险与防范要点；在新教职工岗前培训阶段，设置系统的网络安全培训模块，确保教职工在上岗前就具备良好的网络安全意识与基本操作技能。

（4）以演促改，以演促学。

开展钓鱼邮件、攻防对抗等实战化演练。2023年、2024年连续两年面向全校师生分别开展以“关于邮箱系统升级的通知”和“关于统一认证系统升级的通知”为主题的钓鱼邮件演练，发送邮件近6万封。2022年和2024年组织参加教育部攻防演练，在与其他高校及专业安全团队的实战对抗中，检验学校网络安全防护体系的有效性。同时，将演练成果转化为教学资源，向师生分享实战中的经验教训，进一步提高师生的网络安全意识。

2. 构建安全可靠的网络环境

（1）云端实时监控与威胁阻断。

部署专业的云端安全监控团队，由经验丰富的安全专家7天24小时不间断值守。借助先进的监控工具和技术，实时监测校园网络流量、访问行为等关键数据，一旦发现异常流量、恶意攻击或潜在威胁，能够迅速做出响应，及时阻断各类威胁，将安全风险降至最低。该平台自2021年上线以来，平均每年捕获网络攻击1800余万次，在维护网络安全方面发挥了重要作用。

（2）建设多维度技术防护体系。

北京化工大学在2020年已完成防火墙、态势感知、漏洞扫描、数据库审计等安全系统的部署或升级，构建了一个多维技术防护体系，平均每年可拦截100多万次攻击，整改500余个系统漏洞。同时，随着上网行为管理系统的上线，最大限度规范了师生在校园网络中的上网行为。该系统通过对上网内容、时间和流量的管理，有效避免了不良信息的传播和沉迷网络的现象。通过限制访问不良网站和过滤有害信息，学校能够为学生提供一个健康与内容安全的网络环境。

（3）推进服务师生的网络安全应用。

为便利师生使用校内网络资源的同时，筑牢安全防线，信息办精心筹备，先后成功上线统一身份认证平台与 VPN 系统。这两项服务的上线，让大家在校内资源的使用上，不仅更加安全，还突破地域限制，随时随地畅享学习和工作所需。统一认证平台，整合了校内 80 多个信息系统认证入口，推行“密码 + 短信”的多因素认证方式，不仅提高了系统安全性，还为师生提供便捷的一站式登录体验。针对师生在不同网络环境下访问校园资源的需求，对 VPN 接入进行优化升级，采用先进的加密技术，保障数据在传输过程中的安全，确保全校师生无论身处何地，都能安全、顺畅地访问校内各类网络资源。

（4）实施网络管理机制。

学校严格推行实名制上网举措，每位上网师生须如实登记个人信息，从源头上规范网络访问行为。与此同时，学校部署了流量监控系统，24 小时不间断地实时监测网络流量动态，精确统计不同时段、不同区域的流量使用情况。通过这些手段，一旦发现恶意攻击的迹象，无论攻击源自校内还是校外，借助实名制信息和流量监控数据，都能迅速精准锁定源头，即刻阻断恶意攻击路径，防止违规内容传播。

（二）成效

1. 学生参与情况

每年的网络安全专题培训，线下参与学生平均为 120 人，涉及全校近十个学院的研究生。培训通过案例分析与交流互动的形式，引导学生结合自身专业知识与日常上网经验，分享网络安全隐患及应对方法。在持续推进的网络安全建设举措下，学生逐步养成使用强密码的良好习惯，个人信息保护意识不断增强，面对网络上常见的诈骗手段，也有了准确的甄别能力。同时使用安全软件进行病毒查杀和系统防护比例显著提升，学校日常安全设备监测到的人为风险因素减少 80%。

2. 网络安全威胁情况

随着技术的不断升级、设备的更新换代以及师生网络安全意识的提高，设备在拦截钓鱼邮件、病毒，漏洞，弱口令等安全威胁方面的能力逐渐增强，每年可拦截 1800 万余次网络攻击。公安部门、网信部门、教育部对北京化工大学的安全威胁通报逐年减少，从 2022 年的 73 起，2023 年的 34 起，下降至 2024 年的 22 起。

3. 实战演练成果

在近两年开展的钓鱼邮件演练中，共有 4003 名学生的个人信息出现泄露情况。演练借助高仿真、沉浸式的真实场景，使学生真切感受到“钓鱼邮件”极具迷惑性的伪装手段，有效提升了学生们的警惕性与甄别能力。随着演练的推进，信息中心服务大厅收到的学生日常网络安全咨询业务量显著增加。在2024年教育部攻防演练中，攻击方多次通过社工钓鱼的方式对北京化工大学展开信息收集，均未成功，最终北京化工大学获得了防守方第9名的成绩。

三、经验启示

（一）拓展网络安全宣传与培训形式

运用前沿新兴技术构建沉浸式体验场景，组织实战化攻防演练，精准推送个性化宣传信息，让学生将所学运用于实践，全方位激发其兴趣，实现从网络安全知识的被动接受者到主动学习者与捍卫者的转变。同时，通过“翻转课堂”、线上线下相结合等培训方式，锚定学生感兴趣的网络安全话题，提升培训的效率和质量。定期举办网络安全专题讲座、在线研讨会，吸引学生参与并通过互动形式提升学习效果。

（二）吸纳学生参与网络安全工作

学生通常对新技术接受度高，思维活跃，能够快速掌握新的网络安全防护技能。他们协助学校信息办开展信息系统漏洞扫描、网络安全评估、安全日志分析等任务，帮助学校发现潜在的安全问题并提出改进建议。例如，学生可以定期进行校园内外部网络的测试，发现系统中的漏洞，并及时向学校技术团队反馈，为学校提供有针对性的改进措施。这不仅有助于提升学生的技能水平，也能增强其对网络安全行业的理解与兴趣，逐步从“被动防御”过渡到“主动育人”。

（三）常态化开展网络安全演练

演练在提升师生网络安全意识方面发挥着不可替代的关键作用。随意点击不明链接、使用弱密码等看似微小的疏忽，都可能导致严重的信息泄露和财产损失。这种实战化体验远比单纯的理论讲解更具冲击力和说服力。例如，每季度开展钓鱼邮件演练，通过反复实践，师生们都会下意识地提高警惕，仔细甄别。这种防范意识的提升，使得防止钓鱼成为了一种自然而然的习惯，从而进一步带动师生主动学习网络安全知识，使其养成良好的网络使用习惯，有效降低网络安全事故发生的概率。

05 课外服务：新校区的服务育人创新

聚焦服务育人路径，打造特色“五育并举”人才培养体系

许　元　王洪乾

一、案例概述

为全面贯彻落实党的教育方针，培养德智体美劳全面发展的社会主义建设者和接班人，积极推进“三全育人”“五育并举”。北京化工大学昌平校区以激励昌平校区长租教师公寓教职工利用课外业余时间积极投身育人工作为导向，以《北京化工大学昌平校区长租教师公寓教职工课外育人活动绩效奖励暂行管理办法》（北化大校办发〔2021〕40号）制度为依据，以长租教师公寓教职工课外育人活动绩效奖励评选为抓手，以构建更加完善的教育体系、提高人才培养质量、落实立德树人根本任务为目标，聚焦服务育人路径，打造具有北化特色的“五育并举”人才培养体系。

二、主要做法和成效

（一）主要做法

1. 制度先行：构建课外育人保障体系

学校高度重视制度建设的引领作用。2021年，在深入调研的基础上，学校制定出台了《北京化工大学昌平校区长租教师公寓教职工课外育人活动绩效奖励暂行管理办法》（北化大校办发〔2021〕40号）。该制度创新性地将教职工参与课外育人工作纳入绩效考核体系，设立专项奖励资金，对参与昌平校区课外育人活动绩效奖励评审且成绩位列前45%的教职工按照A、B、C 3个等级给予不同金额的绩效奖励。制度实施以来，教职工参与课外育人的积极性显著提升，形成了良好的示范效应。

2. 项目引领：聚焦学校重点工作

为推进课外育人精准聚焦学校重点工作，学校于2024年推进课外育人“项目制”管理，以建立“五育并举”创新型课外育人平台为目标，结合学校育人目标制定项目立项指南，鼓励跨学科、跨部门合作，引导教职工申报具有创新性、可行性和实效性的育人项目。

3. 评价改革：建立科学评估体系

自2021年课外育人活动绩效奖励评审开始，学校紧密贴合校区课外育人的实际情况，开启了一系列具有针对性与创新性的优化举措。2023年，通过引入“专家函评—师生网络投票—评审组会评”三维评估体系，将工作量评估转型为成效评估，不再单纯以工作时长与育人覆盖面作为衡量的唯一标准，而是以成果导向，推动从“重数量”向“重质量”转变。在2024年第四届课外育人评审工作中，引入更具导向性的项目制管理办法，以明确的立项优先原则激励教职工对标学校发展重点任务开展育人工作，进一步聚焦课外育人方向。

（二）主要成效

1. 制度保障激发教师课外育人新动能

学校以《北京化工大学昌平校区长租教师公寓教职工课外育人活动绩效奖励暂行管理办法》（北化大校办发〔2021〕40号）为制度保障，以覆盖面广、辐射面大的绩效奖励机制提高教职工课外育人积极性，使参与课外育人工作教职工逐年增多，从而推动课外育人工作形成规模化、长期化、系统化的工作体系。

2. 项目制管理精准聚焦目标

2024年，校区进一步创新工作机制，推行课外育人项目制管理。这一改革以建立“五育并举”的创新型育人平台为目标，重点强化了3个方面的创新：一是立项导向创新。围绕学校人才培养目标，制定具有前瞻性的项目立项指南，明确重点支持方向。特别鼓励跨学科、跨部门的协同创新项目，促进育人资源的优化配置。二是过程管理创新。建立项目全生命周期管理体系，从立项评审、中期检查到结项验收，形成闭环管理。三是资源整合创新。打破部门壁垒，统筹校区各类育人资源，如将实验室、体育场馆、艺术中心等设施全面向课外育人项目开放，实现资源利用最大化。

在课外育人“项目制”管理机制推动下，育人精准聚焦学校重点工作，2024年合计立项71项，全面覆盖德、智、体、美、劳各领域。在德育方面，校区通过指导思想政治类社团、组织读书会等活动，提升了学生对德育教育的兴趣。例如，“思源历史社”等创新社团不仅丰富了德育形式，还出版了25万字的案例集，为德育研究提供了宝贵素材，助力学生树立正确的世界观、人生观和价值观；在智育方面，部分立项项目通过学科竞赛、大创项目指导激发学生探索欲，有效培养学生的创新实践能力。学生在各类学科竞赛中崭露头角，以“基于国际数学建模竞赛的‘赛教融合’一体化课内外育人项目”为例，立项人通过立项进一步明确了发力方向，立项后当年竞赛获省部级以上奖项18项，获奖人次较立项前同比增长157%；在体育方面，校区开展了多样的体育赛事与训练，除历年滑雪、网球、瑜伽等成绩斐然的校级运动队再创佳绩外，更新增了跆拳道等发力方向。除专业竞技体育外，校区还引入了首都高等学校第四届马拉松接力赛等田径赛事，在校园内营造出积极锻炼的浓厚氛围；在美育方面，校区学生参与绘画、音乐、舞蹈等多领域创作活动，获省部级以上奖项31项，为校区美育工作赢得了更多的社会关注，为开展校际交流、合作办学、专家指导等拓宽了渠道，助力校区美育迈向更高的台阶；在劳育方面，校区积极开拓更多劳育新形式，在校园内创建了学雷锋青年实践团、垃圾分类科普实践基地等，更开展了系列“走出去”的活动，如师生赴南口镇花塔村开展第三届“植树保生态，春耕促振兴”等主题活动。这些成果不仅彰显了“五育并举”的实效，更让校区形成全面育人的良好生态，为后续教育教学改革提供了有力支撑。

3. 动态评价提升育人质效

校区结合历年课外育人工作开展情况持续完善五育评价体系，改变单一评价方式，不再仅以工作量评判，而是从多维度、全过程对学生的五育发展进行评估，以动态考评激励更多教职工提升服务育人成效。以2024年为例，全年参与课外育人立项教职工获校级及以上奖励564项，同比增长约为37.9%；获校级及以上媒体报道189次，同比增长约为52.4%。

通过持续优化评价机制，校级以上奖励和媒体报道数量均逐年增长。学校通过文章发表、学科竞赛、媒体报道、学科交叉课程建设、校地融合以及校外推广等多种途径，不断扩大成果的影响力，切实发挥了课外育人在价值引领、示范带动、辐射推广等方面的综合效应，使校区育人水平迈向新的高度。

三、经验启示

（一）加强课外育人顶层设计

学校需从战略高度出发，对课外育人工作进行全面且系统的统筹规划。学校成立专门的课外育人工作领导小组，由校领导挂帅，各学院、各部门负责人参与，明确职责分工，形成协同联动的工作机制，设立专项经费，建设专业化育人平台，为工作开展提供保障，确保各项工作有序推进。

（二）以“项目制”精准聚焦重点工作

学校应紧密围绕德智体美劳全面发展的育人目标，精心策划一系列导向鲜明的课外育人工作项目。同时，以固强补短为重要抓手，深入分析学校当前课外育人工作的优势与短板。对于优势项目，加大资源投入，强化特色培育，重点扶持一批具有学科特色的精品项目，形成品牌效应。加快推进成果转化，建立优秀成果推广机制，扩大受益面；针对薄弱环节，精准施策，制订专项提升计划。如针对美育和劳动教育相对薄弱的情况，增加专业教师配备，建设专门的实践场地，引入优质的教育资源，促进课外育人工作精准对标。

（三）强化动态评价推动育人工作提质增效

通过对历年课外育人工作的系统梳理与动态分析，结合学校重点工作的阶段性要求，持续优化调整考评指标体系，构建科学化、精准化的评价机制，全面提升课外育人工作成效评估的针对性与实效性，为校区育人水平提质增效提供有力支撑。

通过强化顶层设计、“项目制”聚焦和动态评价机制，北京化工大学昌平校区在“五育并举”方面取得了显著成效，不仅提升了学生的综合素质，也为高校打造特色“五育并举”人才培养体系的创新提供了宝贵经验。

基于工程训练特色品牌打造“冬季文化节”课外育人特色活动

刘佳其　申子嫣　杨　冉

一、案例概述

为培养新时代所需的德智体美劳全面发展的创新卓越型人才，北京化工大学工程训练中心以校园“冬季文化节”为契机，不断挖掘工程训练的育人功能，探寻实践教学的新形式，举办“三全育人、五育并举”的课外育人活动，形成工程训练“艺工结合”北化特色育人品牌，为“五育”融合育人提供新思路。工程训练中心通过“冬季文化节”系列实践，构建了“思政引领、学科交叉、实践赋能、文化浸润”的课外育人新模式，努力实现培养学生工程实践能力和创新思维能力、提高学生艺术素养等目标，为培养全面发展、具有文化自信与创新精神的新时代人才奠定基础，也为新时代高校“五育并举”提供了可复制、可推广的典型案例。

二、主要做法和成效

（一）主要做法

1. 思政引领，深挖文化育人内涵

紧密结合当下时事热点，以思政为引领，举办课外育人活动，培养学生爱国主义情怀和民族自信。例如，在 2022 年喜迎北京冬奥会的背景下，以北京化工大学昌平校区首届冰雪文化节为契机，工程训练中心开展“工训创意坊”活动。活动中利用工程训练中心激光雕刻设备加工校名仿冰字、冬奥主题摆件、钥匙扣等系列文创产品，在校园中营造出浓烈的冬奥文化氛围，让同学们在活动中感受中国在国际中日益提升的地位，激发其爱国情怀和文化自信。在2024年冬季文化节中，工程训练中心举办“雕冰剪雪体验活动”，将现代加工技术激光雕刻与中国传统文化剪纸工艺相融合，让学生在紧跟科技发展的同时，能够亲身体会到中国传统剪纸工艺的魅力，最后通过设计制作具有年味的窗花剪纸作品，弘扬中华优秀传统文化。

2. 学科交叉，拓展实践育人平台

打破课堂时间与空间的界限，积极落实“五育并举”教育理念，创新课外育人活动新形式。工程训练中心将“工程训练：激光雕刻创新实践训练”课程内容延伸到课外育人活动中，以学生学习兴趣为指引，以“美育”“劳育”为特色抓手，开展系列课外育人活动。例如，在喜迎冬奥之际，将校园文化和奥林匹克精神相融合，挖掘学校文化特色，拓展美育教育途径，聚焦学校学科特色，将课程实践和冬奥文化相融合，打造富有北化特色的德智体美劳“五育”融合的育人形式，助力2022北京冬奥会。2024年在“雕冰剪雪体验活动”中聚焦学科特色，将“冰雪文化”“校园文化”以及“中国传统文化”融汇到一起，拓展劳育教育途径，在活动体验中感受中国传统手工艺人的匠心精神，促进现代大学生们弘扬中华优秀传统文化。

3. 过程参与，激发学生主体性

突出学生的主体地位，强化学生的参与过程，培养学生的动手能力和创造力。例如，在“工训创意坊”中，机电工程学院机械专业的同学们在老师的指导下绘制加工图纸，并采用激光雕刻技术完成雪糕模型制作，再一起动手用食品级硅胶浇注雪糕模具。让艺术系学生们参与网红冰糕包装设计，使“网红”雪糕更具美感。在2024年“雕冰剪雪体验活动”中，让学生们参与剪纸图案的设计，不仅能够利用现代加工激光雕刻技术将作品加工出来，还能够亲自将剪纸作品用最传统的剪纸工艺裁剪出来。在这一过程中，同学们需要展现出高度的专注力和耐心，培养自身的动手操作能力和创造力。

4. 氛围营造，打造校园文化IP

为丰富校园文化，营造浓厚的校园节日氛围，工程训练中心在冬季文化节中策划了一系列融入冬季元素和校园文化特色的活动。在文化节期间，校园内处处洋溢着节日的气息，各种特色活动吸引了全校师生的积极参与。2022年末在校园内设置多个冬季文化展示区域，在“工训创意坊”展区展示了学生基于工程训练创作的各类作品以及喜迎冬奥的各种文创作品，如冬奥主题摆件、冬奥主题雪糕、冰墩墩钥匙扣等，营造出浓厚的喜迎冬奥的氛围。在2024年的冰雪文化节中，工程训练中心通过活动衍生出一系列师生共创的北化窗花作品，并将其批量制作装点在校园各处，增添了浓厚的节日氛围。

（二）成效

1. 学生参与广泛

北京化工大学首届冰雪文化节“工训创意坊”活动累计吸引超过 200 人次学生参与；2024 年“雕冰剪雪体验活动”爆满，共有近百人参与，涵盖学校 10 余个院系，不同年级学生参与比例均衡，充分体现活动的广泛吸引力。

2. 成果丰硕多元

学生共创作各类作品超过 80 件，其中主题雪糕、北化窗花在学校中受到广泛欢迎、供不应求。作品类型丰富多样，包括设计精美的雪糕包装设计、创意十足的剪纸图案、融合文化元素的窗花工艺品等，充分展示了学生的创新能力与艺术素养。活动中脱颖而出的学生作品，如北化剪纸作品，批量生产 2000 余份，作为新年礼物送给校内外师生，受到广泛好评，同时也在校领导出国访问时作为校礼送给国际友人。

3. 社会影响显著

活动受到多家媒体关注，在校内外多家媒体进行报道，如《北京日报》《光明日报》以及昌平融媒体等，报道阅读量累计超过 10 万人次，有效提升学校的社会影响力，展示学校在课外育人方面的创新成果。

三、经验启示

（一）凝聚多方力量，构建协同育人新格局

在冬季文化节的育人实践中，打破部门壁垒、实现协同合作是成功的关键。依托北区办举办的系列文化节，工程训练中心凭借其专业技术和设备资源，为学生提供了实践操作的坚实平台，让学生能够将理论知识转化为实际成果。艺术与设计系则充分发挥其艺术专业优势，为学生的创作注入美学灵感，提升学生的审美能力和艺术素养。学生工作部积极组织动员学生参与活动，引导学生在实践中锻炼沟通协作能力和组织能力。宣传部通过多渠道宣传，不仅扩大了活动的影响力，还培养了学生的宣传推广意识和能力。这种多部门协同合作的模式，全方位促进了学生的成长与发展，实现了育人资源的最大化利用。

（二）促进学科交叉，助力学生能力培养

在冬季文化节的活动设计中，工程训练中心高度重视学科交叉融合，打破学科壁

垒，为学生搭建综合性学习与实践平台，全方位助力学生能力培养，将工程训练、艺术设计等多学科知识融入育人活动。在“工训创意坊”活动中，既要运用工程训练的技能，如激光雕刻技术，制作雪糕模具，又要借助艺术设计知识，从色彩搭配、造型美学等方面构思包装的设计，使其具备艺术美感。在“雕冰剪雪体验活动”中，通过对中国传统剪纸文化的学习，设计和制作剪纸，结合现代加工激光雕刻技术，实现作品的现代生产。通过这样的课外育人活动，学生学会整合不同学科知识，拓宽知识视野，进而提升综合运用知识解决实际问题的能力。

（三）充分把握兴趣，点燃学生探索热情

育人活动的设计应紧密围绕学生的兴趣点，这样才能充分激发学生的参与热情和创造力。工程训练中心在冬季文化节的活动规划中，充分洞察学生对节日限定、主题限定活动的浓厚兴趣，以及对活动成果和定制化、个性化作品的期待，通过多元活动设计，深度融合学科交叉理念，为学生打造充满吸引力的综合性学习与实践活动，全方位推动学生能力提升。这种以学生兴趣为导向的活动，让学生在实践中不断提升创新思维、工程技术应用能力以及团队协作能力，实现了从知识到能力的有效转化。

（四）广拓宣传渠道，激发学生成长动力

为充分发挥工程训练中心冬季文化节育人活动的最大效能，积极拓展多元化宣传渠道，全面展示学生在活动中的精彩成果与成长蜕变，有效激发学生的内在成长动力。冬季文化节结束后，迅速启动成果展示与宣传工作。利用学校官网、微信公众号、视频号等线上平台，广泛传播学生的作品和活动成果。线上展示打破了时空界限，让更多人了解冬季文化节的育人成果，同时吸引了校外人士的关注，提升了学校的知名度和影响力。此外，积极向校外媒体投稿，报道活动亮点和学生的杰出作品，以获得更广泛的认可。当学生看到自己的作品在各类平台上进行展示和受到赞誉时，他们的成就感和自信心将得到极大提升，进而更加积极地参与后续学习和实践活动，形成良性循环，全面激发学生的成长动力。

赛教融合赋能：构建数学建模指导新体系，推动“三全育人”新实践

郭威力　杜俊峰

一、案例概述

在当今高等教育不断变革与发展的浪潮中，培养学生的知识应用能力与创新能力已成为核心目标。传统的以理论知识传授为主的教育模式逐渐难以满足社会对复合型人才的需求。因此，各类实践教学活动与学科竞赛的重要性日益凸显。数学建模竞赛作为一种极具特色的综合性学科竞赛，凭借其跨学科、重实践的显著特点，在“三全育人”的教育理念推进过程中，日渐成为不可或缺的载体。数学建模竞赛大都在周末或者假期举行，指导学生竞赛也成为了课外育人的重要职责。

数学建模竞赛要求学生将数学理论知识与实际问题相结合，运用计算机技术、统计学方法等多学科知识，建立数学模型并求解，从而解决实际问题。这一过程不仅考验学生的知识储备和应用能力，更锻炼了他们的创新思维、团队协作以及问题解决能力。北京化工大学数学建模创新团队通过构建“校级—市级—国家级—国际级”四级竞赛体系，形成了以赛促教、以教强赛的良性循环，达成了“知识传授—能力培养—价值引领”的育人过程闭环。

近年来，北京化工大学数学建模创新团队组织并指导学生参加各类高级别学科竞赛，获得国际奖项300余项，国家级奖项500余项，省部级奖项100余项。数学实验中心获评北京市优秀教学团队3个，全国大学生数学建模竞赛优秀指导教师4名，亚太地区大学生数学建模竞赛优秀指导教师3名；获得全国大学生数学建模竞赛“高教社杯”（2002）和第十三届APMCM亚太地区大学生数学建模竞赛创新奖杯（2023）等。同时，个人指导的建模团队也获得了诸多重要奖项，如全国大学生数学建模竞赛二等奖、美国大学生数学建模竞赛特等奖（F奖）和亚太杯数学建模竞赛一等奖等。

二、主要做法和成效

（一）理念创新：从“赛教分离”到“双向赋能”

在传统的教育模式下，竞赛指导与课堂教学往往处于相互割裂的状态。课堂教学侧重于理论知识的传授，而竞赛指导则更多地关注竞赛技巧和解题方法，两者之间缺乏有效的沟通与融合。这种分离的模式导致学生在学习过程中难以将所学知识与实际应用相结合，无法充分发挥竞赛对教学的促进作用。

当下，课外育人对学生成长至关重要，新型赛教融合体系的“三融合”深度助力。课程内容融合，将 MATLAB 编程等竞赛技能融入必修课，课堂理论融入软件实操，课后学生凭此活跃于科研社团、科技赛事，拓展课外知识。教学场景融合，三维课堂引入现实难题，课后学生投身社区，参与交通优化、举办金融知识讲座，积累实践经验。评价标准融合，竞赛成果换学分，激励学生课余组队，研读文献、特训交流，成长为综合型人才。“三融合”全方位护航学生课外成长，培育创新人才。

（二）机制创新：构建“四阶递进”培养体系

1. 兴趣启蒙阶段

在全国大学生数学建模竞赛前期，借助科研创新平台，面向全校本科生，举办校级数学建模竞赛。借此向学生介绍数学建模的基本概念和方法，激发他们对数学建模的兴趣。结合在线平台阅卷，总结学生在数学建模中的优缺点，为学生提供基础的培训和指导，让学生初步了解数学建模的流程和技巧。

2. 能力进阶阶段

在学生对数学建模有了一定的兴趣和基础后，选拔优秀学生参加全国大学生数学建模竞赛。为参赛团队配备专业导师，实施“导师 + 学生”培训模式，并安排系列讲座和培训。这种模式不仅可以让本科生学习到科研经验和方法，还能充分发挥导师的专业指导作用，提高团队的整体水平。

3. 国际拓展阶段

对于在国内竞赛中表现出色的团队，鼓励其参加国际性知名数学建模竞赛，如“亚太杯”、美赛等。在备赛过程中，注重培养学生的英文写作能力和跨文化协作能力，让学生能够与国际团队进行有效的沟通和合作。近年来，学生在国际性竞赛中获得的优异成绩并多次受到教务处及各学院的重视与宣传。

4. 成果转化阶段

赛后，进一步将学生在竞赛中取得的优秀成果进行深度挖掘和整理，鼓励学生将其转化为学术论文，近两年已孵化 EI 论文 1 篇（Xuanzhi Wang，Yajun Huang，Zhenghao Li，et. Exploration of new energy electric vehicle development based on SSA-SVR mode，［C］//Image and Graphics Technologies and Applications. IGTA2024：288－301.）。通过与学术期刊的合作，帮助学生发表论文，提高学生的学术水平和科研能力。

三、经验启示

基于赛教深度融合理念，数学建模教育已从单一竞赛指导发展为立体化育人过程。它不仅提高了学生的数学建模能力和竞赛成绩，更在“三全育人”理念的指导下，实现了学生知识、能力和素质的全面提升。在实践过程中，通过内涵重构、分层递进的竞赛育人实践，构建了完善的指导新体系，取得了显著的实践成效。

然而，教育是不断发展和进步的领域，面对未来的挑战和机遇，数学建模教育仍需不断创新和完善。未来，学校将深化人工智能赋能数学建模课程改革，将人工智能技术与数学建模教学紧密结合，培养学生运用人工智能工具解决复杂问题的能力。同时，建设国际化竞赛社区，为学生提供更加广阔的交流平台，促进国际学术交流与合作。此外，学校还将持续探索新的教学方法和评价机制，不断推动人才培养范式创新，为社会培养更多具有创新精神和实践能力的高素质人才。

从竞赛到课堂：数学竞赛育人模式的创新探索与实践

李　威

一、案例概述

全国大学生数学竞赛是由中国数学会主办的全国性高水平学科竞赛，旨在提升大学生数学素养，培养分析解决问题能力，促进数学教学改革。自 2002 年首届北京市大学生数学竞赛创办以来，北京化工大学积极参与，借助该平台，以赛促学、以赛促教，普及为主、选拔为辅，让学生在大学里能够感受到浓厚的数学学习氛围。然而，如何在全校范围内选拔出具有潜力的学生，并为他们提供高质量的辅导，一直是北京化工大学课外竞赛育人团队面临的主要挑战。具体表现为选拔机制单一、辅导资源有限、竞赛与日常教学脱节等问题。

为解决上述问题，自 2003 年杨永愉老师开创数学竞赛辅导工作以来，历经李威老师等几代辅导教师的接续奋斗，北京化工大学数学竞赛育人工作已走过二十余载春秋。在长期的实践探索中不断优化创新，逐步构建起独具特色的竞赛育人体系：在选拔机制上，建立了“基础测试—能力评估—综合选拔”的三级遴选模式；在培养方式上，形成了“理论讲授—实践训练—团队研讨—个性指导”的多元化辅导体系；在育人维度上，实现了“知识传授—能力培养—价值引领”的有机统一。通过将数学竞赛与课外育人深度融合，打造了以赛促学、以学促育的特色育人模式，在提升学生数学素养的同时，更注重培养其创新精神、团队意识和坚韧品格，取得了显著的育人成效。

二、主要做法和成效

（一）选拔阶段：多维度选拔机制

在高等数学开课初始，课外育人团队老师在课堂上广泛宣传数学竞赛活动，播报大学二年级学长们正在开展的数学竞赛活动，如选拔、辅导、比赛、获奖等情况，让大学一年级学生了解数学竞赛流程，让数学竞赛活动深入人心，这不仅激发了学生对数学学习的兴趣，还为低年级学生提供了明确的学习目标。很多学生在第一学期就想了解如何备赛，于是团队老师积极鼓励学生，教育他们平时要注重基础、多做难题提升能力、多作总结提炼理解。

数学竞赛的初筛采用自主报名、教师推荐、校内初赛成绩与过程考核相结合的动态选拔机制。由于北京化工大学涉及 3000 多名不同专业、不同年级的学生，经过多种尝试，最终选择在教务处的企业微信公众号发布信息进行集结。通过企业微信建群，在学生自愿报名的基础上，在每年九月份开学第一周组织校内选拔赛，至少设置 7 个考场，每年有 700 多名优秀学生参加。综合《高等数学（上、下）》课程的 2 次期末成绩、讲座表现，确定最终参赛名单。

这种多维度的选拔机制不仅考察学生的数学基础，还注重学生的学习潜力和竞赛热情，实现了竞赛“普及为主、选拔为辅”育人宗旨。

（二）辅导阶段：线上线下同步辅导答疑模式

北京化工大学竞赛辅导育人团队积极参加数学竞赛组委会举办的各种会议，与其他高校深入探讨数学竞赛的组织工作，了解竞赛的最新指导精神，研究数学竞赛的出题动态。经过多年的调整和改进，最终采取线上线下同步的“竞赛讲座 + 讨论答疑”模式。根据竞赛大纲的知识模块，为学生开设多场课外竞赛讲座，对学生进行系统化指导，并针对竞赛的重点问题和学生的痛点问题建立专题，进行重点提升和强化训练。

在近千人的数学竞赛企业微信群中，定期发布数学竞赛辅导丛书、不同题型，引导学生主动思考并讨论交流。这种模式打破了时间和空间的限制，不仅使学生能够随时随地获取辅导资源，而且为学生营造了一个良好的学习讨论氛围。学生可以随时随地提出问题，同学之间、师生之间、教师之间建立多链条共生局面，引起广泛思考，确保学生能够及时解决学习中的问题，提高了学习的灵活性和自主性。

（三）竞赛与教学融合阶段：以赛促教的深度实践

竞赛与教学的融合是北京化工大学高等数学教学改革的重要举措。竞赛辅导育人团队根据每年竞赛的风格和重点，将竞赛元素系统化地融入日常教学内容，通过模块化设计，将竞赛中的核心思想、解题技巧和前沿内容与高等数学课程有机结合。例如，在讲解微积分时，引入竞赛中的极限求解方法和数学建模思想，帮助学生从更深层次理解数学知识，同时也为竞赛备考打下坚实基础。

在教学方法上，育人团队积极探索以学生为中心的“问题驱动式教学”，通过提出具有挑战性的问题，引导学生自主思考和小组讨论，激发学习兴趣和创新思维。

这种融合模式不仅提升了学生的学习效果，也促进了教师的专业发展。教师们通过参与竞赛辅导，不断更新知识体系，提升教学能力，深入研究数学思维的培养路径。团队成员发表了多篇教学研究论文，充分体现了该模式显著提升教师教学能力的作用。

（四）学生全面发展阶段：从数学竞赛走向多元发展

学生在备赛和参赛过程中，通过持续的数学学习，直接有效地提升了学生的数学学习能力，许多学生在考研中可以轻松取得优异成绩。例如，2019 级数理学院的汪江峰同学在 2023 年将竞赛和考研同步进行，不仅获得了全国大学生数学竞赛国家级二等奖，并以较好的成绩进入中国科学技术大学攻读软件工程硕士。

数学竞赛辅导不仅提高了学生的数学思维能力和解题能力，还为学生未来的发展奠定了坚实基础。许多学生在参加数学竞赛后，顺势而为，积极投入其他相关的竞赛活动中。例如，2020 级信息学院的李凯同学在获得数学竞赛一等奖后，积极参加数学建模比赛，并在美国大学生数学建模比赛中获得金奖，从而激发了更大的学习热情，使学业稳步提升，并在 2024 年被光荣保送到中科院自动化研究所进行深造。

从数学竞赛走出去的人才数不胜数。这些成功案例充分展示了竞赛辅导对学生未来发展的积极影响。

（五）育人成效：显著提升的竞赛成绩与教师发展

随着数学竞赛育人模式的不断创新与实践，北京化工大学的数学竞赛成绩也显著提升。2022—2024 年，北京化工大学连续 3 年荣获北京市大学生数学竞赛“优秀组织奖”，竞赛辅导育人团队 4 人次获得“优秀指导教师奖”。2024 年，北京化工大学非数学专业组参赛总人数为 211 名，其中 152 人获全国奖（一等奖 41 人、二等奖 61 人、三等奖 50 人），获奖比例高达 72%，远超北京赛区参赛高校 40% 的平均获奖比例。

同时，竞赛指导教师的教学水平也有了很大提升。竞赛指导教师根据每年竞赛风格，调整讲座辅导内容，将竞赛元素融入高等数学课程的日常教学，提升了教学水平。现已有两位教师获得“校级教学名师”称号，充分体现了这种模式对教师教学能力的提升作用。

三、经验启示

（一）多维度动态选拔体现了竞赛育人模式的合理性

结合自主报名、教师推荐、校内初赛与过程考核的动态选拔机制，能够全面评估学生的数学能力和潜力，确保选拔过程的科学性和公平性。

（二）多元辅导模式优化了竞赛育人模式的结构

采取线上线下同步的“竞赛讲座 + 讨论答疑”模式，打破了时空限制，使学生能够随时获取辅导资源，提高了学习的灵活性和自主性。

（三）竞赛育人模式加强了竞赛与教学的深度融合

将竞赛元素融入数学课程的日常教学，提升了教学水平；将竞赛思维融入日常教学，实现了以赛促教的目标。

（四）竞赛育人模式促进了优秀学生全面发展

北京化工大学数学竞赛育人模式在德智体美劳全面发展方面取得了显著成效。在德育方面，通过竞赛培养了学生坚韧不拔的意志品质和团队协作精神；在智育方面，学生不仅提升了数学思维能力和解题能力，还拓宽了学术视野，激发了更大的学习潜力；在体育方面，注重竞赛与身心健康的平衡，通过合理安排训练时间，确保学生保持良好的体能状态；在美育方面，数学之美与逻辑之美在竞赛中得到充分展现，培养了学生的审美情趣和创新思维；在劳动教育方面，学生在备赛过程中培养了严谨治学的态度和精益求精的工匠精神。

通过以上措施，北京化工大学的数学竞赛育人模式在实践中取得了显著成效，为其他高校提供了有益的借鉴和参考。然而，这种模式仍有改进空间。例如，如何进一步优化辅导资源的分配，以满足更多学生的个性化需求；如何更好地将竞赛成果转化为学生综合素质提升，都是未来需要进一步探索的方向。通过不断创新和改进，竞赛服务育人模式将为更多学生提供全面发展的平台，助力学生在德智体美劳各方面取得更大进步，为未来发展奠定坚实基础。

基于工程训练实践基地的“12345”课外服务育人机制

杨　冉　刘佳其　申子嫣

一、案例概述

工程训练实践基地作为高校实施工程教育的实践性教学平台，是培养学生工程能力和创新精神的重要场所。以北京化工大学工程训练实践基地为例，该基地建筑面积为1.2万平方米，设备资产达3000余万元，开设10余项传统和数控实践项目，现为学校教学规模最大、辐射学生人数最多的实践基地。

基于工程训练实践基地的特色特点，提出“12345”课外服务育人机制：“1”是指以学生为一中心；“2”是指线上线下两平台；“3”是指实践能力、创新思维、综合素养三融合；“4”是指学业实践、竞赛实践、科研实践、活动实践四方面；“5”是指德智体美劳全面发展五要素。着力构建具有工程训练实践特色的课外服务育人机制，以期提升服务育人水平和人才培养质量，为各高校探索服务育人体系建设提供新思路与新方法。

二、主要做法和成效

（一）围绕“一中心”，恪守全心全意服务学生

坚持“以学生为中心”的服务育人理念，落实立德树人根本任务，突出学生主体地位，在满足学生成长需求的过程中实现价值引领、人格塑造和能力培养。恪守全心全意为学生服务宗旨，通过构建全方位、多层次的支持体系，将服务行为转化为育人资源，使教育过程从单向传授转变为双向成长。

（二）打造“两平台”，拓宽服务育人实践途径

利用线上线下“两平台”服务育人途径，整合资源打造服务育人新生态。在线上平台，构建学习空间“云课堂”，将工程实践案例、企业一线实景等分享至云端，累计观看千余次，实现师生、学生之间的线上互动交流，实现突破时空限制的全方位互动性育人模式，培养学生工程实践兴趣与意识；在线下平台，聚焦工程训练实践基地深度体验，每年实践基地开设对外开放日、项目式实习、艺工创新活动等课外活动，累计辐射北京化工大学千余名学生。将线上平台的服务效果延展，使二者结合从而形成“线上兴趣外化＋线下实践内化”的完整闭环。

（三）统筹“三融合”，强化工程能力素养提升

发挥实践能力、创新思维、综合素养“三融合”服务育人效能，依托工程训练实践基地现有场地、设备、师资等资源，通过引导学生参加学科竞赛、参与科研项目、开展艺工活动、开展项目式实习实践等多样化的课外活动，鼓励学生体验从设计到实物的完整过程，促使学生在真实的问题情境中运用所学知识，致力于培养学生的实践能力、创新思维与综合素的养融合发展和全面提升，为培养符合时代需求的高素质工程人才提供有力支撑。

（四）聚焦“四方面”，发挥课外育人特色服务

构建学业实践、竞赛实践、科研实践、活动实践“四方面”服务育人架构，全面助力学生在专业能力和个人成长等方面发展。在学业实践方面，工程训练实践基地注重科教、产教、赛教协同育人，形成具有北化特色的“金工＋高工”协同实习体系，创建“中国塑机创新人才培养基地”，覆盖北京化工大学学生千余人，开设专题并对外开放，仅2024年便承担各类师生课外参观及培训活动20余场，进一步扩大了辐射范围；在竞赛实践方面，组织《全国普通高校大学生竞赛排行榜》榜单赛事中的六大赛事，负责学生从宣讲报名、设备培训、校内选拔、带队参赛、竞赛报销等全流程课外服务育人工作，仅2024年便覆盖北京化工大学千余名学生，获得140余项竞赛荣誉，同时通过承办高水平国家级赛事，激发学生的参赛热情与学习兴趣，荣获多项大型赛事的“优秀组织奖”，在高校学科竞赛服务育人中起到广泛的示范引领作用；在科研实践方面，基于实践基地的场地、设备、师资等资源，积极服务学生参加科研项目，包括科研零部件的生产加工、精密检测和逆向建模等内容，增强学生科研实践能力，提升专业能力与综合

素质，为学生未来学术与职业发展提供优势；在活动实践方面，成立“竞赛社”“虚拟技术协会”等学生社团，组织宣讲路演、技术培训、经验分享等10余场活动，服务学生各类作品的转化与应用，整合校内外资源为学生提供优质的研发条件和实践环境，全面提高服务育人实效。

（五）涵盖“五要素”，践行“五育并举”全面发展

实现德育、智育、体育、美育、劳育“五要素”服务育人维度，助力学生成为全面发展的社会主义建设者和接班人。在德育方面，引导学生树立正确的人生观和价值观，如评选“工程训练先进标兵”、组织志愿服务活动、师生共建党建作品展区等，塑造学生的人格素养，为服务学生全面发展奠定基础；在智育方面，实践基地除日常教学任务外，每年组织课外科技竞赛、设备技术培训、艺工创新活动等多样化的实践形式，激发学生的学习兴趣与热情，服务学生培养实践创新能力和团队协作能力；在体育方面，实践基地结合工程实践提升体能。例如，项目实习过程需要学生具备一定的身体素质和耐力，如机械操作、生产加工、科技作品制作、科研零部件检测等，间接锻炼学生的体能和意志力，助力学生全面增强身体素质；在美育方面，基地每年举办与时事热点相关的“艺工结合”特色服务育人活动，将先进制造技术与形式多样的主题活动相结合，如百米长卷献礼百年华诞活动、冬奥主题校园冰雪文化节活动、喜迎二十大彩绘万副护目镜活动、第四届冬季文化节活动等，累计辐射北京化工大学万余名师生，相关活动被中国教育新闻网、北京青年报多家媒体报道，产生广泛积极的社会影响；在劳育方面，基地组织10余次劳育活动，同时促使劳动教育朝向创新性、实践性和多元化方向发展，2024年重点落成师生共建劳育作品展区和文化墙，进一步展现工程实践服务育人成果，聚力打造北京化工大学创造性劳育新品牌。

三、经验启示

（一）明确服务定位，奠定机制建设基础

明确服务定位是奠定机制建设基础的关键向标。以学生为中心是整个服务育人机制的核心，只有真正以学生为中心，关注学生的需求、兴趣和成长，才能激发内在动力，使学生在实践中主动探索、积极学习。因此，在育人机制的设计和实施中，只有清晰地认识到服务的目的和方向，才能更好地整合资源、优化服务内容，并通过建立反馈机制

不断优化服务流程，形成有效良性循环，从而达到围绕学生全面发展、提升学生综合素质的效果。

（二）挖掘优势特点，创新服务育人形式

挖掘优势特点是创新服务育人形式的重要途径。深入挖掘工程训练实践基地的特色资源，如先进的实验设备、丰富的实践案例、专业的指导团队等，结合优势特点提出“12345”课外服务育人机制建设。其中，开展科技竞赛、设备技术培训、艺工创新活动等特色活动，基于工程训练现有资源，并与课程体系紧密衔接，实现课堂内容的延伸，有效激发了学生的兴趣和参与热情。因此，在育人机制的设计和实施中，应立足自身特色优势，展示创新服务形式，开发出具有特色的服务育人项目。同时还应注重结合时代发展和行业趋势，不断更新和完善服务育人内容，使机制建设更具前瞻性和吸引力。

（三）扩大辐射范围，提升服务育人质效

扩大辐射范围是提升服务育人质效的必然选择。只有积极扩大辐射范围，才能实现服务效益最大化，实现教育价值最大化，有效促进优质资源共享和配置优化，有效提升学生综合素养。同时，积极寻求与校外企业、科研机构的合作机会，通过共建实践基地、联合培养等方式，为学生提供更多实践锻炼和就业创业的机会，促进课外服务育人机制不断完善、服务育人形式不断创新，使其更好地发挥其育人作用，为学生的全面发展提供有力支持。

宏德化育，工创未来：基于提升大学生工程实践创新能力的课外育人模式探索

申子嫣　杨　冉　刘佳其

一、案例概述

北京化工大学工程训练中心是全校教学规模最大、辐射学生人数最多的实践教学基地，自2020年起创新构建“一中心、三阵地、五融合”课外育人体系，着力培养具有工程实践创新能力的卓越人才。该模式以“学生为中心”核心理念为引领，通过竞赛社团建设激发学生内生动力；整合工程训练中心、竞赛社团和创享商圈“三阵地”资源，打造全链条培养平台；创新推进学生与教师、学科与工程、竞赛与创业、基础与专业、专项与素养“五融合”，形成协同育人生态。

经过4年实践，培养成效显著：学生竞赛获奖从年均不足10项跃升至140余项，累计获国家级奖项70余项；孵化创业项目，其中Robot-XZC工作室成为典型范例，相关成果被《人民日报》等多家主流媒体报道，为高校工程人才培养提供了可复制的创新范式。课外育人模式实现了课内教学与课外实践的有机衔接，为新时代卓越工程师培养探索出一条特色发展路径。

二、主要做法和成效

（一）锚定“一中心”，为育人激活内生动力

在竞赛培养过程中，把强调“学生为中心”作为体系搭建的第一准则和要义，充分发挥学生团体的主导作用。基于“一中心”，成立“竞赛社团”，工程训练中心作为社团

的业务指导单位，整合相关比赛资源，为社团提供活动场地、资金支持、技术设备以及具有丰富竞赛经验的指导教师。社团以“全心全意为同学提供竞赛支持与服务，共同营造创新多元竞赛氛围”为宗旨，以激发学生工程实践创新能力为培养方向，以高质量完成科创类专业能力大赛为主要目标，一经成立受到学校、学院的广泛关注，同时吸引了大量各学院、各专业对科技竞赛有兴趣的同学，成为同学们的“根据地”和“大本营”，在竞争与合作中形成良好的大学生生态圈，并被授予“智能制造创新创业实践基地”。

（二）联动“三阵地”，为备赛提供有力保障

工程训练中心作为“实践阵地”，以学生竞赛社团作为“主体阵地”，以大学生活动中心创享商圈作为“前沿阵地”，“三阵地”相互带动、形成合力，共同发挥培养大学生工程实践创新能力的重要作用。依托工程训练中心提供资源支持，充分运用虚拟仿真实验室、备赛教室、创客空间、社团基地等场地资源，让学生能够在工程训练中心实现灵感萌芽、概念创意、作品设计、模型搭建、实物制作、作品调试、比赛模拟等备赛环节。与此同时，工程训练中心的赛事负责教师、竞赛指导教师、加工技术教师各司其职，落实好在赛事组织、竞赛指导、技术支持、校赛选拔、行政管理、异地参赛等方面的工作，确保学生专心备赛、无忧参赛。

（三）联动“五融合”，为育人构筑协同体系

“五融合”课外育人体系通过五大维度的有机整合构建协同发展的创新生态：以“学生主体与教师指导相融合”激发内生动力，以“学科竞赛与工程训练相融合”促进知行合一，以“竞赛创新与自主创业相融合”贯通价值链条，以“基础训练与专业培养相融合”夯实复合根基，以“专项能力与综合素养相融合”提升全面发展水平。这 5 个方面通过资源协同与机制创新，相互融合、相互促进、共同发展，形成了“实践驱动—创新引领—素质提升”的良性循环，既强化了专业教育的深度，又拓展了素质教育的广度，为新时代提升大学生工程实践创新能力提供了系统化的解决方案。

“一中心、三阵地、五融合”这种基于提升大学生工程实践创新能力的课外育人模式自 2020 年开始构建，经过 4 年的建设和发展，取得显著成效，为学校、北京市乃至国家输送了近千名具备工程实践创新能力、怀揣卓越工程师梦想的优秀青年学子。据统计，学生竞赛省部级及以上获奖量从年均不足 10 项提升至 140 多项，2024 年单年斩获 141 项殊荣（含全国一等奖 12 项）。近 5 年累计指导学生获国家级竞赛荣誉 70 余项、省

部级近250项，优秀组织奖7项。教学成果得到《人民日报》《北京日报》《中国青年报》以及昌平融媒体等多家媒体报道，在高校竞赛培养中取得广泛的示范引领作用。

三、经验启示

（一）以学生为中心构建课外育人共同体，激发自主创新活力

实践表明，课外育人模式的成功首先源于对学生主体地位的充分尊重。通过成立“竞赛社团”这一创新举措，实现了3个突破：一是打破院系壁垒，构建跨学科创新团队，机械、信息、材料等不同专业学生在项目中形成优势互补；二是建立“学生自主管理+教师专业指导”的双轨运行机制，社团年度自主立项项目达20余个；三是形成“以老带新”的传承模式，高年级学生担任项目组长，带动低年级学生快速成长。这种模式的关键在于将传统的“教师主导”转变为“学生自主”。数据显示，通过该模式，2022—2023年社团成员累计获国家级竞赛奖励25项，省部级竞赛奖励40项，校级竞赛奖励60余项。与此同时，竞赛社也取得了优异的科研成果，社团成员以第一作者身份发表SCI 2篇，第二作者身份发表SCI 3篇，个人专利3项，并与北京理工大学、北京邮电大学、华北电力大学等高校的学生社团建立了长期交流合作，印证了以学生为中心的课外育人体系对创新潜能的激发作用。

（二）整合课内外资源打造实践育人矩阵，实现能力进阶培养

“三阵地联动”机制创造了独特的资源整合范式：在空间维度，提高了工程训练中心的设备使用率，提升了创新创业项目的孵化与转化能力；在时间维度，教师除日常教学之外的时间被充分利用，有效提高在教育教学方面的指导效率。这种整合产生了显著的协同效应：基础训练环节通过“课程项目化”将课内实验延伸至课外实践；能力提升环节依托学科竞赛形成“训练—竞赛—再训练”的螺旋上升路径；创新实践环节通过“创享商圈”实现作品市场化转化，实现了对学生工程实践创新能力与综合素养的进阶培养。

（三）引导树立项目意识，学科交叉综合提升工程实践创新能力

根据“三阶式”的竞赛培养体系，在学生参加学科竞赛初期，通过线下的新生入学活动、名师讲座分享、竞赛宣传活动、路演展示活动以及线上的公众号、媒体渠道等

方式，树立起学生的“团队意识”和“项目意识”，将学科交叉、多元创新的“竞赛观”根植在学生心中，引导学生将基础科普性专业竞赛和工程能力专业竞赛中的成果、掌握的专业技能和获取的前沿知识，转化成可持续的项目方案，继续深入研究。

为实现“创意—创新—创业”的全链条培育目标，学生通过竞赛社团以及工程训练中心的平台和资源将灵感创意变为创业现实。大二学生团队在工程训练中心和机电学院校友会的支持下，成立 Robot-XZC（新征程）科创工作室，并进行公司注册，落户北京化工大学大学生活动中心创享商圈，经过 3 年的运营和发展，已成为学校优秀的创业范例，主营科创产品获中国机器人大赛暨 RobotCup 机器人世界杯中国赛全国一等奖。

（四）构建“五融合”课外育人生态体系，培养新时代卓越工程师

该体系最突出的创新价值在于突破传统工程训练的单一技能培养模式，构建了“五融合”课外育人生态体系，并通过重构师生关系将教师角色从知识传授者转变为创新合伙人，通过重塑工程训练实践教学培养过程，形成“以赛导学、以赛促创”新范式。基于提升大学生工程实践创新能力课外育人模式的探索与实践，为新时代卓越工程师培养提供了可参考、可复制的实施路径，通过系统化的课外育人设计，实现了知识、能力与素养的有机统一。

深耕实验室育人阵地，全力搭建课外创新类实验平台

邵　倩

一、案例概述

随着我国高等教育事业的不断发展，多校区办学已成为各高校的主要办学模式，其中尤以学生分阶段在不同校区的培养模式最为常见。以北京化工大学为例，多个理工科类专业的研究生集中于朝阳校区专注科学研究，本科生集中于昌平新校区学习基础课程。为方便昌平校区的本科生在课余时间开展科研训练，节约师生往返于两个校区之间的时间和精力，化学学院学科交叉创新实践中心以创新设计、科研实践为主导，以各类竞赛和科创项目为载体，充分利用昌平校区化学类实验室的资源设施，全力搭建课外创新类实验平台（以下简称“平台”），激发学生投身科研创新、担当科技自强自立重任的热情与决心。

平台承载的课外创新类实验如“萌芽杯”、各理工科类实验竞赛、大学生创新创业训练计划、科普实验展示等多在周末或工作日的晚上集中开展，涉及多种不同的课题领域，需要的试剂及仪器的种类十分繁复，而参与的学生来自不同的学院、不同的年级，基础不同且流动性大，为平台的安全管理工作带来较大挑战。平台以充分发挥实验室在实践和创新教育中的“育人主阵地”作用为目标，不断探索其运行和实践过程中的管理模式，以期为培养学生的实践创新能力提供更加有力的保障，促进学生知识、能力和素质的全面发展。

二、主要做法和成效

（一）创新管理方法，构建安全护航体系

平台立足创新型人才培养需求，制定《化学类课外创新实验室管理办法》《安全管理卫生细则》等制度文件，形成多维度的创新保障机制。在管理架构上创新实施“双轨制全流程审核机制”，每项创新实验方案均须通过指导教师及平台负责人进行“创新可行性评估＋安全风险防控”双重审核，确保科研创新与安全规范并重。

平台严格落实安全责任体制，创新建立由指导教师、学生团队成员和实验室管理人员共同构成的“三位一体”责任制，通过三方共同签署《安全使用责任书》明确各自的安全职责，构建“科研创新—安全防护—绿色环保”的闭环式安全管理体系，定期组织安全卫生教育培训、安全检查、安全讲座和安全应急演练，进一步强化学生的安全意识。

（二）协同试剂管理，加强空间活化育人

为避免在课外创新类实验室存放大量试剂带来的风险，同时减少对实验室有限面积的占用，平台依托化学实验教学中心进行资源整合与优化利用，创建“教学科研协同式试剂管理新范式”，将试剂分类存放在化学实验教学中心试剂库，并建立动态台账实时记录试剂出入库情况。此外，针对特殊化学品开发梯度安全供给方案，对易制毒、易制爆试剂进行重点管控和安全转化，确需使用高浓度试剂时严格控制发放量，由实验员和指导教师共同领取、共同现场指导学生使用。

在空间规划领域，根据实验室功能活化理论，设计动态模块化实验空间，将个人区域与公共区域进行统一调配和管理，并着力打造安全文化浸润式环境，设置“安全认知文化墙”，将安全提示、应急处置等要点转化为沉浸式实验氛围，于无形中引入实验室安全的隐性教育，形成“空间育人—行为养成”的创新教育模式。

（三）丰富仪器种类，推进仪器规范化使用

平台建立“教学—科研—创新”三轴联动的仪器配置模式，引进材料合成类仪器、光谱分析仪、色谱分析仪、电化学和能源化学测试组装等设备集群，打造“合成—分析—表征”一体化创新平台，覆盖分析化学、材料化学、能源化学等多个领域，全力构建多学科交叉育人体系。

平台建立三维立体操作导引模式，为每种大型仪器配备详细的文字版使用说明、注意事项和操作视频，并定期开展仪器使用培训，帮助学生快速了解仪器的原理、构造及使用方法。为提高大型仪器使用率及使用效率，平台仪器面向实验课程开放，不仅借助教学进一步扩大了受益群体，也简化了实验室的培训流程，降低学生因误操作造成设备损坏的可能。教学与实践相结合的培训模式也促使学生实现“基础操作标准化—进阶应用模块化—创新研究个性化”的平稳过渡。

（四）优化资源配置，提供全方位服务

平台在充分利用现有仪器设备的基础上，依托化学实验教学中心进行资源整合及优化利用，建立化学实验资源多级联用机制，创新设计“场地—试剂—仪器—指导”四维联动模型，形成覆盖实验全要素的资源配置矩阵。学生提前申报实验方案时同步生成个性化需求清单，由实验员进行场地、设备、耗材的跨实验室联动调配，并开发弹性空间使用方案，当预约量激增时开放化学实验教学中心当日暂不开课的实验室供学生临时使用，形成“主实验室＋卫星实验室”的协同工作集群和“教学优先，错峰共享”的双轨制。

平台秉承以学生为中心，以“加强基础、注重能力、引导创新”为指导思想，创建实验需求即时响应通道，通过线上线下双轨制收集反馈，形成“需求提交—方案优化—资源保障”的 12 小时服务闭环。实验室长期服务并支撑“萌芽杯”、大学生创新创业训练计划、各理工科类实验竞赛、科普展示实验及视频拍摄等活动，年均覆盖学生 1000 余人次，开展课题 60 余项。

（五）依托实践项目，促进学科交叉深度融合

平台全力支撑新工科背景下的人才培养需求，重视引导学生将多学科合作的视角融合到实践训练中，削弱过度学科分化的“孤岛现象”。同时，平台注重学生及指导教师来自不同学院、学科背景多样化的特征，通过组织项目成果展示、定期汇报讨论等活动，搭建跨院系、跨学科、跨专业的综合型实践创新交流平台，促进不同学科领域的相互渗透、相互协同及相互支持，为打破学科壁垒，促进学科交叉深度融合、创建校内多学科交叉融合的人才培养生态环境提供有利条件。

在充分发挥化学学科专业优势的前提下，平台依托学校“大化工”背景，鼓励项目教师将化学生物学、资源化学、能源化学等多类学科交叉型前沿类项目拆分为子课题，指导学生进行科研探究，激发学生的学习兴趣和专业认同感。同时，实验室积极组织学

生参加“互联网 +”大学生创新创业大赛，依托大创计划每年固定支持 5 项左右的学科交叉型课题，支持化学生物学、等学院新设立学科的发展。

（六）教学启迪科研，科研反哺教学

为培养学生善于思考、发现问题及解决问题的能力，平台鼓励学生从熟悉的教学类实验项目入手进行方案改进或拓展研究，包括但不限于采用更少量的试剂、更安全的方法、更简化的步骤，获得更高的产率、更好的产品质量。该项举措加深了学生对实验项目的理解，巩固了相关的理论知识和操作实践，是对实验教学的有力补充。同时，平台与化学实验教学中心联合推动项目优秀成果向教学实验转化，实现教学内容的不断更新，为培养实践型、创新型人才奠定基础。

“教学启迪科研，科研反哺教学”的培养模式在学生群体中获得了良好反响。有学生从《兴趣化学实验》课程中的“废铝片制备明矾晶体”实验获得灵感，将“影响明矾晶体形貌的因素”作为“萌芽杯”竞赛的研究课题进行认真探究；有学生以实现《无机化学实验》课程中制备产物的最大化利用为出发点，进行了“利用教学实验产物过碳酸钠和硫酸亚铁铵降解实验室废液中的甲基橙”实验探索，为教学类实验室“废固”“废液”的回收与处理提供新的思路。同时，北京化工大学化学实验竞赛中 2 项一等奖作品分别被开发设计为独立的实验项目，已应用于《综合化学实验》和《仪器分析实验》课程教学，极大地激发了学生的实验兴趣和热情。

三、经验启示

平台秉承强化服务保障意识、提升课外创新实验支撑能力的宗旨，通过多类型实验竞赛和创新训练的任务驱动，深耕实验室育人阵地，渐进式培养学生的实验能力和创新思维。在今后的工作中，可进一步挖掘学生及指导教师来自不同学院、学科背景多样化的特征，促进跨院系、跨学科、跨专业的创新交流，拓展师生共同学习的机会，培养学科交叉思维，为新工科背景下创新型、复合型、应用型人才的培养奠定基础。

高校英语角课外育人活动模式的探索与实践

王　蕾

一、案例概述

为适应我国社会发展和国际交流的需要，践行立德树人根本任务和服务育人理念，进一步贯彻落实“新文科”建设精神，着力培养学科交叉复合型、创新型人才，北京化工大学英语教师利用课余时间组织开展了以对话交流为主要形式的英语角第二课堂活动，培养学生在学习和生活中使用英语有效进行交际的能力。北京化工大学的大学英语课程分为精读课和视听说课 2 个部分，且把培养学生的听说能力作为教师教学的重要环节。但是在授课过程中教师也发现，由于课时有限，英语课堂很难为每位学生提供充足的时间和空间进行英语听说练习与口语展示。因此，开展英语角课外育人活动可以为英语第一课堂提供更好的补充和延伸，时间上更灵活，师生之间和学生之间的交流方式也更自由，通过优化活动设计实施、强化专业指导赋能、发挥学生组织主导、汇聚多方育人资源，为学生营造多元化的沉浸式英语交流环境，助力提升学生的英语口语表达能力、听力理解能力和跨文化交际能力，增强学生语言运用的熟练度和自信心。

二、主要做法和成效

（一）主要做法

1. 优化活动主题设计

英语角课外育人活动自 2024 年春季学期开始，每周末晚上举办 1 次，每次活动时长 2 小时，活动主题和形式多样，但每次活动都有一个明确具体的主题。教师以服务学生为本，精准把控活动的全环节全过程。首先，活动的主题会提前一周通过“北化文法之声”官方公众号进行推送，确保学生在活动中有“旨”而谈、有“备”而谈。其次，在话题的选择方面，充分听取学生意见，除设计与课堂教学内容相关的话题外，也将校园生活及社会热点问题纳入讨论范围，如设计了“College Life and Education”“Revenge Sleep Procrastination”和“Social Media Platforms”等话题。另外，每次活动都会招募1名学生主持人，与教师共同主持活动，为有能力、有意愿展示自我的学生提供更多的锻炼机会，并且通过朋辈互助的形式，让原本不敢开口说英语的学生逐渐参与到大家的交流当中。此外，英语角活动的形式也独具创新性和多样性，如开展趣味英语配音、英语电影片段表演、英语歌曲演唱等，着力打造一种轻松愉快、交互式的英语学习环境，在这里学生不再是被动的听众，而是活动的主动参与者与主角。

2. 注重师生交流活动

专业英语教师在英语角课外育人活动中发挥着重要的服务育人引领作用。专业教师参与到活动中来，可以及时纠正学生的语音语调和语法错误。教师根据教学大纲和学生的实际需求设计的“Childhood”和“The Shining Star of Yours”等主题活动，将课堂教学内容与课外听说实践锻炼完美结合，为学生提供课堂内容的延伸和进一步拓展，让学生能够加深对知识的理解与运用。在“Our Winter Vacation”和“Holidays and Autumn”活动中，教师走下讲台，积极参与学生的讨论，师生共同分享假期见闻、节日起源、风俗习惯等相关知识，引导学生对比中西方节日文化的差异，培养学生的跨文化思考意识。

3. 发挥学生组织优势

学生组织在英语角课外育人活动中发挥着积极的主体作用。本次活动获得了文法学院学生会的大力支持。学术部干事具有较强组织能力和英语水平，教师编辑好每周的文案后，由学术部干事负责在学院公众号“北化文法之声”上进行活动推送，并负责前期活动所需教室的申请和布置、活动中的签到和签退以及活动后收集参与学生的信息反馈等。学生是最积极、最有生气的力量。教师鼓励学生组织积极参与英语角的日常管理和服务工作，包括活动的策划、组织和宣传等工作，以此激发学生的参与热情，培养学生的团队协作能力、创新精神和责任感。

4. 汇聚多方育人资源

高校行政部门在英语角课外育人活动中发挥着全方位的支撑作用。文法学院在活动实施、资源调配等方面给予保障，为英语角活动的开展提供资金和场地支持，如协助购买活动所需的奖品（学院定制明信片、卡套）等物资；负责活动场地的审批和维护，合理安排教室，确保英语角活动有固定、舒适的场所。后勤部门则做好相应场地的清洁、照明、通风等工作，为学生提供良好的活动环境。

（二）成效

英语角课外育人活动坚持以学生为中心，为学生提供了大量英语输入和输出的机会。活动举办一年来，共有约 300 名学生参加。学生们经过一年的实践锻炼，口语表达更加流畅、发音更加准确，听力理解能力也得到了增强，真正做到了学以致用；同时，同伴互促的学习方式以及英语专业与非英语专业学生的共同加入，促使学科知识相互交融，拓宽学生视野，实现学科间的交叉育人。另外，英语角丰富的活动主题也激发了学生的阅读兴趣，学生通过在活动中的分享、英语原著与英文报纸杂志的阅读等，拓宽了词汇量，提高了阅读理解能力。

参与英语角活动的学生在各类英语比赛中均取得了优异的成绩。例如，有一位参加英语角活动的同学在 2024“外研社 U 词杯”全国大学生英语词汇智慧学习大赛中获全国一等奖；在 2024“外研社・国才杯”“理解当代中国”全国大学生外语能力大赛校赛中，2023 级国贸班有 3 位频繁参与英语角活动的学生获铜奖，获奖比例明显高于其他学生，这充分证明了英语角活动对提升学生英语综合能力具有积极的促进作用。

此外，学生们在与教师一起策划、组织活动时，充分发挥自身优势，其团队协作能力与沟通能力得到锻炼；在主题讨论过程中，学生们提出新颖的观点和新奇的想法，其批判性思维和创新思维也得到了重点培养。

三、经验启示

（一）坚持系统性原则，构建完善的育人体系

英语角课外育人活动要坚持系统性原则，将服务育人理念与活动本身进行有机结合，构建完善的育人体系。英语角活动当下虽然已经形成了和学院以及学生组织之间的联系，但仍需要充分调动学校各方面人员的积极性，将各个部门连接成一个有机整体，确保活动有计划、有步骤地进行，如从学院层面继续寻求与各学院教务干事或辅导员进行联络、从学校层面可以构建与北区办和教务处的合作，争取在更多的学校平台上推送英语角相关活动的邀请函和新闻报道，扩大活动影响力。只有构建起完善的育人体系，才能充分发挥英语角活动的育人功能，促进学生的全面发展。

（二）坚持创新性原则，激发优质的育人活力

英语角课外育人活动要坚持创新性原则，坚持在活动的全过程中不断创新活动形式和内容，以满足学生日益多样化的需求。作为第二课堂活动，英语角为学生提供了更多语言实践机会，但仍然需要创建自己的特色，力争把本活动打造成学生英语口语训练的“实训基地”。在活动形式上，引入新媒体资源，如开展线上线下相结合的英语角活动，对活动过程进行全程直播并与线上参与同学进行互动等，为学生提供更多的参与途径。在活动内容上，根据不同专业不同年级学生的不同需求，设计更有针对性的具有时代特色和吸引力的主题，如针对大四学生设计模拟英语职场交流，加强其在英语求职就业方面的实践锻炼，针对喜欢英语话剧的学生进行演讲技巧与演讲能力的锻炼，针对计算机专业的同学设计“人工智能与英语学习”等主题，针对英语专业的同学开放“用英语讲好中国故事”等话题活动。同时，鼓励学生发挥主观能动性，积极参与活动的全程创新，让学生在创新中体验英语学习的乐趣，收获更为丰富的知识，提升育人效果。只有坚持创新性原则，才能激发英语角活动的育人活力，使英语角成为学生喜爱的课外学习和交流平台。

（三）坚持协同性原则，形成强大的育人合力

英语角课外育人活动要坚持协同性原则，积极整合学校各部门和校内外各种育人资源，形成强大的育人合力，健全服务育人机制。各部门之间加强沟通与协作，实现资源共享、优势互补，为学生提供更加丰富多样的学习和实践机会，如与图书馆合作，设立英语角资料专区，提供紧跟时事发展的英语报刊杂志或影音资料等，方便学生在英语角活动前后进行阅读和学习；与国教学院合作，邀请外教、留学生参与英语角活动，营造更加真实的跨文化交流环境，让学生在增强民族文化自豪感的同时向外国友人展示中国文化的魅力；与信息中心合作，开设英语角在线交流社区，打破时间和空间的限制，让学生在线上分享学习心得、交流活动体会等。只有各方协同发展，才能为学生创造更加优质的育人环境，从而提升英语角课外育人活动的质量和效果。

06 协同服务：打造育人共同体

小校区大作为，以服务升级破解资源困境，以管理创新激活育人潜能

丛 迪

一、案例概述

（一）校区基本情况

北京化工大学海淀校区占地约 9.8 万平方米，现有教职工 200 余人。校区管理模式为“条块结合，职能延伸”，功能定位为研究生培养、科技孵化、教育培训、资源高效利用。

校区长期面临以下问题：

（1）设备设施陈旧。教学楼、宿舍楼等基础设施建于二十世纪七八十年代，水电暖管线老化，教学设施、多媒体设备较为陈旧，不利于高质量的教学开展。

（2）管理力量薄弱。管理人员素质参差不齐，以退休返聘和临时聘用人员居多，面对校区复杂的管理事务，难以实现高水平精细化管理。

（3）在校生规模小且规模不定。每年在区学生规模为 300~1000 人不等，且涵盖本硕博、留学生、专硕学硕、延期毕业等各类学生。培养对象结构的多元化与复杂性对服务管理提出了更高的要求。

这些问题导致校区存在资源有限与育人需求间的突出矛盾。一方面，有限的资源难以满足学生日益增长的多元化需求；另一方面，在育人过程中，要实现高质量的教育教学和管理服务，需要充足的资源投入，包括师资配备、管理与服务保障队伍等，而校区在这方面面临较大压力。

（二）工作目标及定位

校区坚持以“服务育人”为核心，立足“小而精、专而特”的发展理念，制定三大目标。

（1）强化管理效能。通过制度创新与资源整合，破解“资源有限”与“育人需求增长”的矛盾。

（2）打造特色环境。依托科技孵化功能，提供产学研一体化实践平台；优化生活服务，营造温馨育人氛围。

（3）激活师生潜能。以学生为中心，搭建个性化成长支持体系，促进学术能力与综合素质双提升。

二、主要做法和成效

（一）主要做法

1. 强化统筹协调，凝聚育人合力

建立多部门联动机制。充分发挥西校区管委会统筹各部门机制，推进校区事业发展。2020—2024 年共召开管委会会议 28 次，推动解决事项 187 项。建立并运用家属区联防联控机制、校区日常运行与综合治理协调机制、校区安全稳定联动机制等打破部门壁垒，加强部门协作，形成育人合力。

汇聚社会优质育人资源，强化校地协同发展。争取属地政府公安、消防等部门支持，与紫竹院街道、万寿寺派出所共建“综合治理 360°”校地警联盟，校区治安及安稳形势根本好转；2020—2024 年争取街道支持基础设施建设经费近百万元；与周边单位深度合作，联合解放军军乐团开展“红色教育研学”活动，拓展育人资源；与 2 所小学共建，解决教职工子女入学的后顾之忧等。

2. 改善硬件条件，夯实育人基础

校区基础设施老化陈旧，与育人目标存在较大差距，必须通过改善环境和条件，补齐育人短板。2020 年完成 32 项硬件改造如增设无线网、自习室等；2022 年安装外卖自提柜、更换多媒体设备等；2023 年推进 8 号楼电梯工程，解决老年教职工出行难题；2024 年联合多部门启动校区路面修缮工程。

推进办学资源高效利用，夯实育人工作基础。2023 年通过公开竞价出租 12 处房产，为学校创收千万余元；2024年解决了64位科研助理的住宿需求，为25位教职工解决临时住房问题，为科研团队新增500平方米实验室，出租面积新增4945平方米，收入增长20%。通过挖掘、盘活校区闲置资源产生的经济效益、社会效益有力地支撑了学校人才培养。

3. 优化服务管理，提升育人温度

运用全周期闭环式服务保障机制提升校区服务能力。通过“问题收集—登记造册—跟踪解决—销号反馈—问题回头看”机制，确保每一名学生意见都被重视，每一个意见和建议都会得到回应。注重在过程中与学生的有效沟通，将问题解决过程作为走近学生、服务学生、引导学生的重要契机。

秉持“以师生为中心”的思想，将“以人为本”的理念落实到服务管理的各个环节。例如，在食堂服务方面，对破旧的食堂进行全面改造升级，更换用餐桌椅、调整用餐功能区，设立师生专属就餐区及多功能用餐区，打造雅间，满足师生多样化的用餐需求。全面提升菜品质量，增加特色菜品和风味美食窗口。除此之外，在日常管理中，关注师生的生活细节，如在汛期前维修积水路面，在教学楼增设无障碍设施，为体育场更换和维修硬件设施、增设乒乓球台等，让师生感受到关怀和温暖。

4. 畅通反馈机制，构建共治格局

建立多种畅通的反馈机制，如师生权益交流会、接诉即办等。2024年，收集学生各类意见和建议32项，解决了包括宿舍消防门、宿舍吹风机、食堂菜品口味、浴室水流及开放时间、自习室占座、操场噪声等问题。全年收到接诉即办68个，协调解决事项65件。召开家属区居民座谈会，及时了解师生和居民的需求和问题，围绕老旧小区改造等居民关心的问题与居民进行近距离对话，构建起共治共享的良好格局。

5. 保障科研实践，强化学术育人

积极为师生的科研实践提供支持和保障。加强对实验室的安全管理和设备维护，定期组织安全检查，及时消除安全隐患。积极推动产学研合作，大学科技园组织“文物修复”专场产学研对接交流会，促进学校研发优势与企业技术需求精准对接，为学生提供更多参与科研实践的机会，培养学生的创新能力和实践能力，强化学术育人功能。

（二）成效

1. 硬件改善与服务提升营造良好育人氛围

校区硬件条件得到显著改善。设施升级覆盖率超80%，师生满意度从2020年的78%提升至2024年的94.6%。2024年房产资源收益增长18%，经济效益和社会效益创历史新高，为学校发展注入新动能。

服务效能显著提升。接诉即办机制问题解决率达93%，问题平均响应及解决最长时间缩短至3天。食堂的改造升级得到了师生的广泛好评，丰富的菜品、舒适的用餐环境和优质的服务，满足了师生的用餐需求，满意度创新高。

2. 科学研究取得新突破

童贻刚教授团队在知名期刊发表论文22篇，解析千金藤素等植物基因组，提出生物合成途径，为抗病毒药物研发提供新思路，积极推进噬菌体治疗应用的发展。气溶胶与霾实验室揭示北京冬季有机气溶胶的来源及对健康的影响，为大气污染治理提供科学依据，撰写的政策建议被北京市政协采用，提升了学校在环境科学领域的影响力。

集成电路设计实验室团队在智能机器人方面、模拟深海高压流动腐蚀实验室团队在深海高压防腐领域等均取得一定进展。

3. 双创与科技孵化取得新进展

9家学生创业企业参加中国国际大学生创新创业大赛，其中2家企业获得北京市赛创业组二等奖。与化学工程学院共建“绿色化工”创新创业实训基地，为师生提供创业实践、成果落地等服务，助力双创人才培养。校区新增“专精特新”企业8家、创新型中小企业8家，师生创业企业获得中关村高新技术企业资质及美中关系基金融资，申报北京市科委、中关村管委会科技成果转化“概念验证平台”建设项目并获得资助，与“化育新材校友基金”签订战略合作协议。

三、经验启示

（一）坚持党建引领与业务融合

校区始终坚持党建引领，将党建工作与业务工作深度融合。用党的创新理论武装头脑、指导实践、推动工作，通过开展党建活动，提高党员干部的政治觉悟和责任意识，激励他们在工作中发挥先锋模范作用，冲锋在前。

（二）坚持资源整合与精准施策

面对投入有限的困境，注重资源整合与精准施策。通过对校区资源的全面梳理和分析，合理调配资源，提高资源利用效率，不断提升经济效益和社会效益，并且充分利用校区科技孵化、产学研用一体化的功能优势，为人才培养工作构建良好的支撑条件。

（三）坚持学生主体与双向互动

始终坚持以学生为主体，注重师生之间的双向互动。在制定政策和开展工作时，充分考虑学生的需求和利益，鼓励学生积极参与校区治理。学校积极回应学生的诉求，及时解决学生的问题，形成良好的双向互动机制，增强了学生对学校的归属感和认同感。

（四）坚持持续改进与长效机制

通过建立长效机制，形成规范化的工作流程和制度，确保校区各项工作的持续稳定发展。同时，建立服务育人考核评估体系，将服务满意度测评结果应用到部门考核和个人年度考核中，推动服务育人工作快速迭代升级。

聚焦铸魂育人“五老话成长”，助力大学生心理健康教育

刘宏伟　邢辉燕　唐　岚

一、案例概述

促进学生身心健康、全面发展，历来是党中央关心、人民群众关切、社会关注的重大课题。在学校党委的坚强领导下，学校关心下一代工作委员会（以下简称“关工委”）大力弘扬教育家精神，认真落实立德树人根本任务，充分发挥“五老”（老干部、老战士、老专家、老教师、老模范）优势资源，统筹谋划、主动作为，积极开展“五老话成长”关工委助力大学生心理健康工作，为学校铸魂育人提供助力，已收到良好效果。关工委已经成为学校开展大学生心理健康工作的重要组成部分。

二、主要做法和成效

（一）主要做法

1. 聚焦铸魂育人，主动融入学校心理健康教育体系

学校关工委坚持“急党政所急、想青少年所需、尽关工委所能”的工作方针，把助力大学生心理健康工作作为新时代关工委工作重要着力点，积极对接学生工作部门，构建共育格局。目前，学校已将关工委助力大学生心理健康工作纳入学校心理健康工作体系，一盘棋谋划、一体化推进。一是在统筹部署上下功夫。充分落实中办、国办印发的《关于加强新时代关心下一代工作委员会工作的意见》和教育部《关于加强新时代全国教育系统关心下一代工作委员会工作的意见》文件精神，出台《北京化工大学关于加

强新时代关心下一代工作委员会工作的实施方案》，明确要求把加强大学生心理健康工作作为关工委的重要工作内容。学校关工委把助力大学生心理健康工作写入年度工作计划，并明确责任人。在学校关工委年度工作部署会上，列专题讨论助力大学生心理健康工作，学校党委副书记、关工委主任崔春花明确要求二级关工委要切实发挥好“五老”优势，助力大学生心理健康。二是在创新机制上下功夫。主动融入学校心理健康教育工作体系，学校已明确宣布“五老”是学校心理健康教育工作重要力量，并向“五老”代表颁发大学生心理健康指导师聘书。找准切入点，与学院二级心理辅导站联合，让关工委开展助力大学生心理健康工作有渠道、有平台。三是在组建队伍上下功夫。学校“五老”报告团下设“银龄润心宣讲团”，由学校关工委常务副主任关昌峰担任团长，以退休心理健康教师、具有丰富学生工作经验或在教学、科研、管理等领域深耕多年的老教授、老专家等为主体，组建一支德高望重、富有热情和奉献精神的工作队伍。

2. 聚焦规范发展，主动开展关工委助力大学生心理健康研究

理论是实践的指南，是新时代关工委助力大学生心理健康工作规范发展和取得实效的前提。鉴于当前对关工委助力大学生心理健康的理论研究不多，学校关工委主动挺膺，以问题为导向，着力加强助力大学生心理健康的理论研究，积极探索工作着力点、工作机制等。一是以党的科学理论武装头脑。组织关工委成员深入学习习近平新时代中国特色社会主义思想，尤其是习近平总书记关于关工委工作的重要指示批示精神，关于教育的重要论述和全国教育大会精神等，始终用党的创新理论指导关工委工作实践。二是以课题促理论研究。2024 年，学校关工委成功申报北京教育系统关工委研究课题和学校党建课题、对新媒体环境下高校关工委助力大学生心理健康的工作机制、实施路径以及关工委助力大学生心理健康的伦理工作等进行理论研究，以期为关工委开展工作提供理论上的参考。三是以伦理规范促健康发展。基于心理健康工作的特殊性，紧密结合关工委大多数“五老”非心理健康专业背景的实际情况，探索制定《北京化工大学关工委助力大学生心理健康工作伦理守则》，明确关工委助力大学生心理健康工作的目标、工作关系、工作对象、“禁止项”等，保护关工委成员和大学生权益。四是以研讨促工作实效。学校关工委成员、大学生心理健康教育中心负责人、二级心理辅导站负责人等建立常态化研讨机制，学校心理健康教育中心定期向关工委通报大学生心理健康的新情况、大学生心理健康教育需求等，共同研讨关工委助力大学生心理健康的工作形式、主题等，着力提高关工委工作的针对性和实效性。

3. 聚焦现实需求，主动开展“菜单式”助力大学生心理健康实践

学校关工委与大学生心理健康教育中心、学院二级心理辅导站等联合，由二级心理

辅导站调研大学生关心的成长话题。"五老"根据大学生的现实需求，以学校心理健康月为切入点，组织常态化"五老话成长"助力心理健康系列活动。一是开展心理健康专题读书会。与学校心理健康教育中心联合，由心理健康专业"五老"带领大学生阅读心理学经典名著《爱的艺术》《就业宝典》等，和学生交流阅读体会，就学生关心的职业生涯规划、关爱自我等主题进行深入探讨，并向学生赠送"五老"撰写的心理学专著，浸润学生心灵。二是开展"润心茶话会"心理主题讲座 + 座谈活动。"五老"根据大学生现实需求，结合自己多年工作经验和丰富的人生经验，以"讲座 + 座谈"的形式与大学生探讨人生发展规划、科研方向选择、如何克服科研挫折、领导力培养与提升等大学生较为关心的热点话题，帮助大学生化解成长过程中的迷茫困惑，发现自己的优势，提高自信心。三是赋能学生辅导员成长。组织党建和思政工作经验丰富的"五老"与学生辅导员座谈，就学生辅导员如何提升学生正能量、培养学生积极心理素质，辅导员个人如何平衡学业与工作、提高抗压能力等进行经验分享和深入交流，帮助学生辅导员提升工作能力，达到授人以渔的效果。

（二）成效

"五老话成长"是学校关工委立足现实需要，助力大学生心理健康工作的创新举措，活动开展以来受到了师生欢迎，受益师生达 300 余人次。很多同学表示，经过与退休老师的深度交流，心中的困惑有了答案，努力的方向更明确了。此项活动得到教育部关工委和北京教育系统关工委的高度认可，教育部关工委和北京教育系统关工委微信公众号均对北京化工大学关工委助力大学生心理健康工作进行刊发宣传。北京化工大学关工委在教育部关工委第四协作组工作会上作专题经验交流。

三、经验启示

学校关工委始终把立德树人作为根本任务，充分发挥"五老"优势，坚持围绕中心、配合补充、因地制宜、量力而行、立足基层、注重实效的原则，在助力大学生心理健康教育方面发挥了积极作用。主要经验如下。

（一）坚持理论学习，强化理论武装

关工委高度重视理论学习，着力夯实做好新时代关工委工作的思想根基。一是组织"五老"学习党的科学理论，党的理论每创新一步，理论学习就跟进一步，让关工委工

作始终紧扣新时代党的事业发展所需，始终与时代发展同频共振。二是组织“五老”学习专业知识，组织“五老”以线上线下相结合的方式学习大学生心理健康相关知识，伦理守则等，提高助力大学生心理健康工作的胜任力。

（二）坚持统筹联动，形成协同育人合力

一是做好纵向贯通。在学校党委的坚强领导下，关工委主动与学校思政工作体系对接，着力发挥“五老”的威望优势、经验优势和对学生的情感优势，让“五老”成为学校立德树人不可或缺的重要力量。二是做好横向联合。关工委主动与北校区工作办公室等部门协同工作，凝聚做好关心下一代工作的强大合力。

（三）坚持调查研究，以需求为导向

关工委始终把调查研究作为新时代关工委工作提质增效的基本功，作为解决“五老”和大学生代际问题的重要手段。一是到学生工作部门、学院开展调研，了解大学生心理健康教育的基本情况，研讨关工委助力大学生心理健康工作的着力点。二是委托学生工作部门、学院心理辅导站调研学生在成长方面的具体困惑和需求，让学生做“出题人”，让“五老”作为“答题人”，结合理论知识和实践经验开展有针对性的专题活动，切实帮助大学生解决成长过程中的焦虑和困惑，培养理性平和、积极乐观的优秀品质。

校友文化在服务育人中的作用

李建华

一、案例概述

校友会在高校中发挥着不可或缺的作用，不仅在教育教学、科研创新、资金筹集等方面为高校的发展提供重要支持，也在学生培养、社会服务等多个层面展现了其独特的价值和作用。北京化工大学校友总会成立于1988年，在校领导及有关部门、校友及社会各界人士的大力支持和协助下，继承和弘扬北京化工大学的优良传统，团结和联络海内外广大校友，促进校友之间、校友与母校之间的联系，增进友谊，加强合作，指导各地校友组织工作，开展各类交流活动，支持校友在各自的事业中开拓创新，会同广大校友推动学校各项事业的发展，取得显著成效。

二、主要做法和成效

（一）充分利用校友资源服务师生

以落实立德树人为根本任务，抓好招生入学环节，联合招生办公室招募近200名“校友招生宣传大使”，开展800余场招生宣传活动，助力学校生源质量提升。举办“新生第一封信”活动，邀请汲长征校友和章品书校友返校参加开学典礼，帮助新生更快适应大学生活，并明确个人发展目标。抓好在校培养环节，发表“亦师亦友”校友专栏文章6篇，举办“成长对话”校友讲堂5期，发挥好校友朋辈教育的示范作用。推出“校友发展续航计划”，举办多场校友公开课及各类培训活动，使母校成为校友成功之路上的“加油站”。抓好实习实践环节，组织学生赴北京、广州、南京等地的8家校友企业调研参观，积极探索就业实践、联动育人的有效途径。活动筹备阶段，学校根据学生的专业背景和个人兴趣，精心挑选适合的校友企业，并安排专业的指导老师全程陪同，确保每位学生都能获得与其专业相关的实践经验。例如，化学工程专业的学生被安排到相关领域的知名校友企业，让他们能够深入了解行业前沿技术和管理经验。抓好就业毕业环节，联合学生就业指导中心举办校友企业专场双选会，吸引近千名学生到场应聘，为毕业生提供了丰富的就业机会，也增强了校友与母校之间的联系；邀请杨强校友返校参加毕业典礼，分享他的职业生涯和人生经验，激励即将踏入社会的毕业生勇敢追梦。这种面对面的交流极大地鼓舞了毕业生的信心，为他们树立了榜样，加强了校友与母校之间的情感纽带，让毕业生感受到母校对他们的持续关怀和支持；组织各地校友会开展“迎新会”，帮助毕业生适应地方工作生活。校友们会介绍当地的就业市场情况、职业发展路径以及如何在新环境中建立人脉关系等实用信息，为毕业生提供了一个了解当地环境、文化的平台，通过校友们的亲身经历分享，帮助毕业生更快地融入新的工作环境和社会网络。这不仅有助于毕业生克服初入职场的迷茫感，还能让他们更快地找到归属感，增强对母校的认同感。以完善校友资助育人工作为切口，从助困助学、奖励优秀、校园文化三方面入手，积极搭建校友捐赠体系，鼓励校友通过捐赠回馈母校、资助学生，推动母校发展、学生成才，形成母校关心校友、校友回馈母校的双赢局面。2024 年各地校友会共计捐赠 420 万元，资助了 487 名在校学生，极大缓解了学生的经济压力。“助航基金”帮助家庭经济困难的学生克服入学初期的资金障碍，“拓航基金”为有潜力但经济条件有限的优秀学生提供了海外学习和实践的机会。抓好科研创新环节，通过举办高水平学术论坛及赛事，如北京化工大学新质生产力（江西）论坛、（亦庄）论坛等，汇聚专家学者和众多校友，促进了产学研结合和技术转化，推动了科技成果的应用和推广，提高了学校的科研水平和社会影响力。

（二）实现母校资源反哺校友

以共创共赢为目标，积极促进校友与母校的双向回馈和共同发展。母校通过多种方式积极反哺校友，提供了丰富且实质性的服务和支持，旨在帮助校友在其职业生涯和个人发展中取得更大的成功。在职业发展方面，学校联合学生就业指导中心举办了校友企业专场双选会，吸引了近 50 家校友企业到场招聘，覆盖了学校的各个专业领域，并吸引了近千名学生参加。这不仅为应届毕业生提供了宝贵的就业机会，也为校友企业输送了高素质的人才，实现了双赢的局面。为了进一步加强校友企业与母校的合作，学校设立了多个社会实践基地和就业实习基地，并组织学生赴校友企业调研参观，既促进了学生的实践能力提升，也为校友企业注入了新鲜血液。在支持校友创新创业方面，学校特别关注校友企业在科研创新和技术转化方面的需要。举办“化育新材杯新材料创新创业大赛”、联合校友企业家联盟开展“创课进校企”活动等活动，推动学校科技成果与地方和校友企业的合作转化，探索“学校—校友—地方 / 企业”协同发展新路径。2024年，学校与多家知名校友企业签订了战略合作协议，围绕金融支撑、深化产学研融合、加强创新人才培养等方面开展合作，积极推动校企协同育人、科技创新与成果转化等领域的实质性合作，助力校友企业的高质量发展。注重维护与校友之间的情感联系，通过定期举办返校日、校友论坛等活动，邀请校友重返校园，重温青春岁月，感受母校的发展变化。在重要节日或纪念日时，发送祝福短信或贺卡，表达对校友们的关心和问候。这种持续不断的互动交流，不仅加深了校友与母校的感情，也为未来的合作奠定了坚实的基础。

通过提供职业发展支持、促进科研创新合作、建立校友资助体系以及维护长期情感联系等多种方式，积极反哺校友，帮助他们在各自的领域中不断成长和发展，体现了母校对校友的深切关怀和支持。这些措施不仅增强了校友对母校的认同感和归属感，也促进了母校与校友之间的紧密合作与发展。

（三）实现共赢格局，促进双向发展，构建命运共同体

全方位的支持体系不仅助力校友个人成长，也促进了校友企业的发展壮大，实现了母校与校友间的深度合作共赢。校友刘磊创办的浙江佑谦特种材料有限公司每年都会从北化汲取新鲜力量，并与母校在科研方面保持密切合作，取得了显著成果。姚琴作为南京化学工业集团检维修部高级工程师，通过技术创新为企业创造了显著的经济效益和社会效益，成为广大劳动者的榜样。这种双向赋能机制能够使校友企业获得持续地技术支持和人才供给，而母校则通过校企合作深化了实践教学改革，真正形成“人才培养—科研创新—产业升级”的良性循环。通过职业发展支持、科研创新合作、校友资助体系等多维度的互动机制，北京化工大学与校友群体已建立起共生共荣的紧密联系：校友企业为母校提供的实习岗位数量持续增长、校企联合科研项目规模显著扩大、校友捐赠设立的奖助学金覆盖学生人数逐年攀升。这种双向反哺不仅增强了校友的身份认同，更通过资源共享、优势互补构建起教育共同体，为高等教育的社会服务功能开创了新型实践范式。

三、经验启示

（一）加强校友资源在招生环节中的价值体现

北京化工大学校友会通过招募“校友招生宣传大使”，开展800余场招生宣传活动，不仅提升了学校的知名度和影响力，还有效促进了学校生源质量的提升。充分利用校友资源可以在招生入学阶段发挥重要作用，为学生提供更加真实、直观地了解学校的机会，同时也能增强新生对母校的认同感和归属感。利用校友广泛的社会联系和个人魅力，构建一个覆盖全国乃至全球的招生宣传网络。校友们凭借其在各自领域的成就和社会地位，能够有效地传递学校的价值观和教育理念。邀请知名校友录制招生宣传片或参与线上直播活动，分享他们与母校的故事，不仅能增强潜在学生及其家长对学校的信任感，还能激发学生的报考兴趣。

（二）强化在校培养环节的校友作用

加强在校生校友意识的培养，营造浓厚的校友文化氛围，强化“全环境育人”理念，建立贯穿于在校生及毕业校友学习、工作的全过程、多方面的校友文化培养体系，强化校友意识与校友身份认同；发掘和利用校友资源，利用校友文化的本源优势，发掘校友资源，延伸培养链条，编织精神纽带，营建精神家园，繁荣校友文化，涵养学子心灵，实现高校文化与校友文化的传承和创新；加强校友服务，满足校友不同阶段的需求：从安全、社交、尊重和自我实现等方向加强校友服务工作，进一步提升校友的满意度和忠诚度，促进校友文化的传承和发展；建立长效机制和有效载体，不断完善校友会工作机制优化实践功能，不断推进校友文化的建设，着力发挥校友文化育人功能。

（三）扩展校友文化建设深度

利用新媒体技术增强校友会号召力，新媒体技术已成为推动思想政治工作传统优势与信息技术高度融合的重要手段，利用新媒体技术，如社交平台、微博、官方微博等加强学校与校友的交流互动，有效增强网络思政育人的先进性和吸引力；构建和完善校友联络体系，探索科学合理的校友文化培育路径，重视高校网络思想政治教育网络主阵地的建设，创新高校网络思想政治教育的工作管理机制，更好地发挥校友资源在高校思想政治网络育人中的作用；拓宽校友宣传渠道，凝聚校友力量，服务人才培养，发挥优秀校友的榜样引领作用，努力打造校友文化品牌，广泛宣传优秀校友事迹，增强校友的归属感和参与感，进一步提升校友文化价值。

（四）强化校友文化实习实践环节的联动育人模式

组织学生赴各地校友企业调研参观，探索就业实践与联动育人的有效途径，根据学生专业背景和个人兴趣精心挑选适合的校友企业，并安排专业的指导老师全程陪同，确保每位学生都能获得与其专业相关的宝贵经验。建立长期合作关系：与更多有影响力的校友企业签订战略合作协议，共同开展科研项目、技术创新以及人才培养计划等。组织模拟面试、职场挑战赛等活动，让学生在真实的职业环境中锻炼自己，同时由校友担任评委给予反馈，帮助学生更好地准备进入职场。

（五）搭建“母校—校友”双向回馈机制

北京化工大学通过多种方式积极反哺校友，实现了母校与校友之间的双赢局面。建立一个全面覆盖、深度参与的“母校—校友”双向回馈机制，利用现代信息技术，如社交平台、官网、移动应用程序等，创建一个集信息发布、资源共享、互动交流于一体的数字平台。定期组织活动：通过举办返校日、校友论坛、行业研讨会等活动，增强校友与母校之间的面对面交流机会，加深彼此间的理解和信任。在重要节日或纪念日时，向校友发送祝福短信或贺卡，表达对他们的关心和问候；对于遇到困难的校友，提供必要的帮助和支持。

高校基建过程育人新途径：基建师生开放日的实践与探索

王海滨　李素锋　董　光

一、案例概述

高校基础设施建设是学校发展的基础性工作，不仅关系到学校的教学、科研和生活条件，更是育人环境的重要组成部分。随着教育理念的不断更新，高校基建工作不再局限于单纯的工程建设，而是逐渐融入育人目标，通过创新工作方式，将基建过程转化为育人过程。本文以“基建师生开放日”和“面对面师生座谈会”为例，探讨高校基建过程育人的新途径，分析其在实践中的具体做法、成效及经验启示。

案例一：昌平校区机电信息楼 A 座项目师生开放日。

为进一步落实学校“幸福北化”建设目标，提升学校建设项目与使用单位需求的匹配度，加强师生对学校在施项目建设进度的了解，学校建设办公室面向全校师生发出邀请，走进项目建设现场，共同见证机电信息楼 A 座项目从一张蓝图到建设热土的进展。此次活动吸引了全校 13 个学院的 166 名师生报名参加。活动中，师生代表在设计师和工程师的讲解下，初步了解了项目的设计思路、结构布局、功能规划等基本情况，并进入建筑体内部进行实地参观，深入了解项目区域划分、建设进展等。参观结束后，学校建设办公室与机电工程学院、信息科学与技术学院师生代表开展了座谈。学校建设办公室向学院师生代表介绍了昌平校区的建设历程、建设规划以及建设进展及亮点，深入讲解了机电信息楼 A 座设计方案、建筑特色以及施工进展及进度安排。

案例二：学生宿舍建设需求师生座谈会。

围绕昌平校区未来学生宿舍建设需求，学校建设办公室在昌平校区召开建设需求师生座谈会。通过面对面形式征集师生对优化学生宿舍功能设置、营造良好育人环境等方面的意见和建议。活动通过企业微信报名和发放电子邀请函的方式邀请本科生、研究生、辅导员代表等21人参加座谈会，北校区工作办公室、后勤保障部、学生工作办公室等职能部门相关人员出席座谈会。会上，学校建设办公室向师生代表介绍了国务院、教育部关于加强高校学生宿舍建设的指导意见，以及昌平校区学生宿舍规划和建设计划，师生代表对已入住宿舍需改进的方面提出了意见和建议，并对未来学校新建宿舍功能设置、空间布局、宿舍文化等方面展开头脑风暴，畅谈建设远景。参加座谈的师生代表认真准备，有的同学在会前广泛收集身边同学的意见，有的同学现场发起了网上意见征集。在轻松愉悦的氛围下，大家踊跃发言。师生代表一致表示对目前入住宿舍的软硬件条件及居住环境较为满意，对未来新宿舍新环境充满期待，并对宿舍部分设施设备功能及便利性提升提出了一些意见和建议。同时，师生代表对未来新建宿舍加强育人阵地建设，布局多元服务场景，融合党建、学习、休闲、娱乐、健身、社团活动等方面提出了宝贵建议。与会工作人员认真倾听、详细记录，并就相关问题进行了及时回应与互动交流。对于能够立即处理的事项，现场给予答复；对于后续需要完善的事项，将组织研讨并及时答复。

二、主要做法和成效

（一）主要做法

1. 精心策划，积极组织

学校建设办公室在活动策划阶段明确了“倾听需求，共同参与”的目标，通过组织师生走进项目建设现场，增强师生对学校建设的了解，提升师生对校园建设的参与度和认同感，同时收集师生对项目建设的意见和建议，为后续建设提供参考。

精心设计活动流程。活动包括实地参观和座谈交流两种方式。施工现场参观由专业设计师和工程师讲解项目的设计思路、结构布局、功能规划等，让师生直观了解项目建设的全过程。座谈交流环节则由学校建设办公室向师生介绍学校建设规划和项目进展，同时倾听师生的意见和建议，形成良好的互动。

通过学校官网、微信公众号、企业微信等平台，面向全校师生发布活动通知，详细介绍活动的目的、内容、时间、地点等信息，鼓励师生积极参与。同时，各学院也通过班会、辅导员通知等方式，进一步扩大活动的知晓度和参与度。

为确保活动顺利进行，学校建设办公室提前与施工单位、监理单位等沟通协调，做好现场的安全保障工作。同时，根据项目的特点和师生的需求，精心设计参观路线，确保师生能够全面了解项目建设的各个环节。

2. 认真倾听，良性互动

在座谈交流环节，学校建设办公室等职能部门与师生代表面对面交流，认真倾听师生的意见和建议，并及时回应。对于能够立即解决的问题，现场给予答复；对于需要进一步研究的问题，详细记录并承诺后续跟进。

建立反馈机制。活动结束后，学校建设办公室及时整理师生的意见和建议，形成书面记录，并提交给学校领导和相关部门。同时，通过企业微信“学校建设办公室”平台、学院反馈等方式，将处理结果及时反馈给师生，确保师生的意见和建议能够得到有效的落实。

持续跟踪与改进。学校建设办公室择期开展“基建师生开放日”和“面对面座谈会”活动，持续跟踪师生的意见和建议，不断改进工作方法和服务质量。

3. 理念引领，搭建平台

学校建设办公室始终秉持“育人为先”“以师生为中心”的建设理念，将育人目标融入基建工作的全过程。在项目建设中，注重营造良好的育人环境，通过优化功能布局、提升设施设备的便利性等方式，为师生的学习、生活和成长提供有力保障。在项目建设的不同阶段，邀请师生参观建设现场，师生们不仅能够直观的了解项目建设进度，而且通过与师生的互动交流，即搭建了师生们充分表达意见和建议的平台，又搭建了学校建设部门及时掌握师生需求的平台，实现了基建工作与育人目标的深度融合。

（二）成效

1. 拓展高校基建育人途径

通过师生参与学校建设的交流沟通平台，让师生能够充分表达自己的意见和建议，增强了师生对学校建设的参与感和责任感。通过与师生的互动交流，传递学校的建设理念和发展目标，引导师生树立正确的价值观和发展观，实现了育人目标的全方位渗透。

2. 强化师生爱校情怀

在“基建师生开放日”和“面对面座谈会”活动中，学校建设办公室通过向师生介绍学校的发展历程、办学理念以及在国家教育事业中的重要地位，讲述学校在不同历史时期校园建设发展情况，激发师生的自豪感和荣誉感，增强他们的爱校情怀，让师生在了解学校历史的同时，深刻感受到学校的发展与国家命运紧密相连，从而激发他们为学校的发展贡献力量的决心。

3. 增强师生对学校建设工作的直观了解

通过“基建师生开放日”和“面对面座谈会”活动，师生直观地了解了学校建设项目的进展和成果，增强了对学校建设的认同感和归属感。师生纷纷表示，通过实地参观和座谈交流，对学校的建设规划和项目进展有了更深入的了解，对学校的未来发展充满信心。同时，活动还激发了师生对学校建设的兴趣和热情，许多师生表示愿意积极参与学校的建设与发展，为学校的建设贡献力量。

4. 增强学校建设办公室的服务意识

学校建设办公室通过与师生的互动交流，及时了解师生的需求和意见，增强了服务意识和责任感，以学校“双一流”建设目标为指引，着力推进“四个北化”建设，特别是“幸福北化”建设，秉持“育人为先”“以师生为中心”的建设理念，进一步增强服务意识、畅通沟通渠道，集聚师生智慧力量，共建美丽校园、幸福北化。

5. 加强部门沟通与协作

通过开展活动，促进了学校建设办公室与各学院、各职能部门之间的沟通与协作，形成了学校建设的合力。通过与各学院、各职能部门的密切配合，学校建设办公室能够更好地落实学校的建设规划，推动学校的发展。

6. 加强师生对建设成果的感悟

学校基础设施建设是学校发展的物质基础，每一块砖、每一根钢筋都凝聚着无数人的心血。活动中，学校建设办公室通过展示项目建设前后的对比照片、介绍项目在设计和施工过程中克服的种种困难等方式，让师生直观地感受到学校建设成果的来之不易。同时，组织师生参观建设过程，引导师生思考这些设施背后所蕴含的学校领导的决策智慧、建设人员的专业素养以及全体师生的共同努力。通过这种直观的感受和深入的思考，让师生深刻认识到学校建设成果的珍贵，从而更加珍惜在学校的学习和生活机会，自觉爱护学校的公共设施，积极参与学校的各项建设和发展活动。

三、经验启示

1. 坚持育人为本，融入育人理念

高校基建工作不仅是学校发展的物质基础，更是育人环境的重要组成部分。在基建工作中，必须始终坚持育人为本，将育人理念融入基建工作的全过程。通过优化功能布局、提升设施设备的便利性等方式，为师生的学习、生活和成长提供有力保障。同时，要将基建过程作为育人的重要载体，通过组织师生参与项目建设，拓展育人的空间和渠道，实现基建工作与育人目标的深度融合。

2. 建立反馈机制，落实师生意见

师生关注和需求是学校建设的重要参考。在基建工作中，必须建立反馈机制，及时征集师生的意见和建议，并将师生的意见和建议纳入项目建设的全过程，从设计阶段到施工阶段，科学论证、择优采纳、有序落实，确保项目建设能够满足师生的需求。活动结束后，要及时将处理结果反馈给师生，确保师生的意见和建议能够得到有效的落实。

3. 加强沟通协作，形成建设合力

学校基建工作涉及多个部门和单位，需要各部门之间的密切配合和协作。在基建工作中，必须加强学校建设办公室与各学院、各部门之间的沟通与协作，形成学校建设的合力。通过与各学院、各部门的密切配合，学校建设办公室能够更好地落实学校的建设规划，推动学校的发展。同时，要加强与施工单位、监理单位等的沟通协调，确保项目建设的顺利进行。

4. 持续跟踪改进，提升服务质量

高校基建工作是一个长期的过程，需要持续跟踪和改进。学校建设办公室根据基建工作计划和进度开展多种形式师生开放活动，持续跟踪师生的意见和建议，形成交流反馈机制，不断改进工作方法和服务质量。增强服务意识和责任感，为学校的建设和发展提供有力保障。

四、结论

高校基建工作不仅是学校发展的条件基础，更是育人环境的重要组成部分。通过“基建师生开放日”和“面对面座谈会”活动的实践探索，将基建过程作为育人的重要载体，能够有效拓展育人的空间和渠道，实现基建工作与育人目标的深度融合。在今后的基建工作中，学校建设办公室将始终坚持育人为本，融入育人理念，搭建师生参与学校建设的平台，增强师生对学校建设的参与感和责任感。同时，建立反馈机制，落实师生意见，加强沟通协作，形成学校建设的合力，持续跟踪改进，提升服务质量，为学校高质量发展提供有力保障，为培养高素质人才创造良好的条件。

服务育人在工程建设管理中的实践：以学生宿舍维修工程施工管理为例

裴雄飞　雷　鹏　黄修齐

一、案例概况

学生宿舍作为学生日常生活的重要场所，其维修工程不仅关乎学生的生活质量，还直接影响校园的安全与稳定。近年来，随着高校基础设施的老化，宿舍维修工程逐渐成为校园施工管理的重点之一。然而，传统的工程管理模式往往只关注施工进度和质量，而忽视了工程管理过程中的育人功能。为此，学校在学生宿舍维修工程中引入“服务育人”理念，将工程管理与育人目标相结合，取得了显著成效。

以学校东校区学生宿舍室内维修工程（一期）为例，该项目涉及多栋宿舍楼的宿舍内及公共空间的墙面顶棚翻新、室门更换，卫生间、淋浴间区域的重新装修等，工期紧、任务重。在施工管理过程中，学校将“服务育人”理念贯穿始终，既保证了工程的高效推进，又保障了学生的正常生活，同时为学生提供了参与实践的机会。

二、主要做法和成效

（一）以学生需求为导向，优化施工设计

在施工前，通过线上问卷、座谈会和意见箱广泛征求学生、物业、后勤等对功能需求、隔音效果、电路安全等的意见建议，确保施工方案贴近学生实际需求。例如，针对学生反映的宿舍门密封差、楼门冬天灌风、卫生间区域设施老化、洗澡需要到室外的公共浴室等问题，学校邀请专业的设计团队，针对学生反馈的问题和提出的需求进行优化设计，

并多次与各方进行座谈交流，将学生的需求落到实处，切实解决学生们的急迫问题。

成效：通过多次交流沟通，学生的参与感和满意度显著提升，维修工程施工内容更加贴近学生实际需求，最大程度得到了学生的理解和支持，进而减少了施工过程中的矛盾与投诉。

（二）邀请学生参与监督，培养责任意识

在宿舍维修工程中，学校成立了由学校建设办公室、后勤集团、物业、学生代表等组成的“宿舍维修监督小组”，负责监督施工进度、反馈学生意见、处理施工方与学生之间的问题，促进各方的沟通协调。通过参与监督，学生不仅了解了工程施工的基本流程，还了解了管理者的职责，增强了责任感和主人翁意识。

成效：让学生参与监督，进一步加强了学生对施工的了解，促进了学生和施工方之间的沟通，有效提升了施工质量和学生满意度。

（三）加强施工过程管理，注重育人功能

在施工过程中，学校将各种困难想在前面，采取多种措施降低施工对学生的影响。一是将东西两侧的卫生间分开施工，分阶段推进工程进度，保障学生正常使用，减少对学生日常生活的影响；二是将施工区域单独隔离出来，使施工和学生生活分开，减少施工噪声、灰尘对学生的影响，并通过防火分隔，保证学生的安全；三是将施工公告张贴在宿舍主入口处、围挡处，告知学生施工计划及投诉方式，让学生心里有底，沟通有渠道；四是合理安排施工时间，工作日上午 8：00—12：00，下午 14：00—18：00，节假日上午施工时间推迟到 9 点，确保学生充足的休息时间；五是为了杜绝在休息时间，有个别工人不听安排，私自干活影响学生，采取中午封闭施工区域的方式，保证施工区域休息时间段没有人，将产生噪声的可能完全杜绝。

虽然学校采取了多种措施降低对学生的影响，但在实际施工中，投诉电话还是有很多。对于学生的不理解，认真倾听、耐心解释，向学生普及工程施工知识，让学生进一步了解工程施工，争取得到学生的理解；对于施工单位的不听指挥，严格要求、严格处罚，绝不姑息。

成效：切实解决了的学生住宿的迫切需求，进一步改善了学生的居住生活环境，实现了冬天足不出户就可以洗上热水澡的愿望。同时，也让学生进一步了解工程施工，对工程管理有了更深入的了解，还培养了学生协作和沟通能力，实现了工程管理与育人目标的有机结合。

（四）开展工程知识普及，提升实践能力

学校邀请施工方技术人员为学生举办专题讲座，讲解宿舍维修中的工程技术知识，如拆除阶段的安全问题、水电改造的注意事项、墙面翻新的工艺流程、装饰阶段的细节要求等，让学生深入理解工程施工。同时，不定期组织学生代表实地参观施工现场，进一步了解工程细节。

成效：通过理论与实践相结合，学生不仅掌握了基本的工程知识，还提升了解决实际问题的能力。

（五）强化服务意识，提升施工服务质量

施工单位、学校建设办公室、后勤集团密切配合，提升学生宿舍维修期间的服务质量，设立 24 小时服务热线，及时解决学生在宿舍维修期间遇到的问题。同时，定期组织施工单位与学生面对面交流，听取学生对施工进度、噪声管理、安全保障等方面的意见和建议，及时督促施工单位对存在的问题进行整改。通过透明化的管理，减少学生的抱怨和误解，提升施工管理的服务意识和服务质量。

成效：施工期间的服务质量显著提升，学生的生活受到的影响降到最低，学生对学校的信任感和归属感进一步增强。

（六）注重环保与可持续发展，传递绿色理念

在施工过程中，优先选用环保材料，减少施工噪声和粉尘污染。同时，通过宣传展板、讲座等形式，向学生普及绿色建筑和可持续发展的理念。

成效：学生的环保意识得到增强，校园环境得到改善，维修工程成为传递绿色理念的重要载体。

三、经验启示

（一）服务育人是工程建设管理的重要方向

在校园工程建设中，尤其是学生宿舍维修工程，管理目标不应局限于工期、成本和质量控制，还需将育人功能融入全流程。

以学生需求为核心：在维修方案设计阶段，通过问卷调查、座谈会等形式收集学生

对宿舍功能、环境的需求，将学生意见纳入施工方案，体现服务育人的价值导向。

工程透明化与教育结合：通过工地开放日、施工进展公示等方式，向学生普及工程管理知识，增强学生对校园建设的参与感与责任感。

学生宿舍维修工程不仅是基础设施的改善，更是育人的重要契机。通过将服务育人理念融入工程管理，可以有效提升学生的综合素质，实现工程管理与育人目标的双赢。在高校工程建设管理中，融入服务育人理念不仅能够提升管理效率，还能为学生提供实践平台，促进其全面发展。

（二）学生参与是提升管理效果的有效途径

学生不仅是服务对象，还可成为管理过程的参与者。

成立学生监督小组：邀请学生代表参与施工质量检查，针对噪声控制、施工安全等提出改进建议，培养其责任意识和实践能力。

实践教学融合：与高校工程管理、建筑学等专业合作，将宿舍维修项目作为实践案例，让学生参与工程量核算、环保材料选型等环节，实现“做中学”。

学生的广泛参与不仅有助于优化施工方案，还能增强学生的责任感和主人翁意识。通过让学生参与工程监督和反馈，可以有效提升工程管理的透明度和满意度；通过让学生参与工程管理，既能增强他们的责任感和参与感，又能为管理团队提供更多视角和思路，提升管理质量。

（三）服务意识是工程管理的核心

服务意识须贯穿工程管理的每个环节。

精细化服务设计：针对宿舍维修期间学生住宿调整问题，制订“最小干扰”方案（如分楼层施工、提供临时储物空间），体现人文关怀。

建立双向沟通机制：通过线上平台（如微信群、小程序）实时推送施工进度，设置反馈渠道及时解决学生诉求，避免矛盾激化。

在工程管理中，始终坚持以学生为中心的服务理念，及时解决学生的实际问题，是提升管理成效的重要保障。在施工过程中，及时与学生沟通、公开管理信息，能够有效减少误解和矛盾，营造和谐的施工环境。

（四）劳动教育应贯穿工程建设全过程

维修工程可转化为劳动教育实践场景。

组织学生体验式劳动：开展“一日工地体验”活动，让学生参与简单施工操作（如墙面涂刷、垃圾分类），培养劳动观念与技能。

弘扬工匠精神：邀请施工人员分享职业故事，引导学生理解精益求精的工程态度，深化对劳动价值的认知。

通过组织学生参与劳动实践，不仅能改善工程环境，还能培养学生的劳动精神和团队协作能力，实现育人目标。

（五）环保与可持续发展是未来方向

学生宿舍维修需兼顾生态效益与教育意义。

绿色技术应用：采用低挥发性涂料、节能灯具、雨水回收系统等，打造低碳宿舍样板，直观传递环保理念。

全生命周期教育：在施工前后开展“宿舍能耗对比”实验，让学生通过数据感知节能改造的价值，推动可持续发展意识内化。

在工程建设中融入环保理念，不仅有助于改善校园环境，还能培养学生的绿色意识，为校园的可持续发展奠定基础。

总之，将服务育人理念融入工程建设管理，既是对传统管理模式的创新，又是高校落实立德树人根本任务的重要体现。未来，高校应进一步探索服务育人与工程管理相结合的新模式，为学生的成长成才提供更多实践机会和平台。

“筑”力科研，“化”茧成蝶：高精尖创新中心实验室建设的服务育人实践

黄修齐　黄晓一　裴雄飞

一、案例概述

在国家推动科技创新和北京建设全国科技创新中心的背景下，2015 年北京市启动“北京高等学校高精尖创新中心建设计划”，北京化工大学软物质科学与工程高精尖创新中心成功入选首批名单。为承载科研重任，学校启动高精尖创新中心大厦建设，学校建设办公室肩负重任，从设计到装修，全程精心规划、用心服务。在设计阶段，反复打磨方案，打造功能齐全、以人为本的实验室综合体；装修期间，充分尊重科研团队需求，创新服务模式，严格把控施工各环节，提前谋划，加强部门协同，为通风设备安装排除隐患；竣工后协助各实验室进行结算工作，把控变更费用。

实验室建成后，34 个科研团队顺利入驻，科研条件显著提升，为北京化工大学学科发展和科研创新提供有力支撑。此外，原实验用房得以腾退再分配，缓解了学校科研用房紧张的情况，为人才培养和引进创造了更好的条件。这一系列举措，不仅在硬件设施上保障了教学科研稳步推进，更在服务过程中传递了正确价值观，践行服务育人理念，为北京化工大学“三全育人”体系建设添砖加瓦。

二、主要做法和成效

（一）主要做法

1. 精心雕琢设计，打造科研佳境

学校建设办公室作为项目主要负责单位，从设计阶段开始便认真把握设计方案。

积极协调校内各部门与专业设计团队，广泛征集各方意见，从形体、立面表皮、内部格局、外空间景观等方面对设计方案进行反复修改、精心打磨，力求将高精尖大楼打造为产研中心的标志性景观，体现北京化工大学师生锐意进取、不断探索的研究精神，并为之打造开放包容、交流共享的人性化学术空间。

紧扣产研中心的定位，充分考量科研团队的实验研究、产研交流的各类需求，打造功能完备的综合型产研空间。大楼融合了会议展览、实验研发、交流培训、办公学习以及运动休憩等多种功能，从空间尺度上为师生提供了充足的科研条件，为北京化工大学先进学科建设提供了硬件支撑。

始终秉持以人为本的原则，从设计角度为师生打造环境优美、身心愉悦、有利于科研的空间氛围。在空间规划上，引入先进设计理念，利用核心筒巧妙分隔实验区与办公区，通过明确的功能分区，提高空间利用效率，减少实验区与办公区之间的干扰，为科研人员营造更加专注的工作环境，同时也为休闲区和数据处理区的布局创造了有利条件。下沉广场和步道景观构建出优美的自然空间，师生可在此交流放松、休憩散步，在亲近自然的过程中舒缓压力、增进交流，碰撞出科研创新的思维火花。

通过空间形态与功能的深度耦合，不仅构建了高效的科研载体，更创造了具有教育意义的学术生态系统。建筑空间通过物理环境的优化设计，将科研规范、创新思维、学术伦理等育人要素转化为可感知的空间语言，使师生在日常工作中潜移默化地接受学术精神的滋养，真正实现“环境即教材，空间即课堂”的育人目标。

2. 尊重个性需求，贴心服务装修

高精尖大楼建成后，进入实验室装修阶段。由于入驻的实验室涉及微生物、化工、绿色能源电池及材料合成等专业领域，实验室建设要求较高，施工内容复杂，涵盖多个系统的协调改造。为打造高标准专业实验室，确保各实验室顺利入驻，学校建设办公室创新性地采用了以师生为主体的辅助建设管理模式，各专业工程师为师生提供从设计到施工的全过程协助服务。

在设计对接方面，以科研团队需求为核心，为数十个科研团队逐一提供设计方案的对接协调服务。在师生与设计单位之间架起沟通的桥梁，积极协调设计院根据科研团队的个性化需求进行调整确认，并协助审核专业设计图，确保设计方案既满足科研需求，又具备可行性。当科研团队的需求与现有基础条件发生冲突时，各专业工程师主动到现场踏勘测量，共同协商解决方案，力求实验台和设备的布置与各项配套设施精准适配。

施工过程中，严格把控质量、安全和进度，为各实验室提供现场管理服务和技术支持。建立项目质量管理台账，对施工问题全程跟踪直至整改完成，降低用户的施工管理难度。构建三方安全联动机制，全体工程师参与安全检查，在进行空调室外机吊装等危险作业时，工程师全程坚守现场疏导师生，确保施工安全无隐患。

实验室装修竣工后，站在用户角度协助结算工作。竣工后协助用户对施工过程中产生的图纸会审、设计变更、工程洽商和现场签证逐条认真核查，为实验室用户节约时间、精力和经费。

3. 未雨绸缪协同，消除潜在隐患

为给后续实验室通风设备安装提供便利，建设办公室主动组织安装专业综合排布。多次前往现场模拟安装情况，细致排查出 30 余处可能影响通风设备安装的基础条件问题。综合考虑层高、美观和使用便利等因素，制订详细整改方案，并积极协调各施工单位完成改造。未雨绸缪，用服务意识和责任担当将潜在问题解决在前端，避免给用户带来困扰。

（二）成效

实验室建成并投入使用后，软物质科学与工程高精尖创新中心、化工资源有效利用国家重点实验室、有机无机复合材料国家重点实验室顺利入驻高精尖创新中心大楼。优越的科研条件为科研人员开展基础性、前瞻性学科研究和高新技术探索提供了坚实保障，促进了学科之间的交流与合作，为科研创新搭建了更高质量的平台。

腾退的 2400 平方米原实验用房重新分配给学校引进人才和校内成长人才团队，在一定程度上缓解了科研用房紧张的局面，为人才提供了良好的科研环境，有助于高层次创新人才的培养和引进，实现了科研条件提升与人才发展的良性互动。

三、经验启示

（一）提高站位担当，融入育人体系

北京化工大学始终肩负着高层次创新人才培养、基础性和前瞻性科学研究以及原创高新技术开发的重任。这类科研任务对实验室的空间与条件有着严苛要求，而北京化工大学科研用房资源紧张的现状成为制约科研发展和人才培养的一大难题。建设办公室虽不直接投身于教育教学一线工作，但深知服务育人在“三全育人”体系中的关键作用，积极提高思想站位，主动将解决师生急难愁盼的实际问题作为工作的出发点和落脚点，致力于为学科建设和技术研究筑牢坚实的保障基础。

在实际工作中，建设办公室以其特有的方式深度融入全员育人、全过程育人、全方位育人的体制机制。一方面，发挥务实的保障支撑作用，从实验室的规划设计、建设施工到投入使用，每一个环节都精心筹备、严格把关，确保为师生提供优质的科研空间和设施。另一方面，在具体工作中始终秉持认真负责的态度，无论是处理烦琐的建设事务，还是应对复杂的施工难题，都以高标准要求自己，通过实际行动向师生传递正确的价值观，切身融入“育人北化”，助力建设“创新北化”。

（二）秉持创新理念，契合发展规划

在校园建设过程中，要紧跟时代发展趋势，紧扣项目主题，贴合校园文化，打造先进精品工程。以先进的理念、前沿的标准为指引，建设高标准、人性化的项目，助力学校前沿学科研究。建设部门应始终保持学习的热情与积极性，更新建设理念，在项目设计上追求前沿创新，结合科研需求与校园特色，打造独具风格的建筑空间；在施工过程中严格把控质量，选用优质材料、规范施工流程，确保每一个项目都能成为品质标杆。

校园基础设施建设是校园文化和精神风貌的外在体现，人性化、开放共享的建筑理念与校园文化相互融合，塑造了独特的校园氛围，构成美学育人的一环，为建设“美丽北化”贡献力量。

（三）强化服务意识，创新服务模式

把服务育人理念融入校园建设，关键在于强化责任担当，始终将师生需求放在首位。主动关注并深入了解用户可能面临的潜在困难，而不是只考虑自身工作的难易程度，只要是对师生有益、有利于校园建设的事情，就应主动承担，迎难而上。

在此基础上，积极探索创新服务模式，为师生打造“一站式”工程协管服务。秉持专业、热忱的态度，在实验室建设过程中，从设计构思到施工落地，全程保驾护航，为科研团队节省时间、精力和经费。通过做好校园建设大后方的坚实保障工作，与全校师生携手共建“幸福北化”。

“师生真情互动日”活动：分址办学情境下师生育学同行的成功实践

张宇婷　高惠玲

一、案例概述

北京化工大学自 1997 年原昌平校区启用后，有 2 个低年级近 5000 名本科生长期驻留于此进行学习生活，办学空间扩大的同时，学生与教师接触时间少的问题凸显。随着昌平新校区建设的推进，越来越多的本科生搬至新校区，特别是在经管学院、数理学院、文法学院、马克思主义学院、艺术与设计系从本科生到博士生整体搬迁后，在新校区生活的学生总数已突破 1.6 万人，如何立足“立德树人”根本任务，增强师生之间的有效交流互动，成为困扰分址办学高校的挑战和难题。

为帮助破解这一现实难题，校工会自 2007 年以来，以教职工文体协会与学生社团共建为抓手，打造特色品牌活动“师生真情互动日”。该活动已持续开展 17 年，构建了“社团共建 + 兴趣育人”双协同机制与“线下主会场 + 线上云互动”双轨模式。通过举办“师生友谊赛”“师生面对面”等线下活动环节，在师生围绕兴趣领域深度对话的同时，建立起师生间线上线下相结合的长期联系。教师将思想引领、学业关怀、生活帮助等工作潜移默化地融入与学生的兴趣交流过程中，形成了“师生育学同行”的有效载体。

二、主要做法和成效

（一）主要做法

1. 以“趣”为媒，激发师生沟通交流热情

“师生真情互动日”以“兴趣驱动”为基础，构建师生互动新生态。校工会联合北

区办、校团委等部门，整合教职工协会与学生社团资源，打造多元化文体活动矩阵。足球、篮球、网球、乒乓球、羽毛球赛场上，师生切磋竞技，挥汗如雨，忘记年龄差异；喜爱书画、集邮的师生共赴笔会，共同欣赏、共同创作，有传承也有互鉴；合唱、舞蹈等兴趣小组通过组织师生同唱一首歌、同跳一支舞、享受艺术相伴的美好时光等活动，以“兴趣共鸣”打破师生身份壁垒，成为跨校区、跨年龄、跨身份交流的动力源泉。

2. 以“育”筑梦，提升育人质量和效果

教师不仅是知识的传递者，更是学生生活的引导者。“师生真情互动日”创新地搭建“师生同上第二课堂”的新型育人场景。教师为参加活动的学生精心准备奖品或纪念品，拉进彼此的距离，共赴活动的同时，也交流学习和生活，学生将平时不愿与人分享的对专业学习的困惑、未来发展的迷茫，甚至生活中的压力，在活动间隙向老师倾诉；而教师们则用丰富的人生阅历，将自身成长的故事、科研教学工作中的所思所想分享给学生。而且这种交流还可以通过“云互动”变成师生之间的长期联系，形成不少“忘年交”。这种“寓教于乐”的模式，拉近了师生之间的情感距离，使教育不再空洞，而是变得亲切自然。

3. 以“点”带面，形成跨校区协同育人长效机制

以“师生真情互动日”为示范和起点，校工会牵头构建多校区联动育人体系。建立“协会—社团结对清单”，羽毛球、足球、网球等协会已实现东、北校区“季赛制”交流；书画、集邮协会定期举办跨校区联合巡展；瑜伽、舞蹈协会形成了“一区牵头、两区同练”的同频效应；读书协会更是依靠多层次、多类型交流的结合，完全突破了校区物理空间界限。校工会通过搭建企业微信、校园网交流互动平台，使师生及时分享活动通知、活动成果、预约参与名额，更将协同育人从“活动化”升级为“常态化”，为构建全员、全过程、全方位育人格局提供可持续范本。

（二）取得成效

“师生真情互动日”已经成为一个品牌，是在分址办学情境下，借助工会、教职工协会的文体活动形式对学生开展第二课堂培育，实现“在兴趣中交流，在交流中成长”的成功实践。

以 2024 年为例，“师生真情互动日”仅在当日就开展师生各类竞技比赛 5 场，师生“面对面”座谈 3 场，联合创作及展览 / 展示 4 场。活动开始时，教职工协会向学生社团赠送了文化体育用品 12 件（套），活动结束时，师生互赠书画作品 30 余幅，多组师生社团达成跨校区长期共建，如舞蹈协会后续排练的师生共舞《茉莉花》，受邀参加了多次校内外展演。

“师生真情互动日”活动已举办 17 届，累计 6000 余人次参加活动，涵盖学校 10 余个院系和所有教职工协会，充分体现活动的广泛吸引力，受到广大师生的一致好评。

三、经验启示

（一）“机制创新 + 资源整合”开拓师生交流新切入点

“师生真情互动日”活动在机制上有所创新，它巧妙地通过教职工协会和学生社团相联系的方式，将传统单校区的活动升级为跨校区联动项目，将单纯教职工文体活动拓宽为师生互动项目，探索出一条跨校区的师生交流的新途径，建立了与第一课堂的“教与学”完全不同的另一种情感纽带。与此同时，在组织该活动过程中，面对分校区办学的物理阻隔，校工会、北区办、校团委、后勤集团等多部门通力配合，实现资源有效整合。例如，师生球类联赛采用“主客场制”，需要后勤集团提供场地保障和跨校区班车接送等便利；读书会的“云端共读 + 线下沙龙”混合模式，更多地利用了图书馆、信息中心的线下线上资源。制度设计、技术赋能与各部门通力协作为将活动转化为协同育人新机遇奠定了基础。在活动中老师与同学相互学习，增进了解，积极协同。

（二）“兴趣共同体 + 育学同行”助力高质量人才培养

“师生真情互动日”活动以构建“兴趣共同体”为牵引，重构师生关系生态，形成“第二课堂育人平台”，为师生之间搭建了一座沟通的桥梁。它不仅让同学们在轻松的氛围中更好地全面表达自己，主动提出诉求，同时教师角色也从“知识权威”向“成长伙伴”转型，实现知识传授与人格塑造的有机统一，在平等互动中激发学生内驱力，以朋友的身份陪伴学生成长，担当好“引路人”角色。通过教职工协会与学生社团“结对共建”，师生能够共同学习、共同进步，很多教师也从学生身上感受到了青春洋溢，以及符合新时代要求的新技能，真正实现“师生相长”的美好愿景。

（三）“打造品牌 + 精神传承”创立师生共同的校园文化符号

“师生真情互动日”活动已成为一项品牌活动，有些教师主动连续参加多届，有些学生毕业了还与一起参加活动的教师保持联系，可以说在很多教师和学生的心里，它已经成为一种难忘的情感记忆。通过一起踢球、一起跳舞、一起作画等活动，学生与老师建立起互帮互助、互敬互爱、互学互进的关系，激励着每一位亲历的师生在学术探索和人生旅途中携手前行，这种情感共鸣形成独特的共同体意识，成为推动学校持续发展的深层动力，助力北化精神“宏德博学 化育天工”的传承。

弘扬传统工艺文化，构建“以美强心 + 以美润心 + 以美创新”育人新模式

张　扬

一、案例概述

随着文化自信的不断加强，传统文化在当代教育中的价值日益突出。高校作为文化传承与创新的重要阵地，肩负着传承和弘扬传统工艺文化的使命。为深化理解把握习近平文化思想，坚持“两个结合”，全面贯彻落实习近平总书记关于“全面加强和改进学校美育”的重要指示精神，北京化工大学依托艺术与设计系专业优势，整合掐丝珐琅、篆刻、版画、拓印等传统工艺文化资源，通过传统工艺体验工坊、专业讲座、文创转化等路径，将传统工艺文化融入学生成长全过程，构建“以美强心、以美润心、以美创新”三维育人体系，帮助学生提升文化自信，增强审美素养，并通过创新设计激发他们的创造力与动手能力，从而实现美育育人的多重目标。

二、主要做法和成效

（一）主要做法

1. 以美强心：增强文化自信，塑造时代新人

“以美强心”作为新时代高校美育的核心维度，聚焦于通过审美教育筑牢文化自信根基，培养兼具民族情怀与全球视野的时代新人。以中华优秀传统文化为根基，通过传统工艺溯源与国际对话强化文化主体意识。在传统工艺文化的专业讲座中，主讲教师带领学生深入了解历史悠久的工艺，深刻感受传统工艺所承载的文化内涵，更全面地了解

中华优秀传统文化的价值与魅力。为强化文化认同，讲座中创新引入跨学科对比：通过分析元代掐丝珐琅的“中西合璧”特征，以及安迪·沃霍尔丝网版画对东方元素的借鉴，揭示中华工艺对世界艺术史的贡献。同时，结合景泰蓝作为国礼的外交案例（如沙特阿拉伯驻华大使馆收藏景泰蓝《和平鸽大圆盘》），阐释中国传统工艺在国际文化交流中的话语权价值。通过“文化自信”主题讲座和实践活动，学生对中华传统工艺文化有了更强的认同感，增强了文化自信心。讲座采用“1+1+*N*”（1 位工艺名师 +1 名专业教师 +*N* 名学生）模式，实现技艺传承与理论教学的深度融合。在讲座结束后的学生访谈中，95% 的学生表示对中华传统工艺文化有了更深入的了解，并表示将更加自信地传播和弘扬中华优秀传统工艺文化。

2. 以美润心：提升审美素养，培养文化品位

通过开展掐丝珐琅和版画传统工艺体验工坊活动，不仅能够帮助学生了解和掌握传统艺术的技法，还能让学生在实践中感受文化的深厚底蕴，从而提升其审美素养和文化。掐丝珐琅作为中国传统工艺之一，融合了金属雕刻与彩釉艺术，具有深厚的历史和文化底蕴。通过亲身体验掐丝珐琅的制作过程，大学生不仅能够掌握这门技艺的基本操作，还能感受到其细腻与精湛的艺术魅力。在这一过程中，学生需要全身心地投入到烦琐且富有挑战性的工艺细节中，从选材、雕刻、绘制到上釉，每一个环节都要有高度的专注与耐心。这不仅是技艺上的锤炼，更是一种美学意识的培养。通过与传统工艺的亲密接触，大学生能够体会到在艺术创作中对色彩、形态和材料的敏锐感知，并逐步建立起对美的深层理解和个人审美标准。此外，掐丝珐琅作为中华传统文化的代表之一，它所承载的历史、文化与哲学思想使得这个学习过程，不仅是对技艺的学习，更是对传统文化的深入探索与传承。木刻版画作为传统的艺术形式，融合了独特的艺术手法和丰富的文化象征，通过亲身参与刻制和印刷，学生能够深入体验到艺术创作过程中的专注与细致。通过对传统木刻版画的学习和创作，大学生在面对艺术作品时，不仅能欣赏其视觉美感，还能体会到其中蕴含的文化价值与历史传承。通过这种传统工艺的体验，学生不仅在技能上有所成长，促使学生通过自己的艺术表现探索自我表达与创意的界限，从而在过程中培养出对艺术形式的独立思考能力，还在文化认同感与美学品位上获得了显著提升，审美情感也变得更加细腻与丰富。参与这种传统工艺的体验，不仅是一次艺术实践的学习，更是一次深刻的文化探索和心灵洗礼。

3. 以美创新：激发创造思维，赋能未来发展

在学生体验完传统工艺的基础上引导其进行现代设计转化，在工艺体验中强调传统文化与现代设计理念的结合。通过让学生亲身参与传统工艺的制作过程，帮助他们深入

理解工艺中的美学价值与文化内涵，激发他们对传统艺术的情感共鸣。在此基础上，引导学生将这些传统元素与现代设计思维相结合，鼓励他们在保留传统工艺精髓的同时，运用现代技术与材料进行创新性转化。例如，学生在体验木刻版画的基础上，结合数字技术创造出独具现代感的作品；在掐丝珐琅的制作中，学生们融入当代的审美趋势与功能性设计，让传统工艺既能保留其文化内涵，又能适应现代社会的需求。通过跨学科融合培养学生的创新能力，使他们能够在尊重传统的同时，找到创新与实用性之间的平衡点，从而为未来发展赋能。这种实践不仅是对传统技艺的传承，更是通过创造性的转化，让传统文化焕发新的生命力。

（二）成效

1. 学生参与情况

北京化工大学传统工艺体验工坊活动累计吸引超过千名学生的踊跃报名，共计 186 人次学生参与，涵盖学校 10 余个院系，从本科生到研究生均衡分布，充分体现活动的广泛吸引力以及当代大学生群体对传统工艺文化的认可与热爱。

2. 活动成果情况

在传统工艺体验工坊活动中，学生共创作了近百件优秀作品，涵盖了故宫建筑、敦煌壁画、三星堆文物等传统文化元素，并以车挂、书签、杯垫等实用产品形态呈现，充分体现了学生的创造性转化能力和文化素养。活动创作的作品深受校内外师生喜爱，并作为校园文创礼品赠送给校外的专家学者。

3. 媒体报道情况

活动在北京化工大学官方微信公众号、美苑掇英等校内外多个媒体平台进行了宣传报道，参与活动的学生在各自的社交媒体踊跃分享和转发活动相关情况，充分向社会展示了北京化工大学在传统文化弘扬和美育工作上做出的努力和取得的成效。

三、经验启示

（一）注重文化传承与创新的结合，提升育人效果

传统文化的传承不能仅停留在对工艺本身的学习上，还应当通过创造性转化、创新性发展，培养学生的创造力和实践能力。通过引导学生将传统工艺与现代设计相结合，不仅实现了传统文化的活化，也培养了学生的创新思维，拓宽了他们的视野。例如，

将传统掐丝珐琅制作技艺与现代文创设计融合，学生可以在掌握非遗技艺的同时，探索其在数字时代的应用，创作出既具文化底蕴又符合现代审美和实用需求的作品。这种方式让传统文化从静态的遗产变为动态的生活元素，提升了学生的动手能力和设计思维。同时，通过跨学科项目，学生能从历史、艺术和科技等多角度理解传统工艺，激发灵感。这样的教育不仅让传统文化焕发新活力，还为社会输送了兼具文化自觉和创新能力的人才，推动文化传承与时代发展的有机结合。

（二）构建多元化的育人平台，增强学生的综合素质

通过丰富多样的传统工艺体验和讲座活动，学校构建了一个全面、多元的育人平台，为学生综合素质的提升提供了有力支持。一方面，学生在参与传统工艺体验时，如掐丝珐琅、版画制作等，不仅深入了解了非遗的内涵，还通过亲手实践锻炼了动手能力和耐心；另一方面，讲座活动邀请专家讲解工艺背后的历史与意义，帮助学生积累文化知识，激发文化认同感与批判性思维。这种理论与实践并重的教育方式，不仅拓宽了学生的视野，还为其全面发展创造了广阔空间，使他们在文化素养、实践能力等方面获得显著成长。

（三）加强与社会、行业的合作，提升育人成效

在传统工艺的创新设计活动中，学校与企业、行业之间的合作显著提升了育人成效，为学生创造了更广阔的展示平台和实践机会。例如，学校可以与手工艺品企业合作，让学生参与真实的产品设计与制作，将传统工艺知识融入现代设计，锻炼创新能力和市场洞察力。这种模式不仅让学生将理论应用于实践，还通过企业导师的指导，帮助他们了解行业需求和职业标准，提升就业竞争力。同时，与行业协会合作举办工艺设计大赛或展览，为学生提供了展示才华的舞台，激发其创新潜能。这种合作还搭建了学校与社会、行业之间的桥梁，促进资源共享与优化，推动育人工作的外延发展。通过教育与产业的双向赋能，学生在实践中成长，学校教育也更贴近社会需求，实现育人成效的最大化。

“兴趣激发、能力提升、价值引领”以工作室模式培育校园原创网络文化品牌的育人路径

刘佳欢

一、案例概述

网络文化品牌具有强大的凝聚力和价值观传递能力。为进一步落实立德树人根本任务，将习近平总书记对青年的期待、对意识形态工作的重要论述、对宣传思想文化工作的重要指示落实到网络育人工作中，本案例探索了北京化工大学原创网络文化平台“北化力量”实现浸润式、体验式网络育人的实践路径，以工作室为实践载体，发挥学生课外特长，精心构建育人体系，通过“兴趣培养形成内生动力，项目实践提升专业能力，价值引导实现立德树人”的三维路径，汇聚网络正能量，打造网络育人品牌内容，提供高质量的网络文化作品内容供给，培育出具有思想性、传播力、影响力的校园网络文化品牌。“北化力量”全平台粉丝 3.9 万人，年度传播量超 26 万人次。

二、主要做法和成效

（一）工作室模式与“北化力量”品牌定位

网络文化工作室不同于一般学生组织，打破传统师生间的层级壁垒，营造出平行对话的良好氛围。在工作室中，教师与学生围绕项目展开深入探讨，能够极大激发学生的创新思维。且工作室能够为学生提供发挥特长的广阔舞台，不同专业背景和兴趣背景的学生通过项目合作，将各自特长有机结合形成创作合力。

明确品牌建设目标与方向，将品牌定位与教育目标深度融合。“北化力量”的定位

为“校园原创网络文化品牌”，致力于打造专属北化人的“正能量集合体”，在品牌形象塑造时，充分考虑学生需求和兴趣，结合学校特色与文化底蕴，塑造独特且辨识度高的品牌形象，体现北京化工大学“宏德博学，化育天工”的大化工特色。形象设计向大家传递出动感与热情，严谨而不失活泼，同北化校园浓厚的学术氛围相映成趣。

（二）主要做法

1. 以兴趣激发作为动力源

工作室成员招募渠道多元且注重兴趣挖掘。一方面，积极组织新媒体技能体验活动并丰富社团纳新形式，观察学生的参与度和热情，选拔出对新媒体技能有浓厚兴趣与潜力的学生；另一方面，密切关注校园媒体活动，关注军训团宣教工作、新媒体活动中的优秀作者、团体账号新媒体宣传等活动中崭露头角的学生，主动发出邀请。在内容创作环节，始终将学生兴趣置于核心位置。鼓励学生自主提出创意提案，召开选题研讨会议，对提案进行完善与筛选，组成工作组时同样以兴趣导向为重要依据，摄影、文案、创排等分工合作，从而让兴趣成为推动工作室发展的强大内生动力。

2. 以能力提升丰富成长线

工作室共有 3 名指导老师，分别在创意构思、内容创作、技术操作方面各有所长。构建分层培养体系，从新手入门的快速理解与简单项目的实践着手，随着学生能力的提升，进入骨干培养阶段，鼓励学生在实践中提升综合能力，同时引导学生在某一领域深入钻研，逐渐成长为某一组别的学生组长。当学生逐渐成长为工作室负责人后，负责团队协调、项目策划与执行，全面锻炼其领导能力和综合素质。积极挖掘培训资源，开展“校园媒体成长计划”系列培训班，邀请《人民日报》主任记者、北京师范大学新闻传播学院、党委宣传部等专业队伍开展培训 12 场，带领学生走访百度学习等，覆盖人数 1200 余人次。

3. 以价值引领锚定方向标

思想建设是队伍建设的基础。新媒体队伍作为大学生网络文化的引领者，应做到政治立场坚定、政治理论水平较高、网络素养好，积极主动学习思想政治理论，让社会主义核心价值观内化于心，外化于行。确立作品评价导向为思想性、艺术性、传播力三者并重。选题过程强调顶层设计，注重汇集信息与深挖细节相结合，广泛收集各方素材，同时对关键信息进行深度挖掘，确保内容真实、生动、有深度。在教育效果上，实现接受引导与自我认同相结合，让学生在潜移默化中接受思想教育，并内化为自身的价值认同，以点带面促进北京化工大学网络思想教育工作开展。在工作推进机制上，每月召开月度常规选题会，提前规划长期内容方向，针对重大节日、校园活动等策划精品项目，从不同角度展现毕业生的校园生活与成长历程。每次选题会都能使参会学生进一步明确创作亮点与红线，提升学生的思想认识和创作水平。每周召开工作推进会，对正在进行的作品创作进行进度把控和质量审核，及时解决创作过程中遇到的问题。每天线上跟进，时刻关注网络热点话题，一旦发现与校园相关或适合学生创作的热点，迅速组织团队进行突击创作。

（三）育人成效

1. 多元传播，彰显校园风采

开展以学生原创为视角的校园网络文化作品创作，聚焦主题教育、校园文化、典型故事，开展丰富多样的校园网络文化作品创作和传播，全面展现大学生积极向上、奋发进取的精神风貌，弘扬社会主义核心价值观。目前微信公众号、视频号、抖音号、微博粉丝累计 39422 人，粉丝年均增长率为 7.46%，2024 年全平台阅读量超 26 万人次。在第七届全国大学生网络文化节和网络教育优秀作品推选展示活动中，荣获二等奖 1 项、优秀奖 1 项。

2. 主题专栏，引领青年思潮

形成“校园百态”“媒体榜单”“青春榜样”“辅导员说”多个系列专栏，逐步形成品牌特色。开展网文以及网络作品孕育，围绕同学们关心的社会热点、价值观、校园故事、成长需求等方面积极在网络发声，栏目累计产出网络作品 90 余部，出版网络文集 1 本，总传播量超过 36 万人次。在建党百年关键时期，推送“向学”“思悟”“力行”系列主题学习教育内容 100 余期，制作献礼中国共产党成立 100 周年特别访谈《我眼中的“你”》；党的二十大召开前后，特别打造“喜庆二十大”“踏巡红色印记，云游魅力北京”等系列推送，深受学生欢迎。

3. 文创融合，丰富校园文化

积极探索线上线下相结合的发展模式，全力打造“颜值与实力”并存、富有学校特色的精品系列文创产品。这些文创产品将校园文化元素与时尚设计理念巧妙融合，涵盖了文具、饰品、服饰等多个品类，深受学生喜爱。近三年，工作室累计打造文创作品种类超过 40 种，产品价值超过 10 万元，极大地丰富了校园文化体系。这些文创产品不仅成为学生日常生活中的实用物品，更成为传播校园文化的流动名片，在校园内外广泛传播，提升了学校的知名度与美誉度。

4. 学生成长，赋能未来发展

工作室年度培养新媒体学生骨干 50 余名，众多学生实现了个人成长与职业发展的飞跃。以新媒体为重要技能，已有 3 名学生保送研究生并担任兼职辅导员或校园实践锻炼岗位，将所学知识与技能应用于实际工作中，发挥了积极的模范带头作用。毛某同学凭借在工作室积累的设计经验与精湛技艺，其设计的 logo 被 2025 第十二届世界化学工程大会暨第二十一届亚太化工联盟大会（WCCE12 & APCChE2025）组委会采用。工作室为学生提供了广阔的发展平台，助力学生在新媒体领域精耕细作，实现个人价值，为未来的职业发展赋能。

三、经验启示

（一）定位融合：品牌与育人目标的深度契合

致力于将网络文化品牌的定位精准锚定在育人目标之上，通过深度挖掘校园文化内涵与育人需求，打造具有独特价值与教育意义的品牌形象。让品牌在传播过程中，不仅能吸引学生目光，更能在潜移默化中实现育人功能，达成文化与教育的有机融合。

（二）学生主体：激发校园主人翁意识与主动性

始终坚持以学生为中心，通过“北化力量”等各类平台搭建，增强学生的校园主人公意识。鼓励学生积极参与到校园网络文化建设中，发挥其主观能动性，让学生成为网络文化品牌的创造者、传播者与受益者，提升学生对校园文化的认同感与归属感。

（三）保障宣传：打通通路，强化全员育人与推广

一方面，强化全员育人格局，凝聚学校各部门、各类教职工的力量，尤其是辅导员、宣传部、教师、后勤保障等人员力量，形成全方位育人合力，为网络文化品牌建设提供坚实的人力支撑；另一方面，打通品牌发展通路和学生发展通路，做好资源保障与后勤支持。同时，加大宣传推广力度，利用多种渠道与形式，提升品牌知名度与影响力，让网络文化品牌在校园内外广泛传播。

领航社会实践，搭建学生就业“职”通桥

王胜利

一、案例概述

大学生就业能力在职业生涯的起步阶段扮演着至关重要的角色，而社会实践作为增强这一能力的有效手段，其重要性不言而喻。因此，精心组织与高效开展社会实践活动，对于促进大学生就业能力的提升具有重大意义。为引导青年学生在实践中扎实专业知识、了解专业前景、拓宽就业视野、提升综合素质，北京化工大学化学学院与合肥鸿蒙标准技术研究院共建创新实践基地，化学学院“企化未来”暑期社会实践团赴创新实践基地开展系列实践活动，搭建学生就业“职”通桥，全面提升学生就业能力。

实践团依托鸿蒙标准物质实践基地，创新构建“1+3+*N*”实践体系，即围绕“逐梦企业行，实践谱华章”这1个核心主题，以“学”“践”“创”3条主线服务*N*个师生、群众。实践团将理论学习与实践探索紧密结合，深入企业、高校、科技馆、社区等地，通过实习实践、调研交流、化学科普、行走的思政课等多种灵活方式，有效提升了学生的专业技能与行业认知，帮助学生树立正确就业观念，激发了青年学子对行业发展的自豪感与投身社会建设的使命感。

二、主要做法和成效

（一）主要做法

1. 学思并进，启迪职业智慧

“企化未来”实践团深知职业知识积累与专业素养提升对学生未来就业的重要性。为此，实践团积极与业界导师、优秀榜样及企业精英展开深入交流，为学生丰富职业知识、提升专业素养、明确就业方向提供了有力支持。

实践团邀请窦晓亮博士为实践团成员开展就业规划指导课，窦博士为学生们详细解读了化学行业的就业形势和发展趋势，引导学生树立正确的就业观念，合理规划职业生涯；赴旭阳集团铝颜料公司和中国化学东华工程科技股份有限公司开展调研学习，深入了解企业的生产流程、技术研发和市场需求，与行业专家和企业高管进行面对面交流；采访了安徽省五一劳动奖章获得者谷圣军，谷老师以自身职业发展为例，为学生们提供了宝贵的就业建议和实践指导。

2. 实践赋能，锤炼专业技能

实践团高度重视理论与实践的结合，积极组织学生投身生产实践，通过企业实习及乡镇企业探访、检测等活动，将书本中的化学知识与实际生产、检测过程紧密结合，在实践中磨砺学生品质，锻炼职业技能，进一步提升学生实践操作能力。

实践团在合肥鸿蒙标准技术研究院创新实践基地进行了为期一周的实习实践活动。实习期间，学生们分组参与了溶液配制、产物封装、集中装瓶及质量检测等生产环节，切实投入实际生产工作。在实践过程中，学生们积极思考，主动与实习老师进行交流，了解实际生产中各个环节的基本原理，并将交流所得的思考落实到实际生产当中，有效提高了工作效率与精度。通过知行统一、相互促进，学生们在实践中获得了长足的进步。

赴安徽达维水产养殖有限公司，对养殖用水中氨氮、硝酸盐等指标含量进行了检测，与水产技术员共同探讨解决各类水质问题可运用的化学手段；前往柿树乡污水处理厂，学习如何通过化学手段和生物手段处理生活污水。这些实践活动不仅强化了学生理论与实践的结合，也为大学生投身乡村建设提供了宝贵的启示与动力。

3. 创新科普，提升专业素养

实践团学生充分发挥自身专业优势，规划、设计、开展了一系列化学科普活动。在提升自身专业能力的同时，将化学知识回馈社会，携手筑梦，点燃孩子心中的求知火种。

在科普活动前，实践团组织学生线上观看了科普辅导员职业技能大赛，学习先进的科普方法和技巧，提升自身科普技能。活动中，实践团成员开设了“淀粉密信”“水果电池”等6个趣味化学实验的演示与交流，介绍了每个实验背后的原理与应用，邀请小朋友们到实验台前参与实验，在提升观众参与感的同时，为小朋友们揭开了化学世界的一角，让小朋友们在轻松愉快的氛围中感受化学的魅力。

此外，实践团成员还通过分发宣传册、科普问答等不同方式进行了进一步的知识宣讲，尽力让化学意识、化学思想传播至每个人心中。在科普实践过程中，学生们将所学的化学知识运用到实际生活中，不仅提高了自身的专业素养，还增强了社会服务意识和沟通能力。通过这些科普活动，学生们深刻体会到化学知识在生活中的广泛应用，进一步激发了他们学习化学的热情和投身社会建设的使命感。

（二）取得成效

在此次社会实践活动中，实践团取得了丰硕的成果。1 堂生动的思政课，进一步增强了实践团成员的爱国情怀和社会责任感；2 场精彩的科普行活动，有效传播了化学知识，激发了孩子们对科学的兴趣；3 个创新实践基地的建立，在推进企校合作的同时，为后续的交流合作打下坚实的基础；4 场专题采访，实践团成员收获了宝贵的实践经验和就业指引；7 天实习实践，让同学们在自身也得到锻炼，明晰职业定位，笃定未来方向，在积极奉献中绽放青春力量；13 次多彩的宣传活动，通过公众号推送、宣传册发放、理论宣讲等多种方式进行宣传，形式多样，内容丰富，并取得了良好的宣传效果。最终此次社会实践项目获评北京化工大学金奖团队、2024 年“青年服务国家”首都大学生暑期社会实践优秀团队。

学生通过此次社会实践，也深刻认识到行业发展趋势和需求，树立了正确的就业意识，在生产实践过程中，学生将理论知识运用于实际，锻炼了专业实操能力。同时，沟通表达、团队协作等综合素质也得到提升。这些能力的增长，让学生在就业市场中脱颖而出，综合竞争力显著增强，为未来顺利就业奠定了坚实基础。

三、经验启示

在当今高等教育日益重视实践与创新的时代背景下，“企化未来”社会实践团的实践项目，为学生专业能力与就业能力的提升提供了宝贵的经验启示。高校可以通过一系列精心设计的实践活动，深化学生的专业知识，拓宽学生的就业视野，从而为学生的职业生涯奠定更加坚实的基础。以下是从几个关键维度提炼出的经验启示。

（一）理论与实践深度融合，促进知识内化

实践活动强调“理论实际相结合”，让学生在真实的工作环境中体验化学知识的应用。此次实践团通过在企业实习、在乡镇探访的亲身实践，学生得以将课堂所学转化为解决实际问题的能力。这种深度参与不仅强化了理论知识，还锻炼了他们的实践操作技能，使学生深刻体会到理论与实践之间的紧密联系。这种融合教学模式，有效提升了学生的专业素养，为他们未来在职场上的竞争力打下了坚实的基础。

（二）职业规划与榜样引领，明确职业方向

职业规划指导课与业界精英的交流访谈，为学生点亮了职业道路上的明灯。通过邀请行业导师、优秀校友分享经验，学生得以从多角度了解不同职业路径，从而更加清晰地规划自己的未来。同时，与榜样的近距离接触，激发了学生对行业发展的热情与向往，帮助他们树立了正确的就业观念，增强了投身社会建设的使命感。这种职业规划与榜样引领相结合的方式，可以有效引导学生将个人兴趣与国家需求相结合，明确职业定位。

（三）科普实践锻炼能力，提升就业竞争力

将所学专业运用到科普活动和生活实践中，对学生专业能力的提升和就业竞争力的增强具有重要意义。化学科普活动不仅锻炼了学生的沟通与表达能力，还增强了他们的社会服务意识。在科普过程中，学生需要将复杂的化学知识以简单易懂的方式传授给他人，这要求他们深入理解知识内涵，并具备良好的表达能力。同时，通过与不同人群的交流和互动，学生能够更好地了解社会需求，调整自己的学习方向和研究重点。此外，将化学知识应用到生活中解决实际问题，能够让学生体会到化学的实用性和重要性，进一步激发他们学习化学的热情和动力。这些经历为学生提供了展示自我、服务社会的平台，增强了他们的自信心和团队协作能力，为未来的职场生涯增添了软实力。

（四）校企合作搭建平台，拓宽就业渠道

与企业建立创新实践基地，是拓宽学生就业渠道、提升学生就业质量的关键举措。通过校企合作搭建的平台，企业能够深入参与到人才培养过程中，根据自身需求为学生提供针对性的实践项目和实习机会，使学生更早地接触实际工作环境，了解行业最新动态和技术要求。同时，学生在实习过程中也能充分展示自己的专业能力和综合素质，为企业选拔优秀人才提供参考。这种深度合作不仅为学生提供了从校园到职场的过渡桥梁，缩短了他们的就业适应期，还促进了产学研的深度融合，实现了学校、企业和学生的三方共赢，有效提高了学生的就业竞争力和就业质量。

从冬季文化节探索“思政 + 美育”融合育人重要路径

仝　瑶　刘金铢

一、案例概述

党的二十大报告强调要“培养德智体美劳全面发展的社会主义建设者和接班人”，为新时代育人工作指明了方向，而思政教育就是解决“为谁培养人、培养什么人”的问题。为进一步加强学校美育工作，强化学校美育的育人功能，教育部下发《关于全面实施学校美育浸润行动的通知》，明确指出要以美育浸润学生、浸润教师、浸润学校，打造昂扬向上、文明高雅、充满活力的校园文化。由此看来，美育浸润是关乎“如何培养人”的关键命题。因此，“思政 + 美育”融合育人模式已经成为高校提升人才培养质量的有效途径。

随着高等教育从注重知识传授向关注学生综合素质培养的转变，如何在学术教育之外提供丰富的文化体验成为高校面临的重要课题。四季文化节以其季节性为主题，有助于传承和弘扬中华优秀传统文化，在增强文化自信的同时，满足学生多样化的需求，能够很好地促进校园文化发展。冬季文化节作为北京化工大学四季文化节的重要一环，从时间线上涵盖立冬、小雪、大雪、小寒、冬至等传统节气，包含宪法日、志愿者日、新年及春节前夕等重要时间节点，对校园文化气氛营造具有重要作用，是校园文化的重要组成部分，以其丰富的文化内涵、冬季特色活动形式和广泛的参与度，为“思政 + 美育”融合育人提供了良好平台。

二、主要做法和成效

（一）主要做法

北京化工大学2024年冬季文化节工作方案立足学校教育目标，依托昌平校区环境优势，以冬季伊始为时间节点，围绕德、智、体、美、劳5个方面，以环境育人、寓教于乐为导向开展活动。

德育方面，开展“德馨冬韵”主题活动，以宪法日、公祭日为切入点，举办宪法宣传周、法治文化节及公祭日观影等，牢固树立意识形态；智育方面，结合学校专业特色，以科普实验和激光雕刻为切入点，开展“智凝冰雪”、雕冰剪雪、窗花制作体验活动，在专业知识中营造冬雪氛围，在动手创作中喜迎新春；体育方面，以“体跃雪场”为主题开展系列趣味运动项目，室内室外相 结合，有雪无雪方案穿插，丰富大学生课外生活；美育方面，美育活动以“美丽北化，幸福家园”为主题，开展美绘雪图冬季摄影征集、二十四节气海报征集、趣味冰灯制作及“冰灯璀璨，趣玩暖冬”冰灯节活动，培养学生发现美、欣赏美、创造美的能力；劳育方面，劳育活动以美食制作体验为主题，开展“劳耀雪辉”包饺子、品美食活动。

（二）成效

本年度冬季文化节为北京化工大学第四届冬季文化节，主办单位包括北校区办公室、党委宣传部、学生工作办公室、研究生工作部、保卫处、后勤保障部以及后勤服务集团，所有活动在机电工程学院、文法学院、化学学院的承办及工程训练中心、学生法律援助中心、思源历史社以及帷幕影协的协办下顺利开展。活动包括五大主题、六项上新，共涵盖宪法宣传周、红色主题观影、二十四节气海报征集、冰雪趣味运动、创意冰灯制作、激光雕刻窗花制作、师生冬至包饺子等12项活动，覆盖教师及学生5000余人次，在校院两级官方网站、公众号等发布新闻、推送30余篇。

从育人实效来讲，活动作为“思政＋美育”融合育人模式的具体实践载体，将思想政治教育巧妙地融入校园文化活动中，达到润物细无声的效果，跨年级、跨专业协作打破社交壁垒，尤其帮助新生融入集体。同时，通过冰雪艺术创作、冬季摄影展、戏剧演出等活动，大大激发学生创新思维，激发学生的艺术表现力提升实践能力，促进学生全面发展，丰富校园文化生活的同时推动美育教育普及，响应国家文化强国战略。在活动策划及开展过程中，体现了高校教育环境中3组重要关系：学校机关职能部门与二级学院联合举办活动、负责专任教师与学生骨干共同组织筹划、一线学生/教工与二线管理/后保工作人员协同开展工作。本年度冬季文化节活动覆盖面大、参与度高，获得师生广泛好评。

三、经验启示

（一）冬季文化节中“思政+美育”融合育人的实践路径分析

1. 以文化人，挖掘节日思政元素

（1）传承中华优秀传统文化。将冬日节气、春节等传统节日元素融入文化节，通过传统手工艺展示融合现代工艺制作、海报征集或摄影展等活动，增强学生的文化自信和民族自豪感。

（2）弘扬革命文化。结合冬季重要历史事件和纪念日，开展红色主题展览、经典诵读等活动，引导学生传承红色基因，坚定理想信念。

（3）发展社会主义先进文化。聚焦时代主题，创作反映时代精神的文艺作品，展现中国特色社会主义建设的伟大成就，增强学生的社会责任感和使命感。

2. 以美育人，创新美育实践形式

（1）打造精品文艺活动。举办适合冬季开展的高水平的小型艺术节、美术展览、冰雪雕塑实践等，邀请专业艺术家和学者进行指导和交流，提升学生的审美能力和艺术素养。

（2）鼓励学生参与创作。以“冬季”“冰雪”等为关键词，开展校园原创歌曲、文创设计、舞蹈、戏剧等征集比赛，激发学生的创造力和想象力，在艺术实践中提升审美情趣。

（3）融合现代科技手段。利用3D打印机、激光雕刻机等新型科技手段，借助春节等传统节日氛围，结合传统艺术形式，创造出全新的艺术体验方式，还可结合虚拟现实（VR）、增强现实（AR）以及全息影像等先进技术使学生能够在互动中深入理解艺术的魅力，同时也推动了艺术教育的现代化发展。

3. 以情动人，增强育人实效

（1）强化价值引领。应将社会主义核心价值观融入教育教学实践各个环节，聚焦时代主题，以网络平台为阵地，增强价值引领的覆盖面，在美育活动中体现思政引领，在思政教育中浸润美育情怀，引导学生树立正确的价值观、人生观和世界观。

（2）注重情感体验。冬季的11—12月间正值学生“‘期末周’考试+放假前夕+春节前期”交汇时间点，应设计互动性强、参与度高的活动，让学生在亲身体验中放松心情，同时能够感受文化魅力，激发情感共鸣。

（3）关注学生成长。针对不同年级、专业学生的特点，设计个性化的活动方案，文理兼具，满足学生多样化需求，促进其全面发展。

（二）深化“思政＋美育”融合育人路径系统性建设

1. 进一步加强顶层设计

“思政＋美育”融合育人不仅是丰富校园文化生活的有效方式，更是推进素质教育、落实立德树人根本任务的重要举措，在培养全面发展的高素质人才方面发挥着重要的作用。学校层面应考虑将“思政＋美育”融合育人思路有机纳入学校人才培养体系，制订实施方案，明确目标、任务和保障措施。

2. 进一步加强师资队伍建设

依托工科院系、艺术设计系等专业平台，鼓励专业课教师将思政元素融入专业课程教学，如在工程理论课程中融入工匠精神、在艺术设计课程中融入中华优秀传统文化等，实现专业知识传授与价值引领的有机统一。利用工作坊、学生组织、社团等实践平台，组织专业课教师、辅导员、实验岗教师共同参与学生活动，在实践中探索“思政＋美育”融合育人的有效途径。还可以建立跨学科、跨部门的教学团队，定期开展教学研讨、经验交流、案例分析等活动，促进教师之间的相互学习和共同提高，培养一支既懂思政又懂美育的教师队伍，为“思政＋美育”融合育人提供人才支撑。

3. 进一步加强资源整合

充分利用校内外资源，形成全员、全程、全方位育人的工作体系，搭建“思政＋美育”融合育人平台，形成育人合力，将思想政治教育与美育有机融合，选派教师参加社会实践、企业挂职、艺术采风等活动，拓宽教师视野，增强教师的实践能力和育人本领。引导学生在感受美、欣赏美、创造美的过程中，不断提升思想道德素质和艺术修养，进一步引导学生感受传统文化魅力，明确社会责任。

4. 进一步加强评价体系建设

学校相关部门应建立科学的评价体系，将“思政＋美育”融合育人成果纳入教师考核评价体系，作为教师职称评定、岗位聘任、评优评先的重要依据。以评价反哺改革，支持教师申报“思政＋美育”相关课题，对在“思政＋美育”融合育人方面取得突出成绩的教师进行表彰奖励，鼓励教师在教育教学环节中不断创新形式、丰富内涵，积极探索“思政＋美育”融合育人工作方法，提升育人水平。

“三全育人”视域下大学生社会实践协同育人探究

阿米尼古丽·阿不力提甫

一、案例概述

大学生社会实践作为高校育人的重要环节，整合“三全育人”，形成协同育人的强大合力是亟待探究的领域。本案例聚焦北京化工大学“强国建设、民族复兴”新征程社会实践工作，联合民族地区非物质文化遗产实践地合力开展的大学生社会实践项目，本次暑期实践组成“薪火相传，青春筑梦——中华优秀传统文化你我共传承”实践团，通过广泛开展和参与非遗展演、文物保护、艺术创作、展馆参观，体验、实践、宣传并学习少数民族非物质文化遗产，如传统音乐、舞蹈、手工艺等。探访文物保护单位，了解其背后的历史故事和保护现状。参观博物馆和文化展览，拓宽知识视野，增强文化认同感。

此次大学生社会实践团让青年学生在实践中感悟，在感悟中成长，通过实际行动向当地的中小学学生、群众以及在校师生传播和推广优秀传统文化，取得了较好的反响和成效。

二、主要做法和成效

（一）主要做法

1. 深思深究“研”，把实践的内容“实”起来

在实践筹备过程中，实践团成员结合自己所在民族地区的发展战略以及非物质文化遗产的实际情况，再结合此次“薪火相传，青春筑梦——中华优秀传统文化你我共传

承”的实践目的，分别聚焦历史发展、地区发展、文化传承、民族团结等关键领域。实践团成员暑假期间在新疆（喀什、伊犁、库尔勒）、内蒙古以及四川省部分民族地区展开了实地实践，通过深入开展和参与非遗展演、文物保护、艺术创作、展馆参观，体验、实践、学习并宣扬少数民族非物质文化遗产，再通过使用国家通用语言向当地的学生、群众传播和推广优秀传统文化以扩大其影响力等方式，深入基层，挖掘第一手亲身体验资料，确保实践内容的真实性、实效性和正向影响力。

2. 入情入理“走”，把实践的形式“活”起来

实践团成员通过查阅文献、搜集资料等方式，对以十二木卡姆为代表的非遗项目进行了深入了解，包括其历史渊源、文化内涵、传承现状等。根据实践计划，在新疆库尔勒组织了现场展示讲解、互动问答、参观展览、现场参与十二木卡姆歌舞表演等形式的几场非遗宣讲活动。

实践团成员走进新疆喀什地区英吉沙县，这里拥有众多非物质文化遗产项目，古老的土陶技艺作为国家级非物质文化遗产在喀什地区流传至今。实践团到喀什市高台民居学习制作土陶制品和国家级非物质文化遗产红柳编筐，现场采访非物质文化遗产继承人，亲身体验土陶、编筐等技艺。实践团到新疆伊犁感受具有刀味与木味的新疆伊犁木刻版画“再创造的艺术”的独特魅力。木刻版画不仅是新疆地区的一项非物质文化遗产，还是中华优秀传统文化的重要组成部分。

实践团成员走访四川省凉山彝族自治州彝族奴隶社会博物馆，实地走访、深入了解彝族的历史文化。实践团在内蒙古巴林右旗格斯尔文化中心进行了格萨（斯）尔相关内容的学习及实践。格萨（斯）尔是我国三大史诗之一，是人类非物质文化遗产代表作。北京化工大学民族艺术进校园系列活动对中华优秀传统文化的宣扬传承，是将学生走出去与民族艺术走进校园相结合，通过生动的讲解和丰富的展示展演，促进非遗文化的传承与发展，增强了学生对非遗的认知。促进中华优秀传统文化的创造性转化和创新性发展，激发了学生对非遗文化的兴趣与热爱，增强了学生对优秀传统文化的了解和文化自信，为优秀传统文化的传承与发展注入了新的活力。

（二）成效

1. 活动完成情况

实践以新的形式展现优秀传统文化传承历史、维系民族精神的价值和魅力，对国粹传承、非物质文化遗产保护和铸牢中华民族共同体意识作出自己的贡献。

中华文化你我共传承实践团赴四川、内蒙古、新疆（喀什、伊犁、库尔勒）等地，开展非物质文化遗产走访、了解、学习与宣传活动，构建校园地与生源地联动机制，

最终获得校级银奖实践团队称号。在少数民族地区向中小学生以及当地居民进行实践宣讲，累计开展 4 次活动，参与活动的以学生和当地居民累计超过 100 人次。在校组织“数字赋能 · 匠心永续：非遗智慧传承体系的科技重构与文化基因活化研究——基于土陶数字化保护、木卡姆声纹库建设与彝族文化元宇宙传播的跨学科实践”的“挑战杯”项目，将非物质文化遗产保护同数字赋能进行发展研究，更好地起到学习、保护、宣扬的作用。

2. 媒体报道情况

实践团创新宣传模式采取“线上 + 线下”相结合的方式，进一步增强宣传效果。在线下，实践团联合生源地开展实地走访活动，深入基层，与群众面对面交流互动，组织大中小学共同参与学习活动，让不同年龄段的学生亲身感受非物质文化遗产的魅力，激发他们对传统文化的兴趣与热爱。在线上，成功吸引了北京化工大学官方微信公众平台、校团委青春北化微信公众平台以及文法学院少数民族预科班预科家园微信公众平台的关注与报道，累计阅读量近 5000 人次，通过图文并茂、生动有趣的内容展示，吸引了更多人的关注与参与，极大地提升了活动的知名度与影响力，为中华优秀传统文化的传承营造了良好的舆论氛围。

三、经验启示

（一）立言立行“做”，亮起实践的底色

（1）此次社会实践案例拥有地理与文化优势：学生所在的各少数民族地区以其独特的地理位置和丰富的文化遗产，融合多种文化元素，形成了独具特色的民族风情和历史景观。自然美景与人文景观相得益彰，为文化探索与实地走访提供了理想场所。

（2）拥有交通与实地走访便利性：所选区域皆为学生所在少数民族地区，尤其适合进行实地走访和文化探索。实践团队可以轻松到达各个文化遗址、民族村落和自然保护区，亲身感受和记录多元文化与自然风光。

（3）拥有文化资源与实地走访价值：深入非物质文化遗产的发源地，与当地艺人面对面交流，体验其独特魅力。走访喀什古城等历史遗址，通过实地考察，了解悠久的历史和文化变迁。探访不同民族，体验他们的日常生活、传统节日和习俗，增进对多元文化、各民族间的交往、交流、交融。

（二）于行于思“悟”，提起实践的力度

以“三全育人”为笔，绘高校立德树人新篇。大学生是社会中非常具有活力与创造力的群体之一，他们拥有丰富的知识储备和敏锐的时代感知力，在文化传承与发展的社会实践中，能够发挥独特的作用。从古老的民间技艺到珍贵的历史遗迹，从传统的文学艺术到深厚的民俗风情，大学生的参与为这些文化瑰宝注入了新的生命力。

1. 文化传承方面

实践团积极投身于各类文化保护项目。在一些偏远地区，古老的手工艺面临失传的困境，大学生们通过实地调研、访谈传承人的方式，将这些手工艺的制作工艺详细记录下来，整理成文字资料和视频教程，让更多人了解和认识这些珍贵的技艺。实践团走进乡村、社区，向孩子们传授传统手工艺、讲授历史文化，鼓励孩子们传承和传统文化宣扬，培养孩子们对传统文化的兴趣，为文化传承播下希望的种子。

2. 文化发展方面

实践团充分发挥自己的创新能力，为传统文化赋予新的时代内涵。在新媒体时代，大学生利用短视频、公众号平台，展示传统文化的魅力。他们制作精美的短视频，将传统歌舞艺术、技艺、历史文化等元素融入其中，通过生动有趣的表现形式，吸引了年轻人的关注，让更多人可以更加便捷地接触和了解传统文化。

“文化，因传承而熠熠生辉，因发展而生生不息”。大学生作为新时代的主力军，肩负着文化传承与发展的重任。通过全员参与、全程跟进、全方位组织的方式，策划并积极投身此次文化传承与发展的社会实践活动，深入了解社会、校园与实践地的协同机制，探索大中小学的协同合作，感受传统文化的魅力，培养了学生的社会责任感和团队合作精神；增强了民族自豪感和文化自信心；用青春的热情和智慧，让古老文化在新时代焕发出新的光彩，为实现中华民族伟大复兴的中国梦贡献自己的力量。

“春化秋拾”劳动教育基地：构建“劳动+”模式，让学生“育”见成长

陈言良　陈矯欢

一、案例概述

信息科学与技术学院劳动教育基地结合“‘春化秋拾’智慧科创实践教育基地”智育劳育基地以及“鱼书雁信”美育劳育基地，打造“丰富二课堂、服务一课堂”的成果转化体系，与专业结合的智育方面，主要包括智能滴灌系统、植物叶片分析系统、调光系统、安防系统等，各系统之间相互配合，为植物生长提供理想环境条件，从而达到高产、稳产。各子系统均依靠传感器采集环境信息，再以目标为导向设计算法实现功能。劳动教育基地为智慧型系统，其中，设计各类传感器系统搭建匹配自动化、测控专业培养方案；采集信号叶片分析系统主要进行图像处理工作，匹配电子信息工程专业、人工智能专业培养方案；各类数据库建立检索等匹配计算机专业、大数据专业培养方案。以上“看得见、摸得着”的内容将在《电子技术创新设计》课程中以多个项目呈现，并分配给对应专业学生执行，最终实现将课程中的优秀方案反馈到劳动教育基地作进一步提升改进，两者互促，提升基地智慧化水平和一课堂课程的趣味性、实践性，体现劳动教育的“时代特征”，为学生创新实践能力培养提供优质平台。

信息科学与技术学院劳动教育基地采取“党支部＋团支部”方式，对基地进行周期性养护，大一、大二年级以团支部为单位，大三年级以党支部为单位。在基地运行过程中，学院聘请专业人员对学生的劳育工作进行指导。劳育内容包括：作物区杂草清理、浇水施肥、常规养护等。

二、主要做法和成效

（一）党员引领，打造“党支部 + 团支部”新方法

劳动教育，党员先行。为切实发挥党支部的战斗堡垒和党员的先锋模范作用，信息学院本科生党支部结合学校“北化知行园”劳动教育实践基地建设，先行一步，主动承担开荒重任。在基地运行过程中，信息学院采取“党支部 + 团支部”方式，大三年级以党支部为单位，大一、大二年级以团支部为单位，对基地进行周期性养护，加强对各党支部、团支部的劳动教育，提高新时代党员、团员的思想觉悟，不断培养其积极投身实践的热情。一年里累计开展 34 次校内劳育活动，参与人数达 987 人，累计劳动时长 3386 小时。基地不断带领广大同学深入土地，用所学贡献青年力量，用实践聚焦青年担当，在田间淬炼青年意志，向下扎根，向阳生长，以实践行动践行初心使命。同时还开展劳动教育主题党日、团日活动 20 余次，共同学习习近平总书记关于劳动的重要论述，深化学生对马克思主义劳动观的认识，牢固树立劳动最光荣、劳动最崇高、劳动最伟大、劳动最美丽的观念。

（二）学科结合，推行“专业团队—校外基地”新体系

信息学院基于红色“1+1+N”共建项目，由学院相关团队牵头，校内联动电工电子教学实验中心，校外联动北京科技大学自动化学院等 10 余所高校院系，结合信息学科专业特色和课程思政建设，采取“校内劳动基地专业能力实验、广袤村镇土地青春理想实战”模式，同时与昌平区流村镇北庄村共建，在北区办及学校各部处的支持下，建立“春化秋拾”智慧科创实践教育基地，承载包括实践、教学、科研、竞赛、劳育、美育等一二课堂任务。基地一期建设采用环境信息监测采集、种植调控智能决策、远程自动控制管理等智能化、信息化手段，通过环境监测、云平台交互、一体化控制三大系统，实现北庄村农民脱低支柱农作物——食用百合的智能化种植与管理。学院红色“1+1+N”项目曾荣获北京高校一等奖，北京市优秀奖，校级一等奖、三等奖等荣誉。

（三）优化体系，构筑“劳动教育项目化”新模式

引入劳动教育项目化（PPP）工作模式，结合劳动基地构筑项目化劳动教育体系。PPP 模式是以项目为载体，以项目目标为导向，通过将学习内容应用到实践中，培养学

习者主动发现、分析、解决问题的能力，培养其使用科学思维获取劳动技能的能力，是基于项目、问题和人的一种混合式教学模式。

第一个 P（Project）是指以项目为载体，基于项目导向的教与学。

第二个 P（Problem）是指基于问题导向的教与学。

第三个 P（People）是指基于人和以人为本的教与学。

以系统化思维为主线，将 PPP 思维模式的“顶层设计”与“重点突破”相结合，进一步细化和具体化，设计了具有新质特征的“劳动教育项目开发与实施”培训与评价路线图。

三、经验启示

（一）专业融合是构建“劳动 +”的有效手段

学院“春化秋拾”劳育基地建设突破传统劳动教育模式，通过“需求导向—专业对接—项目转化”的三阶递进机制实现劳动教育创新。基于现代农业场景提炼技术需求，拆解为与自动化、测控专业、计算机、大数据、人工智能、电子信息工程 6 个专业相匹配的技术模块，最终转化为课程实践项目。这种“真实场景驱动”的劳育教育融合策略，既保证了劳动教育的实践深度，又强化了专业教育的应用导向。特别在成果反哺环节，通过建立“学生创新成果库—基地技术升级”双向通道，既提升了学院劳育基地的智慧化水平，又增强了学生的专业获得感，形成具有新时代特征的劳动教育新范式。

（二）科学管理是实现“劳动 +”的合理方法

课程项目规范化、科学化的管理需要将优质科学与先进管理相结合，改进与统筹劳动教育的管理和运行，优化利用各种资源，使劳动教育课程管理和运作管理和谐共融，以提升新型劳动教育模式的综合管理能力。思政化课程项目管理，党建引领项目高质量发展，将思政教育融入进劳动教育。采取“学生党支部 + 学生团支部”方式，依托学院本科生党支部，切实发挥党员先锋模范的作用，按年级划分，以构建大三年级党支部，大一、大二团支部的形式，围绕学院现有劳动基地开展劳动教育，实现党员带团员，团员带青年的良好局面，不断培养学生积极投身于实践的热情。数字化课程项目管理，发挥学院信息学科优势，利用以“劳动教育”为主要内容的数字化教学实践平台，打破传统教育在空间和时间上的限制，将劳动教育课程转化为智能式的教学。贴近专业的劳动项目更能加大学生对劳动教育的感知体验，体现劳动教育的“时代特征”，为学生创新实践能力培育提供优质平台。全面化课程项目管理，推进劳动教育扁平化发展，让学生从参与者破圈为组织者，实现自我的劳动教育。对劳动项目进行优化和组合，让学生在自主推进思想政治教育与劳动教育的融合中“有张有弛”，丰富课程实践，体验劳动教育的实践化发展，实现校园全面覆盖性的劳动教育。

（三）劳动精神是提升“劳动 +”的基础根本

以劳动基地为依托构筑“劳动 +”模式的目的在于以多元化的方式进行劳动教育，培养学生的劳动精神，促进学生形成正确劳动价值观和养成良好劳动素养，这种方式具有教育性、实践性和社会性。党的十八大以来，以习近平总书记为核心的党中央高度重视劳动教育，面对建设中国式的现代化，新时期的劳动教育需要“顶天立地”，需要“守正创新”，需要有新质内涵。在此基础上信息学院结合信息类科技发展趋势，构建如“智慧种植”“元件回收”“元件设备图书馆”等专业劳动项目，为学生提供更为精准化和个性化的资源与服务，推动劳动教育向“精准化”“深层次”“沉浸式”的“教”与“学”转变。在实施过程中，以劳养德，厚植开拓精神；以劳启智，探索专业内涵；以劳健体，磨砺学生意志；以劳润美，宣扬工匠精神。

小山楂，育人“大”作为，深化“五育并举”新格局

易　珊　陈言良

一、案例概述

北京化工大学校园环境优美，四季如画，是首届全国文明校园和学生心目中的十大最美校园之一。学校充分发挥环境的育人功能，利用校园的一草一木，一山一水开展育人工作，把立德树人融入日常校园服务全过程、各环节，推动构建德智体美劳全面培养的教育体系，形成更高水平的人才培养体系，全力培养德智体美劳全面发展的社会主义建设者和接班人。每逢金秋时节，红彤彤的山楂挂满枝头，硕果累累，在阳光的照耀下闪烁着诱人的光泽，构成了校园里一道独特而迷人的风景线。学校敏锐地捕捉了这一得天独厚的自然资源优势，精心策划并成功举办了山楂文化节。其根本目的在于巧妙地将校园自然景观转化为极具价值的教育资源，让学生在踊跃参与活动的过程中，这种做法不仅能够实现知识的不断积累，还能获得能力的稳步提升，更能塑造良好的品格，为未来的发展奠定坚实基础。

本次山楂文化节主要设置了“山楂农场”的山楂采摘、“山楂工坊”的山楂粗加工、“山楂厨房”的山楂美食制作和“山楂集市”的成果展示 4 项活动，此外还设有山楂知识小课堂，同学们可以体验到山楂美食从采摘到加工到成品的全流程，同时也能亲身体验校园山楂滋味、文化和艺术的多元魅力，共享自然之美、劳动之美、校园之美。

二、主要做法和成效

（一）多元美食打造味觉盛宴，激发参与热情

学校后勤部门积极与食堂携手合作，开启了一场对山楂美食潜力的深度挖掘之旅。他们深入研究山楂的特性，结合传统烹饪技法与现代创新理念，精心烹制出各类令人垂涎欲滴的山楂美食。从家喻户晓的传统糖葫芦，到独具创意的山楂烙饼、山楂酒，每一种美食都经过了反复的试验和改良。这些美食不仅是单纯的味觉享受，更是吸引师生积极参与活动的关键因素。活动现场，师生们排起了长长的队伍，大家满怀期待地等待品尝美食，一边品尝一边交流着自己的感受。“这个山楂酒的味道太醇厚了，没想到山楂还能酿成这么好喝的酒！”一位同学兴奋地说道。“是啊，还有这个山楂烙饼，酥脆中带着酸甜，口感太棒了！”旁边的同学附和道。浓厚的节日氛围弥漫在整个活动现场，极大地提高了师生的参与度和满意度。

（二）劳动教育贯穿活动全程，培养劳动精神

从“山楂农场”的山楂采摘，到山楂工坊和山楂厨房的加工制作，再到美食展示区的布置与服务，学校精心组织学生参与山楂采摘活动，学生们手持采摘工具，兴高采烈地穿梭在山楂林间。他们小心翼翼地将一颗颗山楂从枝头摘下，虽然汗水湿透了衣衫，脸上却洋溢着收获的喜悦。在山楂工坊，学生们积极协助食堂工作人员制作山楂食品，认真学习传统工艺，从清洗山楂、去核，到熬制果酱、制作糖葫芦，每一个步骤都亲身体验，锻炼了动手能力。工作人员从活动策划、场地布置到食品安全保障，每一个环节都倾注了大量心血。他们提前规划活动流程，精心布置场地，确保每一个细节都万无一失。通过全程参与劳动，学生深刻理解了劳动的价值，培养了热爱劳动、尊重劳动成果的良好品质，劳动精神在校园中得到了广泛弘扬。

山楂文化节期间，累计组织师生集中采摘山楂活动 10 场，粗加工活动 4 场，美食制作 2 场，成果展示活动 1 场，制作《山楂红，国旗红》微视频 1 部，累计参与师生超过 1000 余人次。活动得到北京市昌平区和学校官方微信公众号转载报道。

三、经验启示

（一）挖掘校园特色资源是服务育人的基础

北京化工大学山楂文化节的成功举办，以生动的实践充分证明了挖掘校园特色资源的重要性。每所高校都犹如一座蕴含着独特自然、历史、文化等资源的宝库，这些资源无疑是开展服务育人活动的宝贵财富。高校应积极主动地探索，用心去发现并充分利用好这些资源，将其巧妙地转化为育人元素，融入各类丰富多彩的活动中，为学生提供更加丰富、独特的学习和体验机会。例如，拥有历史悠久建筑的学校，可以深入挖掘建筑背后的历史文化内涵，开展建筑文化主题活动，组织学生参观建筑、了解建筑风格的演变，邀请专家进行建筑知识讲座等；校园内植物资源丰富的学校，可以举办植物科普节，让学生认识不同植物的特性、用途，开展植物标本制作比赛等。通过挖掘特色资源，打造具有学校特色的服务育人品牌，提升育人效果，让学生在独特的校园文化氛围中茁壮成长。

（二）多方协同合作是服务育人的关键

山楂文化节的顺利开展，离不开学校多个部门的协同合作。北区办充分发挥统筹协调优势，引导校内各部门协同并进；信息学院的老师们详细且细心地策划了整个活动，从活动环节的设置到安全维护再到场地布置，每一个环节都精心安排；后勤部门充分发挥自身优势，负责美食制作。这种多方协同的工作模式，如同一个高效运转的齿轮组，整合了学校的人力、物力、智力等资源，形成了强大的育人合力。在今后的服务育人工作中，高校应进一步加强部门之间的沟通与协作，打破部门之间的壁垒，建立健全协同育人机制。同时，积极引入社会资源，如企业、社会组织等，共同参与校园育人活动，为学生提供更广阔的发展平台。例如，可以与食品企业合作，开展食品加工实践活动；与社会组织合作，举办公益活动，培养学生的社会责任感。

（三）注重学生体验与参与是服务育人的核心

在山楂文化节中，学校始终坚定不移地以学生为中心，高度注重学生的体验与参与。无论是美食的选择，充分考虑到学生的口味偏好，从传统美食到创新菜品，满足不同学生的需求；还是劳动环节的设置，根据学生的能力和特点，合理安排任务，让学生在劳动中有所收获。学生在活动中不仅是单纯的参与者，更是创造者和受益者。他们积极参与美食制作的创意构思，为山楂小课堂提供问题和建议，在劳动中发挥自己的聪明才智。这启示高校在服务育人过程中，要充分尊重学生的主体地位，关注学生的需求和反馈，设计出符合学生特点和兴趣的活动。通过让学生深度参与活动，激发他们的主动性和创造性，使他们在实践中学习、成长，真正实现服务育人的目标。

（四）持续创新与完善是服务育人的动力

从第一届到第二届山楂文化节，学校在活动内容、形式等方面不断创新与完善。新增美食品类，满足学生日益多样化的口味需求；优化活动流程，提高活动的效率和质量；丰富知识科普形式，采用多媒体展示、实地参观等多种方式，让知识更加生动易懂。服务育人工作是一个持续的过程，高校应紧跟时代发展步伐和学生需求变化，不断创新服务育人的理念、内容和方式。定期对活动进行全面总结和评估，通过问卷调查、座谈会等形式收集学生和教师的意见和建议，发现问题及时改进，持续优化活动方案，为学生提供更优质、更高效的服务育人体验，推动服务育人工作不断向前发展。

北京化工大学山楂文化节作为校园服务育人的成功范例，为高校提供了宝贵的经验借鉴。通过挖掘校园特色资源、多方协同合作、注重学生体验与参与以及持续创新与完善，高校能够更好地发挥服务育人功能，为学生的全面发展和成长成才奠定坚实基础。在未来的教育实践中，北京化工大学将继续探索服务育人新路径，打造出更多富有特色和成效的育人活动，为培养德智体美劳全面发展的社会主义建设者和接班人贡献力量。

以文化传承之笔，绘服务育人新篇：校园文创产品的开发实践

李新亮　刘佳其　刘金铢

一、案例概述

习近平总书记在党的二十大报告中提出，推进文化自信自强，铸就社会主义文化新辉煌。校园文化作为大学文化体系中的重要一环，肩负着大学文化传承与创新的重要使命。校园文创产品是校园文化与创意产业相结合的创新产物，是传播校园文化、弘扬文化自信的生动载体。近年来，校园文创产品已然成为外界对学校进行认识和了解的窗口，越来越多的高校通过校园文创产品提升文化品位、传播办学理念，增强大学的影响力和美誉度。

北京化工大学始建于 1958 年，前身为北京化工学院，是新中国为“培养尖端科学发展所需的高级化工技术人才”而创建的高水平大学。历经 67 载岁月洗礼，学校积淀了深厚而丰富的大学文化资源。自 2017 年昌平新校区启用后，一批独具匠心的大师建筑、别具一格的特色景观以及先进前沿的建设理念相继融入，为校园文化注入了崭新元素。在此背景下，学校推进校园文创产品的设计开发，将文化资源转化为育人资源，以文化人、以文育人，为新时代高校文化传承与创新提供了实践样本。

二、主要做法和成效

（一）强化顶层设计，构建链式驱动的创作生态

学校通过“赛—景—品”三位一体的文化生产链，将校园文化资源转化为育人载体与品牌资产，形成了一条从文化挖掘到价值输出的完整路径。

（1）组织“赛”：影像叙事驱动文化发现。聚焦昌平新校区的四季风光以及“五育”工作创新举措和成效，连续组织7届昌平校区摄影大赛，征集摄影作品近万幅，视频作品近百个，在此基础上建成8TB的昌平校区媒体资源库，系统沉淀校园文化素材。新华社以大赛作品整理的报道浏览量突破120万人次，让“最美北化”火出圈，实现文化资源储备与品牌影响力的双提升。

（2）命名“景”：特色景观凝练文化符号。在摄影大赛基础上组织昌平校区特色景观命名大赛，师生共创，推出了“北化八景”（化彩三台、馆声凫影、花海晴光、花海聆淙、镜湖书柳、烟雨玉屏、平湖跃金、小荷听书），将自然景观与人文意蕴结合，形成具有辨识度的校园文化符号，并成功申请商标，为后续开发奠定基础。

（3）设计“品”：物质转译实现文化增值。围绕“北化八景”开发生活、学习、工艺装饰三大类60余款文创产品，使北化优良学风、厚重历史、特色建筑与自然风光跃然眼前，其中马克杯、便携茶具等成为现象级爆款，以实用性与艺术性赢得师生青睐，实现文化符号向育人载体的“物质转译”，有效增强师生文化认同感与归属感。

（二）加强部门协同，打造多元协同育人平台

学校通过跨部门协作、资源整合与机制创新，推动文化生产链高效运转。

（1）强化组织保障，构建跨部门协同机制。以“党委统筹、部门联动、责任到人”为原则，建立“党委宣传部牵头，校办统筹协调，校区办等多部门落地执行，产业集团转化运营”的协同机制。通过部门协同，形成“文化挖掘—产品开发—市场推广”闭环。

（2）强化技术支持，推动多学科交叉融合。通过整合艺术与设计系、机电工程学院的师资和设备资源，构建了“学科交叉＋技术赋能”的协同育人模式。以多学科交叉融合为基础，依托工程训练中心激光雕刻等数控加工设备，构建“创意设计—数字建模—智能加工”全流程实践平台，实现了从自主设计到成品制作的全链条实践，促进学生工程实践能力与创新思维的提升。

（3）强化资金支持，构建可持续投入保障体系。科研院连续4年划拨中央基本科研业务费累计35万元专项支持新校区文化建设相关研究。在相关研究资金支持下，文创产品种类从初期12款扩展至60余款。

（三）强化师生共创：激活文化传承的主体动能

学校以“课程赋能—创业孵化—赛事驱动”为主线，构建师生协同创新的文化传承生态圈，通过真实项目实践将课堂知识转化为社会价值。

（1）注重课程转化。依托《公共设施设计》等实践性课程，推动学术理论与文化场景深度融合，让课堂创意转化为实实在在的校园文化载体。例如，在《公共设施设计》中，引导学生以校园心理关怀为切入点，一起设计“抱抱树”疗愈创意设计概念，并结合北化元素进行方案开发，成功完成了课程成果落地。

（2）加强“双创”教育。以“双创”教育为抓手，以“北化八景”文创开发为实战场景，组建跨专业学生“双创”团队，完成产品定位、成本核算及供应链搭建。2022年，在学校多部门支持下，成功孵化“北京嘎嘎行文化科技有限公司”专注学校文创产品开发设计，为学校发展文创产业提供了样板案例。

（3）组织文创大赛。举办北京化工大学首届校园文创大赛，征集参赛作品82个，经过主办单位初评、专家函评、网络投票、线上综评，评选出31个获奖作品，并落地10款作品，极大地激发了师生的创作热情，丰富学校文创产品品类的同时形成了“全员参与，全员共享”的良好文化氛围。

（四）融合学科特色，创新化工美学的表达体系

“科技为骨、艺术为魂”，通过跨学科创新将化工材料前沿成果转化为文化载体，构建起独具特色的“硬核科技＋人文美学”表达范式，实现学科优势向文化传播力的深度转化。

（1）用材料革命诠释可持续发展观。学校推出全球首批全生物基可降解鞋，该款可降解鞋的鞋底创新利用北京化工大学自主开发的生物基可降解聚酯橡胶材料，鞋面和鞋垫则采用大麻纤维、竹纤维、玉米秆乳胶材料等，可实现在日常环境中保持稳定，在堆肥条件下快速降解。

（2）让尖端材料成为文化传播介质。学校推出有“黑黄金”美誉的碳纤维录取通知书。它采用学校先进复合材料研究中心（ACC团队）自主研发的新型碳纤维复合材料制作，厚度仅为0.3mm，在阳光下可变换角度呈现不同颜色变化，极具艺术与科学之美。碳纤维录取通知书一经推出，引发全网热议，全网点击量破1亿次。学校又将碳纤维材料创新延展为文创直尺，通过万千学子的日常使用，将学校“服务国家战略，勇攀科技高峰”的科研追求与“追求卓越，全面成才”的育人理念精准传递。

（3）以元素徽章创新“美丽化学”表达。学校推出现象级校园潮玩——元素徽章。它从元素本身特性、字母组合规律、相互之间的化学反应等多元创意角度出发，赋予某一个或某一组化学元素对应的“精神品质”或者其他富有正能量的“独特含义”，构建“元素—品质—视觉”映射系统。“元素徽章”一经推出，师生自发衍生出“元素盲盒交换”等文化活动，成为Z世代学生表达学科认同的“社交货币”。

三、经验启示

（1）在顶层设计层面，注重规划先行，将校园文化与育人目标深度融合，明确发展方向，为文化建设制定清晰的目标和路径。

（2）在部门协同层面，注重整合多元资源，形成工作合力，实现“文化挖掘—产品开发—市场推广”闭环管理。通过跨部门协作、资源整合与机制创新，构建协同育人生态，推动文化生产链高效运转，为校园文化的发展注入强劲动力。

（3）在师生参与层面，以课程赋能、创业孵化、赛事驱动等方式，构建师生协同创新的文化传承生态圈，让师生在文化传承中发挥主体作用，增强文化认同感和归属感。

（4）在学科融合层面，结合学校学科特色，将科技成果与人文艺术相结合，构建“硬核科技 + 人文美学”的表达范式，提升文化的吸引力和影响力。

“四季文化节”赋能高校环境育人的实践探索

李新亮　刘金铼

一、案例概述

学校环境对大学生的成长有潜移默化的作用。校园环境就与教育者一样具有积极的“育人”功能，能够直接为育人服务、育人工作提供“能够育人的环境氛围”。当前，校园环境育人多停留在景观美化层面，未将四季更迭的自然规律转化为动态育人资源，难以实现“润物无声”的教育效果。此外，传统校园文化活动常陷入“为活动而活动”，缺乏与学科教育、价值观塑造的深度链接，导致“热热闹闹，收获寥寥”，而四季流转承载着大自然的智慧密码，蕴含着丰富的育人资源，是传播中华优秀传统文化的优质载体。

北京化工大学昌平校区环境优美，被票选为学生心目中十大最美校园之一，是首批全国文明校园，有着丰富的环境育人资源。学校倡导利用“一山一水，一草一木”开展育人工作，在校园景观规划上注重打造望山临溪、柳荫环湖、曲径通幽、文脉绵绵、季相分明的园林式大学。春有百花，夏有荷，秋有红叶，冬有雪，为开展“四季”主题活动提供了天然场域。学校服务保障部门有目的地利用校园环境和有计划地建设环境，打造春季百花节，夏季荷花节，秋季山楂节、枫叶节，冬季冰雪节，让学生在参与一系列“四季”主题的沉浸式文化活动中陶冶情操、拓展知识，树立正确的世界观、人生观和价值观。

二、主要做法和成效

（一）以四季为线，深植传统文化基因

学校以四季为时序脉络，立足中华优秀传统文化传承，精心设计“四季文化节”品牌活动，通过节气、习俗、节庆三大载体，推动传统文化基因深度融入校园生活。

（1）节气为媒，唤醒文化记忆。春分祭日、夏至祈雨、秋分立社、冬至祭天，二十四节气凝结农耕文明的时序观。四季文化节围绕二十四节气开发系列活动，如二十四节气海报设计大赛，鼓励学生将独特的校园文化景观融入海报设计，创作既体现节气特色又彰显学校魅力的作品，激发师生的创意与艺术才能，在创意实践中深入了解二十四节气背后的文化内涵。

（2）习俗为桥，厚植家国情怀。习俗是连接民族情感的桥梁。四季文化节围绕传统习俗开展系列活动，如冬季文化节结合冬至节气，依托后勤课堂组织师生同乐的包饺子活动，营造和谐的校园氛围，让师生在传统习俗中感受到家的温暖。

（3）节庆为引，传承中华礼仪。节庆是传承中华礼仪的重要契机。四季文化节充分利用各种节庆日，开展形式多样的活动，引导师生传承和弘扬中华优秀传统礼仪。如教师节期间，依托“寓建”劳动工坊组织永生花制作活动，培养学生尊师重道的礼仪。

（二）以五育为纲，创新沉浸式育人形式

学校创新育人形式，将“五育”巧妙融入四季文化节中，通过丰富多彩的文化活动和沉浸式的体验，实现知识与实践的深度融合，情感与素养的协同发展，努力培养德智体美劳全面发展的社会主义建设者和接班人。

（1）育德尚廉，荷香传递清风志。以夏日荷花节为例，以“莲”畅“廉”，深入开展“廉政”教育，组织“清风荷韵”主题演讲比赛，举办廉政文化展览，开展“廉”主题志愿服务活动，让学生在参与荷花节的过程中深刻领悟廉政文化内涵，培养正直、廉洁的道德品质，传递廉洁正能量。

（2）启智护校，柳湖论道展才思。集中校友和校内师生智慧，打造柳湖论坛，成立柳湖护卫队，将校园水系治理转化为实体课堂，构建“环境整治 + 专业实践 + 科创孵化”三维载体，提升学生运用知识解决实际问题的能力，促进学生智育的发展。相关育人成果被《人民日报》《光明日报》等央媒关注报道。

（3）健体逐冰，雪季燃情展活力。响应习近平总书记“三亿人上冰雪”的号召，以冬季文化节为契机，组织旱地冰壶比赛、冰上拔河、创新雪人等趣味冰雪项目，邀请专业的冰雪运动员、教练来校开展冰雪运动知识讲座与技能培训，举办冰雪运动文化展览等，让学生感受冰雪运动的魅力，增强体质，培养团队协作精神，推动校园冰雪运动的广泛开展。

（4）崇美绘秋，枫影入艺韵悠长。以枫叶艺术节为依托，充分利用学校的枫叶广场美育实践基地，开展枫叶主题摄影大赛、举办枫叶手工作坊、组织枫叶音乐会，让学生

在欣赏枫叶美景的同时，通过艺术创作、表演等形式，提升审美能力，丰富校园文化生活，感受大自然与艺术相结合的美好。

（5）勤劳创美，山楂工坊悟匠心。以山楂文化节为载体，借助校园内400余棵山楂树，打造“山楂农场”“山楂工坊”“山楂厨房”“山楂集市”，精心设计劳动教育实践环节，让学生体验山楂美食从采摘到加工再到成品的全流程，亲身感受校园山楂文化的多元魅力，培养学生的劳动意识、动手能力以及团队合作精神，让学生在劳动中收获成长。

（三）以学生为本，搭建全方位保障体系

学校始终坚持以学生为中心的工作理念，搭建全方位的保障体系，确保四季文化节各项活动顺利开展，为学生提供良好的活动体验。

（1）组织保障到位。建立“1+*N*”联动机制，由昌平校区管委会统筹协调，整合校区办、学工部等14个职能部门及14个二级学院资源，形成“项目化运作、清单化管理”的工作模式。建立定期沟通机制，及时解决活动筹备过程中遇到的问题，保障活动按计划有序进行。

（2）师资保障到位。依托学校“课外育人工作”（注：学校鼓励昌平校区长租公寓承租教职工利用课外时间开展育人工作，并给予绩效奖励，推动解决新校区教职工与学生接触不多的发展难题，简称“课外育人工作”），引导教职工全面参与“四季文化节”的策划、筹备和组织工作，为活动提供充足的师资储备。

（3）场地资金到位。学校合理规划利用校园空间，为四季文化节各项活动提供充足场地，包括规划12个文化展示区、12个美育教育工作坊、35个劳育实践基地。学校投入专项资金，购置活动所需的设备、道具和材料，保障活动顺利开展。

（4）宣传保障到位。学校通过官微、企业微信等多种渠道，对四季文化节进行全方位、多层次的宣传推广。创新“三阶段”传播策略：前期悬念式预热，制作整体活动预告；中期沉浸式直播，开设话题互动专区；后期成果云展览，搭建数字展馆。2024年相关话题阅读量突破10万人次。

三、经验启示

北京化工大学昌平校区“四季文化节”作为新时代高校环境育人的创新实践样本，构建了“环境—文化—育人”三维联动的特色育人模式，为新时代高校思想政治工作提供了具有示范价值的实施路径。

（一）环境赋能：系统整合环境资源

每个学校都有独特的校园环境，应充分认识到校园环境的育人价值，将自然景观、人文景观与育人工作有机结合，把静态环境转化为动态育人资源，打造具有学校特色的育人品牌活动。

（二）文化铸魂：全面融合传统文化

中华优秀传统文化蕴含着丰富的育人内涵，在高校育人过程中，要以传统文化为根基，通过创新活动形式，让传统文化在校园中焕发生机，进一步增强学生的文化自信。

（三）五育融合：多维构建成长生态

将德育、智育、体育、美育、劳育融入各类校园活动中，通过沉浸式体验，锻炼能力、提升素养，实现知识与技能、情感与价值观的协同发展，培养符合时代需求的高素质人才。

（四）机制创新：优化提升保障体系

高校开展育人活动时，须整合各方资源，从组织、师资、场地物资、宣传等方面提供有力支持，确保活动有序开展，为学生创造良好的参与条件，真正发挥活动的育人作用。

服务育人视角下的校园水系治理实践与探索

许　元　王洪乾　陈燕生

一、案例概述

校园水系作为高校生态环境的重要组成部分，不仅承载着美化校园的功能，更在育人方面具有巨大潜力。本文以北京化工大学昌平校区柳湖水系治理为例，阐述了在服务育人视角下，如何通过水质提升与专业结合、生态修复与课程结合、日常管理与实践结合等举措，实现校园水系治理与育人功能的有机融合，为高校环境育人提供可借鉴的实践模式。

二、主要做法和成效

北京化工大学昌平校区自 2017 年启用以来，柳湖在行洪、蓄水、节水、育人等方面发挥着重要作用。经过六年多的演化，目前柳湖水体环境发生复杂变化，富营养化状态明显，需要进行系统化改善。为恢复其生态功能并发挥育人作用，学校通过以下做法启动了柳湖水质提升项目。

（一）水质提升与专业结合

水治理技术应用：依托北京化工大学学科专业优势，采用张婷婷教授团队研发的聚结分离技术，在湖区安装聚结分离设备。该设备能在短时间内有效去除湖水中的悬浮颗粒物、藻类、营养物质等，提升水质。经过一年来的综合治理，柳湖水质已经达到Ⅳ类以上标准。

学生实践参与：进一步发挥柳湖的育人功能，提升学生的实践创新能力。邀请环境工程系学生参与水质监测实验，监测水中悬浮物、化学需氧量、氨氮等指标，为水质评估和药剂配比提供数据支持。同时，学生还参与探究聚结分离药剂配比，筛选出适宜柳湖聚结分离的药剂及配比为：50mg/LPAC（聚合氯化铝）+4mg/LPAM（聚丙烯酰胺），浊度去除率达到92.1%以上，提高水质净化效果。此外，环境工程系王曙光老师指导学生设计生态浮床植物配置方案，支持多项大学生创新创业项目落地柳湖，提升了学生的实践和创新能力。

（二）生态修复与课程结合

柳湖治理案例融入课程及科研：柳湖治理案例融入课程体系，打造“第一课堂学习+第二课堂实践”协同育人模式。在素质教育课程中增设“柳湖环境生态修复技术讲解及实践”“柳湖底泥改良技术讲解及实践”，将柳湖水质提升案例融入课程，在专业理论课程中讲解底泥改良技术原理、聚结分离技术原理及应用，在实践课程中指导学生参与水质监测与药剂配比实践，让学生在课堂学习与课外实践中深化对环境治理和生态修复的认识，提升专业技能和综合素质。依托柳湖水质提升成功申报2项2024年中央高校基本科研业务费自由探索项目（总金额64万元）。

打造协同育人课程体系：继续深化“服务育人”品牌建设。学校围绕柳湖治理，鼓励不同专业师生参与到柳湖治理工作中来，结合国教学院胡颖紫教师团队提出的《基于生态修复的柳湖环境提升方案》及《园艺概论与劳动实践》《公共设施设计》等课程，推动科教融合，促进学科交叉，为学生提供全面的学习和实践机会，如植被修复与养护、湖区生态景观提升等，增强课程的实用性和吸引力。

（三）日常管理与实践结合

依托自有管理和科研团队运作，构建“北区办统筹、多部门协同”的服务育人体系。

设备调试与维护实践：肖宁老师带领研究生参与设备调试与维护工作，了解设备运行原理和维护要点，让学生在实践中学会团队协作和沟通协调。

北区办统筹、多部门协同：构建“北区办统筹、多部门协同”的服务育人体系。北区办负责聚结分离设备的日常运维，包括设备废料清运、日常巡检等。后勤保障部等部门协同合作，共同保障设备稳定运行，完成2次设备维修维护及1台太阳能爆氧泵的增设。全年保障设备净水处理量约4.8万平方米，淤泥处理量约4800平方米，投放PAC 3000千克、PAM 250千克。此外，成功打通柳湖、叠水湿地和荷塘等校园水系，构建起校园多类型水体的生态大循环，借助多样化水生态模式，全面提升校园水系治理水平。

社团活动与建设：日常管理中，湖面垃圾和水生植物定期清理至关重要。结合柳湖护卫队、荷塘先锋队等社团，定期组织学生参与湖面垃圾清理、水生植物收割等活动，成功建设一个五星级环保志愿者协会；引领近千人次参与水质改善劳动实践，获得第二课堂实践学分；支撑学校成功申报“北京市美丽化工科普基地”。

三、经验启示

项目以“三步走”策略（快速净化、生态恢复、日常管理）为基础，整合校内学科资源与服务保障力量，融入劳动教育、创新创业实践等育人模块，形成“环境修复—学科联动—学生成长”的可持续发展路径。

（一）强化顶层设计，推进部门联动

柳湖水质提升项目采用技术治理与服务保障的双轮驱动，实现水质提升与育人实践的动态衔接。北区办联合教务处、后勤集团、学生工作办公室职能部门通力协作，保障柳湖治理的日常运行与资源支持。同时，与化工学院、化学学院、艺术系定期召开项目跟进会，形成育人合力，共同推进治理与育人目标实现。各部门在项目实施过程中，明确职责分工，共同推进治理与育人目标的实现。

（二）立足服务育人，树立共治理念

构建“共识、共知、共为、共思”的立体育人格局。柳湖治理涉及环境科学、水生态学、艺术设计、工程设计等多学科交叉，学生在参与柳湖设备维护、数据监测、环境美化、生态提升等工作中，不仅提升了专业技能，更增强了校园主人翁意识。他们与教师、管理部门协同合作，共同为校园环境的改善贡献力量。在这一过程中，学生实现了从知识学习到实践应用的转变，从被动参与到主动担当的跨越，真正实现“服务中成长、实践中育人”的育人目标。

（三）立足学校实际，发挥专业优势

张婷婷教授团队研发的聚结分离技术在柳湖水系治理中发挥关键作用。学校依托环境工程等优势学科，将专业技术和科研成果应用于柳湖治理，为学生搭建实践平台。学校还鼓励教师将科研项目与教学结合，指导学生参与实际操作，培养创新思维和解决实际问题的能力，提高人才培养质量。

四、结论

北京化工大学昌平校区在柳湖水系治理中，坚持“治水与育人相结合”的治理理念，将水质提升、生态修复和日常管理与专业学习、课程教学、实践活动深度融合，构建了服务育人的良好格局。通过强化顶层设计、树立共同治理理念、发挥专业优势，实现了校园水系治理与育人功能的有机结合，为高校环境育人提供了可借鉴的实践模式，促进了学生全面发展，提升了校园环境质量。

推动“接诉即办”向“未诉先办”延伸：打造校区特色服务育人交流平台

刘阳丹　陈燕生　赵晓健

一、案例概述

在当今时代，高校校园已然成为师生共同学习、生活和成长的社区，其管理与服务水平对于师生的幸福感和归属感有着直接且深远的影响。随着高校规模的不断扩大以及师生需求的日益多样化和个性化，传统的校园管理模式面临着诸多严峻挑战。一方面，师生对于校园环境的舒适度、教学设施的完备性、生活服务的便捷性等方面的需求不断攀升；另一方面，学校在管理和服务过程中，常存在信息传递不对称、反馈不及时等问题，致使一些问题无法在萌芽阶段得到妥善解决，进而影响师生的满意度和校园的和谐稳定。

在此背景下，北京化工大学昌平校区管理委员会积极行动，为了进一步健全学校沟通反馈机制，由北校区工作办公室牵头，联合昌平校区管理委员会各成员单位共同承办，创新性地推出“昌来昌往”师生有约校区特色品牌活动，协同构建服务育人新平台。该平台致力于直通师生意见、深入了解师生诉求、及时回应师生关切，着力增强师生的主人翁意识，实现师生共商、共建、共治、共享，推动“幸福北化”建设，切实推动“接诉即办”向“未诉先办”延伸，为昌平校区师生提供更加优质、高效、贴心的服务，助力学校整体发展迈上新台阶。

二、主要做法和成效

（一）打造“常态化”交流平台，主动倾听师生声音

“昌来昌往”师生有约系列活动通过各职能部处定期组织开展师生代表面对面交流

活动，及时了解师生在学习、生活和校园文化与建设等方面的需求和建议，这种主动倾听的方式，使学校能够提前发现潜在问题，避免问题积累和矛盾激化，彻底打破了传统“等待诉求”的被动模式，实现了从“被动响应”到“主动作为”的转变，常态化主动挖掘师生潜在需求，听取师生意见。

自 2024 年 3 月启动以来，“昌来昌往”已连续举办 16 期活动，主题广泛且深入，涵盖校园假期管理、校园防诈、校区建设、智慧教学体验、研究生分类发展、实验室安全、图书馆服务、校园文创、就业指导、一站式服务大厅建设、学生公寓服务、信息化服务、导学关系、商贸服务等校园生活的多个方面，累计参与师生人数超过 300 人，共收集师生意见建议 180 余条，获得师生的广泛关注和一致好评。

（二）探索“清单化”管理模式，提升协同治理实效

“昌来昌往”师生有约品牌活动探索将制度建设贯穿意见征集、落实、督查全流程，创新性地推行“清单化”问题管理模式。每期活动中，师生提出的意见建议均由承办单位进行现场记录，会后分配落实到具体的责任部门，并同步清单至牵头单位北校区工作办公室进行督查，确保问题整改落到实处。通过这种多方协同推进问题整改的机制，形成了强大的工作合力，有效提升了协同治理的实效。例如，针对师生提出的“昌平校区小剧场和艺术系排练室的使用存在冲突和干扰”问题，北校区工作办公室和艺术系共同协调，确保各项排练活动的顺利进行。

目前，该活动已初步形成问题清单、肯定清单、点子清单以及成果清单 4 项清单，其中问题清单共收集师生意见建议 180 余条，已答复和完成整改问题 120 条，占比 66%；肯定清单 3 条，国资处实验室安全工作、北区办一站式服务大厅工作和学生公寓各项暖心服务得到师生们的一致认可；点子清单 2 条，学生针对图书馆建设提出了将研讨间改为自习室、桌椅安装静音脚套的创新性工作建议，不仅体现了学生的主人翁意识，也为学校改进服务提供了新的思路和方向；成果清单 3 条，通过收集师生反馈意见建议，逐步形成了校园防诈案例集、北化文创作品集以及一站式服务大厅调研报告等成果，这些成果不仅为学校相关工作的开展提供了有力支撑，也为其他高校提供了可借鉴的经验和范例。

多部门协同形成的“问题发现—责任分解—整改反馈”闭环管理模式，确保了服务的时效性和持续改进能力。这种模式不仅提高了问题解决的效率，还增强了各部门之间的沟通与协作，避免了职责不清、推诿扯皮等现象的发生，为校区的稳定和谐发展提供了坚实的制度保障。

（三）营造“开放化”的交流氛围，构建协同育人品牌

“昌来昌往”师生有约品牌活动始终致力于为师生营造轻松愉悦、开放包容的交流氛围，让师生能够在轻松的环境中畅聊校区学习生活中的大事小情，从而增强师生的主人翁意识，实现校区共商共建共治共享，有力地推进了“幸福北化”建设。

首先，在活动场地的选择上，区别于传统会议室，“昌来昌往”大多选择开放的功能区域。同时，通过布置绿植、茶歇、文创礼品等，为师生提供一个舒适、惬意的交流空间，让师生在轻松的氛围中能够更加自由地表达自己的想法和诉求。

其次，活动形式丰富多样，根据不同的交流主题，探索开展了师生“早餐会”“午餐会”“下午茶”等多种交流形式。这种多样化的活动形式，不仅满足了不同师生的时间安排和喜好，还增加了活动的趣味性和吸引力，让师生在享受美食的同时，能够深入交流、增进了解。通过这些看得见的新变化和摸得着的真幸福，切实提升了师生的幸福感和归属感。

最后，注重打造校区特色育人品牌，昌平校区管理委员会通过整合各成员单位、学生组织等多方力量，形成协同育人的良好局面。例如，北校区工作办公室协同工程训练中心教职工指导学生设计“昌来昌往”品牌标识，不仅锻炼了学生的专业技能和创新能力，还增强了学生的团队协作意识和主人翁责任感。同时，协同党委宣传部组织北化电视台社团进行活动拍摄和采访实践，形成“昌来昌往”师生有约活动素材集，为活动的宣传推广和经验总结提供了丰富的资料支持，进一步扩大了活动的影响力和品牌效应。

三、经验启示

（一）推动机制创新，不断提升师生获得感与归属感

在高校服务育人过程中，推动机制创新是提升师生获得感与归属感的关键。“昌来昌往”师生有约活动通过定期组织师生面对面交流，拉近了师生与管理部门之间的距离，打破了传统沟通的壁垒，实现了信息的快速传递和问题的及时解决。同时，根据师生意见建议进行实地调研，主动深入校园各个角落，发现并解决问题，将服务做到师生的心坎上。

在问题处理的过程中，对师生提出的问题进行细致的分类整理，明确责任单位和解决办法，确保每一个问题都得到妥善处理。通过这些机制创新，昌平校区管委会初步实现了从“接诉即办”向“未诉先办”的延伸，以“未诉先办”理念推动校区治理模式深

度转型，强化了问题预判与主动服务能力，显著提升了昌平校区整体服务水平。这种机制创新不仅让师生感受到了学校对他们的关心和重视，还增强了师生的主人翁意识和参与感，使他们更加积极地投身于校园建设和发展中，进一步提升了师生的获得感与归属感，营造了和谐、温馨、积极向上的校园氛围。

（二）聚焦协同育人，不断推进校区服务与育人融合

高校服务育人不仅仅是提供物质和生活上的便利，更重要的是通过服务育人，促进师生的全面发展，培养具有社会责任感、创新精神和实践能力的高素质人才。昌平校区管理委员会在推动“接诉即办”向“未诉先办”延伸的过程中，注重多部门协同联动，建立了一套行之有效的多部门协同工作机制，明确各部门的职责和任务，形成工作合力，确保服务育人工作落到实处。例如，教务处和信息办协同合作，及时解决智慧课堂相关设备问题，提高教学质量。不仅提高了工作效率，还为师生提供了更加优质、高效的教学服务，促进了教学与信息化的深度融合，推动了学校教育教学改革的进程。

昌平校区管理委员会将继续致力于打破部门壁垒，构建“师生—机关—学院”多元协同网络，形成全方位、多层次、宽领域的协同育人格局。不断强化责任落实与监督，明确责任单位和责任人，定期跟进问题整改情况，确保每一个问题都能得到及时、有效的解决。加强对师生意见和建议的数据分析，深入挖掘师生关注的热点问题和共性需求，提前预判和规划，优化服务供给，实现从“被动服务”向“主动服务”的转变，从“经验服务”向“精准服务”的升级，不断提高校区服务与育人的融合度，为学校的长远发展和师生的全面成长奠定坚实基础。

“服务 + 育人”双轨模式：学生讲解队在校园文化建设中的创新实践

刘阳丹　陈燕生　赵晓健

一、案例概述

校园文化是高校教育的重要组成部分，它不仅承载着学校的历史底蕴，还对学生的价值观、行为方式和综合素质产生着深远影响。学生讲解队作为校园文化建设的实践载体，通过“服务 + 育人”双轨模式，探索了学生社团在文化传承、实践育人中的独特作用机制。北京化工大学昌平校区志愿讲解队（简称“北化讲解队”）起源于 2018 年甲子校庆，目前是由北校区工作办公室指导、学生自主运营的志愿服务类社团，现有成员 50 余人。北化讲解队始终坚持以弘扬校区文化、讲好校区故事为宗旨，以校园风光讲解服务为己任，于外宾调研、领导来访、新生开学和校友返校等活动中提供校园讲解服务，对校园文化的传承和学生的全面发展发挥着重要作用。

二、主要做法和成效

（一）培养校园文化的传播者

1. 多样化讲解服务

学生讲解队通过组织参与校内志愿讲解活动，协助指导单位接待各类校外参观等方式，向校内外人员传播学校的发展历程和文化内涵。2024 年，北化讲解队共进行了 20 余次讲解服务工作，服务时长近 44 小时，累计接待 1200 余人次。其服务对象广泛，包括校内新生、各地大中小学生、校友、退休老干部以及外国友人。例如，对于前来参观的小学生，讲解员们会用更加通俗易懂、生动活泼的语言，结合一些有趣的小故事，激发他们对大学生活的向往与憧憬；面对外国友人，队员们更是充分发挥自己的语言优势和文化敏感度，将学校的精神内涵、学术成就以及校园风光特色准确而富有感染力地传达给国际友人，展现北化开放包容的姿态。

2. 深度挖掘文化内涵

北化讲解队不仅发挥着校园文化传播者的作用，更是学校对外展示学生风采的重要窗口，同时也为昌平校区接待工作提供了有力保障和学生力量。此外，学生讲解队深入挖掘校园风光特色，丰富文化内涵，将学校精神、校训以及建设理念等融入讲解中，使校园风光更具生命力。队员们在日常培训和实践中，深入研究校园的每一处角落所蕴含的历史文化价值，了解学校的发展脉络、重大事件以及杰出校友的事迹等，将这些元素巧妙地融入讲解词中。比如，在介绍校园中的某一标志性建筑时，不仅会讲述其建筑风格和功能用途，还会延伸到该建筑所见证的学校发展历程、曾经在此举办的重要学术活动或文化交流活动等，让参观者在欣赏校园美景的同时，能更深刻地感受到学校深厚的文化底蕴和独特的精神气质，使校园文化以一种更加鲜活、立体的方式呈现出来。

（二）培养校园活动的共建者

1. 创新纳新与培养机制

学生讲解队通过参与校园活动的策划与组织，丰富社团活动，不断提升社团吸引力和学生的归属感。北化讲解队于每年社团迎新季积极开展纳新活动、拓展纳新方式，定期组织社团校内活动和校外参观学习活动。在纳新方面，除了传统的海报宣传、摆点咨询等方式，还通过开展快闪讲解、校园知识问答等方式吸引更多有热情、有潜力的学生加入。对于新成员，制订了系统的培养计划，包括讲解基础技能培训、模拟讲解练习等环节，帮助他们快速成长，为后续的讲解服务和社团活动参与打下坚实基础。

2. 丰富社团活动形式

例如，2024 学年春季学期先后组织社团成员参观中国电影博物馆、十三陵水库展览等，从中学习专业的讲解技能。在参观学习过程中，队员们不仅能够亲身体验不同领域的讲解风格和技巧，还能拓宽自己的知识面和视野，将所学运用到校园讲解中，为参观者提供更加丰富多样的讲解内容。此外，社团还定期举办内部交流活动，如模拟讲解比赛、文化知识竞赛、团队建设活动等，增强成员之间的沟通与协作能力，提升社团的凝聚力和向心力。

3. 强化社团文化建设

北化讲解队积极探索社团高质量发展建设，动员社团成员出谋划策，创建北化讲解队公众号用于日常线上宣传，设计讲解队标识、工作证以及成员姓名签等社团符号，不仅丰富了社团活动和文化内涵，而且提升了学生对讲解队的认可度和归属感，助力社团长久发展。这些社团符号不仅在日常活动中增强了成员的身份认同感和自豪感，也成为社团对外展示形象的重要标志。通过成员们的共同参与和努力，社团文化不断丰富和完善，形成了具有自身特色的发展模式和文化氛围，为社团的可持续发展奠定了坚实基础。

（三）构建学生实践教育平台

1. 完善社团组织架构与管理

学生讲解队为学生提供了锻炼语言表达、沟通能力、团队协作能力的平台。北化讲解队持续完善社团组织架构，设立队长、副队长、办公室、文化宣传部、人力资源部和发展咨询部，各部门分工明确，相互配合。明确的部门分工和职责划分，使得社团的各项工作能够有条不紊地开展。办公室负责社团日常事务的协调与管理，如活动策划、物资准备、人员安排等；文化宣传部专注于社团的宣传推广工作，通过制作宣传海报、撰写新闻稿、运营新媒体平台等方式提升社团的知名度和影响力；人力资源部负责成员的招募、培训、考核以及档案管理等工作，确保社团人才队伍的稳定和素质提升；发展咨询部则负责对社团的发展战略、活动策划等提供意见和建议，为社团的长远发展提供智力支持。各部门在工作中相互协作、相互支持，共同推动社团的健康发展。

2. 系统培训与能力提升

持续完善讲解培训体系，定期组织讲解培训与考试，联合礼仪社团开展礼仪培训，不断提升社团成员的讲解水平和服务水平，展示良好的北化形象。培训内容涵盖了讲解技巧、语言表达、肢体语言、应急处理等多个方面，采用理论讲解、示范演示、模拟练习、实地讲解等多种教学方法，确保培训效果的扎实有效。例如，在讲解技巧培训中，会教授如何根据不同的受众特点调整讲解内容和风格，如何运用生动的语言和恰当的肢体动作增强讲解的感染力和吸引力；在礼仪培训中，队员们学习了站姿、走姿、手势、眼神交流等礼仪规范，以及在接待过程中如何体现尊重与热情，展现北化学子的良好素养。通过系统的培训，队员们的专业能力和服务水平得到了显著提升，在各类讲解活动中能够自信、专业地展现学校风采。

3. 激励与考核机制建设

持续强化激励与考核机制，为讲解队成员提供聘书、志愿服务服装，并将培训和讲解时长计入志愿时长，此外，以学期为单位统计成员参与社团活动次数和志愿讲解时长，评选优秀队员，颁发证书和奖励。这种激励与考核机制不仅激发了队员们的工作积极性和责任感，也为社团的良性运行提供了保障。聘书和志愿服务服装不仅是对队员们身份的认可，更是一种荣誉的象征，激励他们在工作中更加认真负责；志愿时长的记录则为队员们参与社会实践活动提供了有力证明，有助于他们在个人成长和发展中积累宝贵的经验和资源；优秀队员的评选则进一步树立了榜样，营造了比学赶超的良好氛围，推动社团整体水平不断提升。

三、经验启示

（一）双向互动机制：文化传播与自我教育的统一

讲解队学生通过挖掘校园建设理念、校园风光特色、撰写讲解稿、进行讲解服务的过程，实现从“被动接收者”到“主动分享者”的转变。例如，新生在加入北化讲解队后，从被动接受校园信息与文化转变为主动了解并分享的角色，有利于实现文化传播与自我教育的良性循环，有助于学生更快地融入校园生活，并且成为校园文化的传承者和传播者。

（二）实践育人机制：服务场景中的能力建构

志愿讲解服务活动为学生提供真实的实践场景，面对小学生、退休老干部、外国友人等不同受众，成员需灵活调整讲解策略，锻炼沟通与应变能力；策划社团活动需要跨专业协作，提升活动组织和创新能力。近三年，10 余名队员在校级演讲比赛和国家级大创比赛中获奖。

高校学生讲解队通过“以文化人、以行育人”的实践，证明学生社团不仅是校园文化的传播者，更是立德树人的重要载体。其“服务—学习—成长”的作用机制，为高校探索“三全育人”路径提供了鲜活样本。未来，北化讲解队将进一步完善工作机制，拓展服务领域，提升服务质量，为校园文化的传承与创新、学生的全面发展以及学校的高质量发展继续贡献力量。

高校摄影大赛：文化育人新视窗的价值探寻与策略优化

刘金铢　闫　澎

一、案例概述

北京化工大学昌平校区始终秉承“文化育人”理念，致力于通过多样化的校园文化活动促进学生全面发展。2018 年至今，学校已成功举办 7 届昌平校区摄影大赛，旨在通过摄影艺术这一独特形式，激发学生的创造力与审美能力，在增强校园文化氛围的同时，进一步展示昌平校区“最美大学”的四季风光以及“五育”工作的创新举措和成效，充分发挥昌平校区对外展示形象的重要“窗口”作用。历届摄影大赛不仅得到了全校师生的广泛参与，还获得了社会各界的关注与好评。

二、主要做法和成效

（一）主要做法

1. 打破学科壁垒，构建协同育人机制

作为昌平校区“三全育人”体系建设的重要载体，摄影大赛历经七载深耕，已发展为彰显校区文化特色的品牌项目。自新校区启用以来，赛事累计吸引师生投稿作品 3000 余件，年均增长率达 20%，实现从学生创作到师生共创的跨越式发展，生动诠释着“以美育人、以文化人”的教育理念。

在北校区工作办公室统筹协调下，形成 27 个职能部门深度参与、14 个院系协同联动的“1+24+*N*”协同育人机制。通过有效整合课程资源、师生联谊阵地、服务场景等，构建起覆盖教学实践、劳动教育、艺术创作的全链条育人体系。师生镜头里的楼宇变迁、四季光影、建设场景，不仅见证着校区发展轨迹，更成为开展课程思政的鲜活素材，真正实现专业教育与价值引领的同频共振。

2. 丰富比赛主题，深挖文化育人内涵

昌平校区创新打造“四季织梦”与“五育绘心”双主题赛道，形成自然审美与价值塑造双轮驱动的文化育人模式，构建起“主题设计—场景开发—价值传导”的育人闭环，实现审美教育与思政教育的深度融合。

“四季织梦”赛道以生态文明建设为内核，建立春樱、夏荷、秋杏、冬雪四大创作单元。引导学生在光影艺术中解读校园生态密码，将审美体验转化为生态认知，实现美育与生态文明教育的有机统一。“五育绘心”赛道开创场景化创作机制，德育聚焦校庆60周年、中华人民共和国成立70周年、建党百年等重大主题事件，形成红色主题影像库；智育联动实验室、纪实拍摄学科竞赛精彩过程；体育定格校内运动会、首都高校马拉松接力赛等赛事高光时刻；美育结合学生优秀毕业作品、课程作业等，记录艺术创作过程，诠释艺术之美；劳育依托10个实践基地，系统记录荷塘清淤、园区养护等劳动场景，弘扬劳动精神，传递“劳动创造美”的价值观念。

通过“四季织梦”的自然浸润与“五育绘心”的价值引领，摄影大赛将时代主题、校园文化与育人实践深度融合，既培养了学生的审美素养与家国情怀，也塑造了“以影化人”的育人品牌，为高校文化育人机制创新提供了生动范本。

3. 创新成果展示，扩大文化传播效能

（1）打造文化展示窗口，强化育人体验。

昌平校区深度激活图书馆文化展示区空间效能，构建“时序美学—五育实践—发展纪实”三位一体的影像叙事体系。精选历届摄影大赛80幅获奖作品，通过西、东、南三轴联动展陈（西侧展墙构筑“四季诗廊”，以《柳湖响春》《镜湖书柳》等36组作品演绎时光流转中的校园生态之美；东侧展墙打造“五育镜像”，通过“红色主题教育、实验室攻坚纪实”等40组作品，立体呈现师生全面发展图景；南侧聚焦“校区纪事”，以《机电信息楼A座奠基仪式》《第二教学楼启用典礼》《玉兰餐厅启用》等年度大事影像志），完整记录校区发展脉络。

（2）推动成果转化，赋能校园文化品牌。

昌平校区创新实施“光影转化工程”，精选历届摄影大赛获奖作品中的《荷塘晨曦》《平湖跃金》等8组标志性影像，通过“文化符号萃取—IP矩阵构建—社会化传播”三级转化体系，打造“北化八景”主题文创品牌。其中“化彩三台（第一教学楼）”“馆声凫影（体育馆）”“小荷听书（图书馆）”三大爆款产品，通过手绘艺术开发出明信片、金属书签、马克杯等三大类共计 8 款衍生产品，形成“景观美学 + 校园记忆”的特色产品矩阵。

（二）实施成效

1. 参与度与能力提升

大赛通过“实践链 + 资源链 + 评价链”的全流程设计，助力学生多维能力提升，80% 的参赛学生至少掌握一项新技术，如无人机拍摄、AI 智能修图等；推动文理工艺学生组队创作，形成“技术 + 艺术 + 叙事”协同模式；通过“五育绘心”赛道引导学生关注德育活动、科研场景、劳动实践等主题，鼓励学生积极发现校园文化之美。

昌平校区摄影大赛以“全员参与、全程赋能、全域育人”为路径，不仅显著提升了学生的技术能力与审美素养，更通过文化浸润与价值引领，培养了学生的家国情怀与创新精神，为新时代高校“五育并举”育人实践提供了可量化、可推广的昌平样本。

2. 校园文化与社会影响力

昌平校区将摄影大赛深度融入校园文化建设，将学生创作转化为可感知、可传播的文化符号，精选历届大赛优秀作品，在图书馆、教学楼、食堂等公共空间进行展览装饰，形成校园文化新地标。依托“四季织梦”赛道作品，进行文化 IP 孵化、开发特色文创产品，成为新生入学礼包、校友纪念品的核心内容。通过全媒体矩阵与社会化合作，摄影大赛成果突破校园边界，形成广泛社会影响，作品与活动获新华社等权威媒体报道，其中名为《中国之美 | 北化“四时歌”》的专题被新华社报道，阅读量突破 130 万人次。

昌平校区以摄影大赛为纽带，通过文化展示、成果转化与跨界传播，显著提升了校园文化凝聚力与社会品牌影响力，实现了“内聚人心、外树形象”的双重目标，为高校文化育人成果的社会化输出提供创新范例。

三、经验启示

昌平校区摄影大赛通过文化符号凝练、全媒体传播与跨界资源整合，不仅塑造了“有温度、有深度、有辨识度”的校园文化品牌，更以影像为媒介架起高校与社会对话的桥梁，实现了文化育人成果从“校内自循环”到“社会大循环”的跨越，为新时代高校提升文化软实力、服务社会发展提供了可借鉴的实践路径。

（一）以文化符号凝练为核心，打造校园文化品牌标识

高校文化育人需从“碎片化活动”转向“系统性品牌塑造”，通过挖掘特色文化元素，凝练具有辨识度的文化符号。昌平校区以“四季织梦”与“五育绘心”双赛道为抓手，将校园自然景观、学科特色、重大事件转化为可传播的影像符号，并衍生出特色文化产品、主题展览等具象载体，形成“文化感知—情感共鸣—价值认同”的育人链条。

（二）以全媒体传播为引擎，构建“破圈式”文化传播矩阵

高校需突破传统宣传边界，构建“内容生产—技术赋能—渠道联动”的全媒体传播生态。昌平校区通过“线上数字展厅 + 短视频话题 + 主流媒体报道”三级传播模式，实现文化成果的裂变式扩散。未来，高校可探索元宇宙展厅、AI 生成内容等新技术，打造沉浸式、互动化传播场景，推动文化育人成果从“单向输出”向“多维交互”升级。

（三）以跨界资源整合为路径，激活文化育人社会价值

高校需跳出“象牙塔”思维，通过校地、校企、校媒协同，将文化资源转化为社会服务能力。昌平校区联动昌平区文旅局，将学生作品用于地方文旅宣传；与相机品牌共建，推动作品的商业转化。此类实践不仅拓展了育人资源的边界，更实现了高校与社会的价值共享。未来，高校可深化与地方政府、行业龙头、国际机构的合作，构建“文化育人—产业对接—国际传播”的生态链，使校园文化成果成为服务区域发展、传播中国故事的柔性载体。